Welfare

現代福祉
コミュニティ論

Community

和田 清美 編著

学 文 社

【執 筆 者】

*和田　清美　首都大学東京大学人文科学研究科教授（第Ⅰ部, 第Ⅱ部, 第Ⅲ部）

黒岩　亮子　日本女子大学人間社会学部准教授（第Ⅱ部, 第Ⅲ部）

工藤　　聡　東京都職員（第Ⅱ部, 第Ⅳ部）

常盤理紗子　東京都職員（第Ⅱ部, 第Ⅳ部）

日置　紫乃　東京都職員（第Ⅱ部, 第Ⅳ部）

平松　優太　東京都職員（第Ⅱ部, 第Ⅳ部）

舟橋　　拓　東京都職員（第Ⅱ部, 第Ⅳ部）

（*は編者・五十音順）

は じ め に

　本書は,「都市成熟化時代」における「福祉コミュニティ」の現実と課題を,事例調査を中心にまとめたものである。「福祉コミュニティ」は,今から25年前,編者も参加した前著において「新しい時代の新しい社会福祉の概念」として構想し世に問うたものである（奥田編著 1993, 奥田・和田編著 2003）。それから25年が経過した2010年代後半の現在, 日本は20世紀後半の高度経済成長と急激な都市化を経て本格的な都市型社会に入り, これに全体人口の減少と少子高齢化の進展が重なる「都市成熟化時代」にある。この時代における「福祉コミュニティ」は,「構想」から「実態化」を経て, いまや「深化」の段階にあることを,事例調査から検証することが, 本書の目的である。

　「福祉コミュニティ」については, それまでにも社会福祉の分野において言及はあるが, 1980年代日本の地域社会の急速な高齢化の進展とそれに伴う在宅サービスの登場, さらには住民参加型福祉活動など住民による主体的な地域福祉活動の成熟化を背景に,「コミュニティ」の視点から構想したところに特徴がある。つまり, 大都市郊外に始まった1960年代型住民運動・まちづくり運動やクラブ・サークルといった自主団体活動を踏まえて, 1970年代「新たな地域社会の形成」として概念化をはかった「コミュニティ」の視点から, その内実の変化―洗練と成熟―を,「福祉コミュニティ」として構想したのであった。

　折しも2000年前後から, 日本および世界で「コミュニティ」への再認識が拡がり, 1970年代以来の「コミュニティ・ブーム」が到来している。この動きは2011年の東日本大震災の発生により一層強まった。一方, 社会福祉の領域では,2000年の社会福祉法(旧社会事業法)に「地域福祉の推進」が明記されて以降「福祉コミュニティ」が取り上げられるようになり, さらに2015年9月には社会福祉審議会答申「誰もが支え合う地域の構築に向けた福祉サービスの実現―新たな時代に対応した福祉の提供ビジョン」(厚生労働省)において「地域共生社会の構築」が政策提言されている。しかし, その意味するところは,「福祉コミュ

ニティ」そのものである。

　さて，前述のとおり，福祉コミュニティは，「コミュニティ」の視点から，その内実の変化を「福祉」として捉え構想されたものである。言い換えれば，新しい社会福祉概念を企図した「福祉コミュニティ」は，地域住民による主体的・自発的な地域活動を根幹とする「コミュニティ」の視点から構想された。これはコミュニティ概念と社会福祉概念の接合に他ならないと編者は考える。その構想の前提には，①「人」と「人」との自覚的・人格的結びつき，②地域生活の新しい「質」の構築，再構築を含んでいる。現代的に言えば，前者は「繋がり・絆」であり，後者は「共生社会の構築」を指す。奥田道大は「福祉コミュニティは，一つの『文化変容』に他ならない。当然，自明視されている地域生活，組織・制度面を含む社会システムの『厚い壁』に，ドリルで穴をあけるような作業，これが『文化変容』である」（奥田 1993，頁）と指摘している。私たちは，この「ドリルで穴をあける作業」の検証を，事例調査から探ることとした。その際，以下の3つの方針をとった。

　第一は，前著で取り上げた事例のうちから10事例をとりあげ，その連続と変化を探ることにした。前著から25年が経過しているが，取り上げた10の事例は，住民運動・まちづくり運動の系譜をもつもの，ボランティア活動の系譜をもつもの，セツルメント運動の系譜をもつもの，当時最先端の取り組みであった外国人支援などで，いずれも持続的に活動を展開していた。ボランティ団体の多くは，それが障害者支援であれ，高齢者支援であれ，1998年制定されたNPO法に基づくNPO法人の認証を取得し，組織基盤を固め，更なる発展がみられた。地縁団体の中にはNPO法人を別組織として取得するもの，あるいはボランティア団体に拘り続けている団体もあるなど，その組織形態は多様になっている。しかし，福祉コミュニティ形成において1998年のNPO法の制定は，制度的基盤の整備の意味で大きな意味をもつ。

　第二は，残り20の事例と3つのコラムとして「都市成熟化時代」の問題群を地域課題として受け止めている新規の事例を訪ねることとした。例えば，前著では出現していなかった高齢者の介護や医療，認知症，成年後見，住まい，孤独死，

社会的孤立，空き家，ホームレス問題，子どもの貧困，障害者雇用，多文化共生など，これらの活動の多くが2000年代に入って顕著化する問題である。現地調査を進めるうちに，既存の団体や組織がこうした課題に取り組む事例がある一方で，課題に対応してあらたに組織を立ち上げる事例があることがわかった。とりわけ後者の場合，2010年代に入っての最先端の問題群に取り組む組織に多く，また多様な主体—地縁組織，自主団体，NPO法人，社会福祉法人，社団法人，大学，民間企業など—の参入が見られることも特徴である。

　第三は，本書に掲載されている30の事例と３つのコラムは，地方ではなく，大都市圏とりわけ東京圏を中心に進めた。結果として，前述のような多様な主体によって担われる都市型の福祉コミュニティの現実を描きだすこととなった。

　以上，「福祉コミュニティ」の根幹をなす住民の自発的・主体的地域活動は日常生活の中で地道にすすめられていることから，福祉コミュニティは「深化」している段階にあることが検証された。これは第二次世界大戦後の民主主義の成果である地域住民による主体的・自発的地域活動の到達点であると，編者は考えている。しかし，その未来は明るいとは言えない。何故なら，現段階の日本社会が，いかに重い課題を抱えているかを思い知ることとなったからである。人口減少や超高齢化，社会的孤立等の問題に加え，国・地方の大幅な財政赤字，グローバル化，停滞する経済，地球規模の環境問題，予測不可能な自然災害といった外部の要因が存在し，問題が山積するきわめて不安定な社会状況にある。それ故，前著のような牧歌的な福祉コミュニティ論を描くことはできない。この現実を如何に読み取り，どのような未来を描くことができるかが課題として残った。この点については，是非第Ⅲ部及び第Ⅳ部の各論文をお読みいただきたい。

　本書は，前著から25年が経過する中で，現段階における「福祉コミュニティ」の現実と課題を世に問いたいとの思いから企画された。そこで地域福祉がご専門の日本女子大学准教授の黒岩亮子氏の賛同を得て，ここに５人の都庁職員が加わり，「現代福祉コミュニティ研究会」を発足した。黒岩氏とは彼女が修士

課程在籍中に行った共同研究以来の仕事であり，都庁職員のメンバーは編者が
2009年から4年間講師を務めた東京都都市政策研修の修了生で，その後も「コ
ミュニティ研究会」を重ねてきたメンバーである。2017年1月の研究会の立ち
上げから，月1回の研究会と休日返上のフィールドワークがほぼ7月には終了
し，その後執筆作業に入った。その成果が，本書である。本書は「福祉コミュ
ニティ論」を主題としているが，「現代コミュニティ論」として，また東京圏
以外の都市も一部含まれているものの，「東京コミュニティ論」としても，読
まれることを編者としては願っている。

　最後になるが，編者の恩師であり，「福祉コミュニティ」のテーマを切り開
いて下さった故奥田道大先生に本書を捧げたい。

　　2017年11月

和田　清美

●●● 目　次 ●●●

はじめに………………………………………………………………………………ⅰ

第Ⅰ部　総論：福祉コミュニティの現代的地平
―構想から実態へ，そして深化へ―

和田清美

1. 今，何故，福祉コミュニティなのか………………………………………… 2
2. 福祉コミュニティの起点―1970年代………………………………………… 5
3. 福祉コミュニティの構想―1980年代………………………………………… 8
4. 「福祉コミュニティ」への転換―1990年代…………………………………11
5. 「福祉コミュニティ」の実態化―2000年代…………………………………14
6. 「福祉コミュニティ」の現代的地平―2010年代……………………………17
7. 現代福祉コミュニティの現場へ……………………………………………20

第Ⅱ部　福祉コミュニティの事例を読み解くと

和田清美，黒岩亮子，工藤　聡，常盤理沙子
日置紫乃，平松優太，舟橋　拓

● 「セツルメント」のミッションを継承し続ける100年の歩み…………………24
社会福祉法人　興望館

● 「善隣思想」を現代に生かす―新しい地域づくりへの模索………………29
社会福祉法人　第一善隣館

● 地域に根ざし地域に守られ60年以上つづく地域医療活動
　　―セツルメント診療所………………………………………………34
医療法人財団　ひこばえ会

● 丸山コミュニティの水脈と現在……………………………………………39
丸山地区住民自治協議会

- リサイクル活動から障害者の就労の場を─リサイクルみなみ作業所‥‥‥46
  社会福祉法人　ゆたか福祉会
- 自立した地域生活を目指して─45年続く障害児地域自主訓練会‥‥‥‥50
  自主訓練会　さくらんぼ会
- 京都のまちの「暮らし」の中に溶け込む福祉活動‥‥‥‥‥‥‥‥‥‥54
  春日住民福祉協議会

【コラム①】　台湾の社区発展協会と地域福祉活動‥‥‥‥‥‥‥‥‥‥58
  台北市北投区吉慶社区発展協会

- 地域の障害者・高齢者の「外出」を支える福祉ボランティア活動‥‥‥61
  NPO法人　町田ハンディキャブ友の会
- 精一杯地域で働く「仲間たち」─はぐるま工房での農福連携の試み‥‥65
  社会福祉法人　はぐるまの会
- 「おしきせで無い・ほどこしで無い・金もうけで無い」
  ─普通の主婦が注目を集め続けた30年‥‥‥‥‥‥‥‥‥‥‥‥‥69
  NPO法人　グループたすけあい
- 女性・外国人支援のパイオニア─女性の家HELP‥‥‥‥‥‥‥‥‥74
  公益財団法人　日本キリスト教婦人矯風会
- 地域で子ども，障害者，高齢者を見守り，支援する‥‥‥‥‥‥‥‥‥78
  NPO法人　からまつ
- 施設を核とした世代間交流・地域交流の展開‥‥‥‥‥‥‥‥‥‥‥82
  社会福祉法人　江東園
- 「放っておけない」気持ちで広がる地域共生
  ─川崎市ふれあい館・桜本こども文化センター─‥‥‥‥‥‥‥‥87
  社会福祉法人　青丘社
- 「気になる人を真ん中に」─地域住民による高齢者の支え合い‥‥‥‥91
  ボランティアグループ　すずの会
- 100％加入自治会の地域福祉活動‥‥‥‥‥‥‥‥‥‥‥‥‥‥‥‥96
  大山自治会

目　次　**vii**

- 家を探すだけでなく生活全般の難問にも応える外国人支援の
コーディネーター……………………………………………………100
  NPO法人　かながわ外国人すまいサポートセンター
- 自分たちの街は自分たちで守る─愛犬とともに……………………104
  武蔵野ワンワンパトロール隊
- 地域資源（ヒト，モノ，カネ，情報）を融合した公園経営…………108
  NPO法人　エヌピオー・フュージョン長池
- 「個々に暮らす」と「共に住まう」の調和……………………………112
  コレクティブハウス　かんかん森
- 「まちのお茶の間」を次世代に………………………………………116
  岡さんのいえTOMO
- 強力な地縁による下町の地域活動─イベントから防災まで…………121
  台東区柳橋町会
- クリエイティブな自治区をつくるMAD　City…………………………125
  株式会社　まちづクリエイティブ
- 障害者を身近に感じてほしい─障害者アートを通したまちづくり………129
  染井銀座商店街
- 法人後見による永続的な権利擁護……………………………………133
  NPO法人　よこはま成年後見つばさ
- 地域活性化のコツとしての経営感覚
─コミュニティカフェ「メサ・グランテ」……………………………138
  NPO法人　ぐらすかわさき

【コラム②】　大学と地域で創る多世代交流プロジェクト─みなみおおさまカフェ……142
  ＆TMU・みなみおおさまカフェ

- 認知症になっても自分らしく生きる─「次世代型デイサービス」DAYS
BLG！…………………………………………………………………145
  NPO法人　町田市つながりの開
- 「映画の街」と地域コミュニティの再生─キネマフューチャーセンター…150

viii

NPO法人　ワップフィルム

● シェアハウスのキッチンを活用して始めた子ども食堂……………………154

ことといこども食堂

【コラム③】　トーコーキッチンはリアルSNS……………………………………159

有限会社　東郷住宅社

● 多世代共生コミュニティを育む多摩版CCRC……………………………162

桜美林ガーデンヒルズ

第Ⅲ部　現代福祉コミュニティへのパースペクティブ ―福祉コミュニティをすすめるために

● 福祉コミュニティの組織化論―現段階における到達点と課題……………168

和田清美

●「福祉コミュニティ」と地域福祉文化…………………………………………188

黒岩亮子

第Ⅳ部　福祉コミュニティを考える―現地調査から読み解く

● 超高齢化社会と自己決定権を考える……………………………………………208

工藤　聡

● 福祉コミュニティと地域活動…………………………………………………212

常盤理沙子

● 新しい福祉コミュニティが抱える課題と展望……………………………………214

日置紫乃

● 福祉コミュニティの持続性と組織形態に関する課題…………………………218

平松優太

● 福祉コミュニティと空き家活用…………………………………………………222

舟橋　拓

索　　引……………………………………………………………………………227

第Ⅰ部 総 論

福祉コミュニティの現代的地平

—構想から実態へ，そして深化へ—

2

1. 今，何故，福祉コミュニティなのか――――――――●●●

（1） 都市成熟化時代の日本

2010年代後半の現在，日本は人口の7割が都市地域に住む都市型社会であり，これに全体人口の減少と超高齢化が重なる，本格的な「都市成熟化時代」に入っている（和田 2011）。事実，我が国の人口は，2008年をピークに減少に転じ，2016年現在，1億2600万であり，高齢化率は，27.3％にまで達している。人口減少と高齢化は今後も進展し，2050年には人口は1億人台に，高齢化率は37.7％になると推計されている（「図1-1　高齢化の推移と将来推計」参照）。

また，人口の7割が都市地域に住む都市型社会の内実は，人口の半数以上が三大都市圏―とくに東京圏は28％―に集中している。そのため全体人口減少の食い止めと同時に，人口の地方への分散が喫緊の課題になっている。2014年政府は「ひと・まち・しごと創生法」を制定し，「地方創生」が国をあげての重点課題として取り組まれている（金子 2016，増田 2014）。他方，人口の3割近くが集中する「東京圏」は，地方同様，高齢化の進展は著しく，高齢者の介護問題は重要な政策課題として取り組まれている。2025年には人口減少に転じると予測されているものの，その数の多さから「介護破綻」を引き起すのではないかとの警鐘を促す論者も出てきている（増田 2015）。

このように「都市成熟化時代」は，成長や拡大とは逆の，停滞や縮小といった「衰退化」の面を色濃く持ち，これにグローバル化，地球規模の環境問題，予測不能な自然災害，戦争やテロといった外部からの不安定要因が加わる。2011年3月11日に発生した東日本大震災とその後の汚染放射能問題はその証左とも言える出来事である。21世紀の日本は，こうした「衰退化」を回避もしくは最小限に抑えた，文字通り「成熟化」した「地域社会」を，いかに構築するかにかかっている（和田 2012）。

（2） 「コミュニティ」の再認識

こうした日本社会―なかんずく地域社会の変動と呼応するように，近年，国の政策や地方自治体の政策に「コミュニティ」がしばしば登場するようになっ

第 I 部　総　論　3

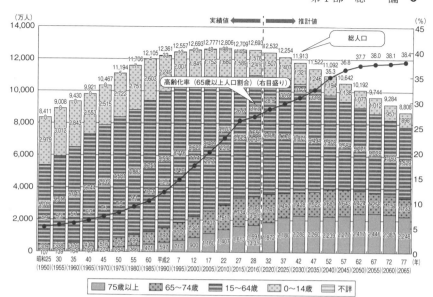

資料：2015年までは総務省「国勢調査」、2016年は総務省「人口推計」（平成28年10月1日確定値）、2020年以降は国立社会保障・人口問題研究所「日本の将来推計人口（平成29年推計）」の出生中位・死亡中位仮定による推計結果
（注）2016年以降の年齢階級別人口は、総務省統計局「平成27年国勢調査 年齢・国籍不詳をあん分した人口（参考表）」による。年齢不詳をあん分した人口に基づいて算出されていることから、年齢不詳は存在しない。なお、1950年～2015年の高齢化率の算出には分母から年齢不詳を除いている。

出所）『厚労白書』（平成29年版）厚生労働省　p.3

図1-1　高齢化の推移と将来推計

ている。例えば，直近の『国土のグランドデザイン2050』では，基本戦略の一つとして「子供から高齢者まで生き生きと暮らせるコミュニティの再構築」をあげている（国土交通省 2014）。コミュニティ政策は，国民生活審議会総合企画部会報告『コミュニティ再興と市民活動の展開』（国民生活審議会 2005）が発表されて以降いくつも出されている（和田 2011）。

このような「コミュニティ・ブーム」の再来とも言える動きは，日本ばかりでなく，国外においても見られる。2000年前後，「コミュニティ」をタイトルに冠した著作が相次いで刊行されている（デランティ 2003＝2006）。これらに共通するのは，1990年代の世界的規模でのグローバリゼーションを背景とする失業，ホームレス，貧困，経済格差等の顕在化と，これに伴う人々の関係の分断，社会的孤立や排除が引き起こされているといった問題認識の下で，「コミュ

ニティ」の役割に着目していることである（和田 2009）。2000年代の日本も同一の認識に至り，「コミュニティ」がにわかに脚光をあびるようになった。東日本大震災の発生はこの動きをさらに強め，つながりの再構築やコミュニティに関する言及が多くなっている（広井 2011, 吉原 2011他）。また，「コミュニティデザイン」の提起がある（山崎 2012）。

こうした中，地域福祉の分野においては，2015年9月に「地域共生社会」が提起された（厚労省 2015, 二木 2017）。「地域共生社会」は，社会福祉審議会答申「誰もが支え合う地域の構築に向けた福祉サービスの実現—新たな時代に対応した福祉の提供ビジョン」ならびに「ニッポン一億総活躍プラン」において明記され，翌2016年7月の「『我が事・丸ごと』地域共生社会実現本部」の設置及び同年12月の地域力検討部会による「中間とりまとめ」を受け，2017年6月2日公布の「地域包括ケアシステム強化のための介護保険等の一部を改正する法律」の中に，社会福祉法の一部改正が盛り込まれた。

（3）「福祉コミュニティ」の今日的意義を問う

「福祉コミュニティ」は，もともと1991年東京都社会福祉協議会に設置された福祉コミュニティ構想委員会によって「新しい時代の新しい社会福祉概念」として提起されたものである（奥田編著 1993, 奥田・和田編著 2003）。もちろんそれ以前にも社会福祉の領域においてその言及はあるが（岡村 1974, 永田 1988），本委員会は，1980年代当時の急速な高齢化の進展とそれに伴う在宅サービスの登場，さらには住民参加型福祉活動など住民による主体的な地域福祉活動の浸透・拡大に注目し，住民の主体的・自発的地域活動を根幹とする「コミュニティ」の視点から，「福祉コミュニティ」を構想した。

「コミュニティ」の概念は，1969年の国民生活審議会答申『コミュニティ』において，高度成長期の社会変動によって崩壊した「地域共同体」（＝伝統的隣保組織）に替わる「新たな地域社会」の概念として提起されたものである。その形成にあたっては「地域住民の自発的な組織と運営」が要件とされ，それ故，本委員会では，1970年代コミュニティ形成・まちづくり運動を手掛かりに，コミュニティの概念の根幹をなす「住民の主体的・自発的地域活動の取り組み」

の解明をとおして，その変化─洗練と成熟─を，「福祉コミュニティ」として構想したのであった。

「福祉コミュニティ」構想の提起から25年が経過した現在，「福祉コミュニティ」はいかなる現実にあるのか。本書は，これを事例調査から明らかにすることを目的とする。その前に，本総論において，この間の「福祉コミュニティ」の展開を辿り，福祉コミュニティの今日的意義を明らかにしたい。それ故，本論は，まず，その起点である「コミュニティ」の問題提起から始めることとしたい。

2. 福祉コミュニティの起点─1970年代 ─────────●●●

（1） コミュニティの問題提起

1969年，国民生活審議会コミュニティ問題小委員会は，『コミュニティ：生活の場における人間性の回復』を答申した。一つの学術用語にすぎなかった「コミュニティ」が，本報告書により広く人々に知られるようになっていった。報告書によれば，コミュニティとは，「生活の場において，市民としての自主性と責任を自覚した個人および家庭を構成主体として，地域性と各種の共通目標をもった開放的でしかも構成員相互の信頼感のある集団」として規定されている。この規定の背景には，1960年代を画期とする高度経済成長とそれに伴う地方農山村から大都市への人口移動─すなわち「都市化」の急速な進展による地域社会変動があり，これにより崩壊した「地域共同体」の存在を強く意識したものであった。「コミュニティ」の用語は，都市化以前の日本の既成秩序であった「地域共同体」すなわち「伝統的隣保組織」と区別され，これとは異なる「新しい地域秩序」の形成を意味付与されたのである。

この「新しい地域秩序」すなわち「コミュニティ」の形成には，「地域住民の自主的な組織と運営」すなわち自治が不可欠であること，しかし，このような「コミュニティ」は，「現実にはいまだ存在しておらず」と指摘した上で，「コミュニティ形成の萌芽」として，「コミュニティ意識の芽生え」と，「コミュニティ活動の多様化の兆し」があると，報告書では指摘している。後者のコミュ

6

ニティ活動の多様化については，①生活防衛のための活動―住民運動―と，②豊かな生活の活動―とくに郊外の団地にみられる各種サークル活動―を取り上げている。ここであげられている住民運動やサークル活動は，70年代コミュニティ形成運動の主要な担い手になっていく。

報告書では，「コミュニティ形成の努力を支援し成果あるものとするための行政面の対応」として，①行政と住民の間の「広報」と「広聴」のフィードバック・システムの確立，②コミュニティ・リーダーの役割，③コミュニティ施設の確保の3つを提言し，1970年代のコミュニティ施策を方向づける役割を担った。

（2） コミュニティ施策の展開

本答申が導火線となって，1971年には，自治省から『コミュニティ（近隣社会）に関する対策要綱』，厚生省中央社会福祉審議会から『コミュニティ形成と社会福祉』，その他が発表される。自治省は同年全国の40地区をモデル・コミュニティに指定し，翌72年に13地区，73年には20地区を指定する。第1号に指定されたのは，1960年代に激しい住民運動を展開した兵庫県神戸市の丸山地区であった。丸山地区のコミュニティ形成運動の展開を示す「たたかう丸山」→「考える丸山」→「創造する丸山」は夙に知られているが，コミュニティ形成運動史に名を残しているのは，神戸市の真野地区であれ，大阪市の上六地区であれ，いずれも丸山地区と同様に激しい住民運動を展開した地域であった。

このモデル・コミュニティ事業を契機として，コミュニティ形成の取り組みが，全国の地方自治体で推進されていく。基本構想や長期計画にコミュニティ形成を柱として位置づけた自治体は全国の3分の2に及んだとされ，これらの施策により建設されたコミュニティセンター（名称はさまざま）は合計6,000から1万か所を超えたと言及されている（倉沢 2008）。まさに1970年代は「コミュニティ施策ブーム」の時代であった。

1970年代のコミュニティ施策の特徴は，自治体内に複数のコミュニティエリアを設定し，各エリアにコミュニティ活動の拠点としてコミュニティセンター（地域センター，住区センター等名称はさまざま）を建設すると同時に，「協議

会方式」と呼ばれるコミュニティ組織を設置した。「協議会方式」とは，「地域の組織を横に連結する組織形態」であり，具体的には，「町内会・自治会と各種自主団体とを横に連結する組織形態」を指す。これは，従来の伝統的隣保組織から脱却した新たな地域組織の組織化を目指したものである。各種自主団体には，前述の報告書にあるような住民運動団体やサークル団体が含まれ，彼らがコミュニティ協議会の担い手となっていく。「協議会方式」の目的は「地域課題の協議の場」＝「自治」にあり，その手段として施設の管理・運営を位置づけていた（和田 2011）。しかし，1980年代に入ると，多くの自治体で施設の管理・運営を主軸とした「コミュニティ組織づくり」が推進されるようになっていく。

（3）　コミュニティ形成・まちづくり運動へ

　さて，報告書で提起されたコミュニティ形成は，人口が大量に流入した大都市郊外においてこそ取り組まれねばならない課題であった。1960年代から70年代にかけての都市化の内実は，大都市郊外の人口増加であったからだ。郊外では団地や一戸建て住宅，ミニ開発住宅が建設され，報告書で指摘されているように，そこに移り住んだ新住民たちは，サークル・文化活動などの自主活動を活発に展開していた。まさにコミュニティ形成の舞台は，大都市郊外であった。

　1970年代後半になると，大都市郊外において中心的に取り組まれていたコミュニティ形成運動は，地方のまちづくり・むらおこし運動と連動するようになる。まちづくり・むらおこし運動は，大分県の一村一品運動や広島県過疎山間部の逆手塾（過疎を逆手に取る会）など，1960年代から地方の市町村において取り組まれてきた地域振興・地域づくりのための運動である。オイルショック以降は，大都市から地方都市への人口のUターン，Jターンを背景に活気づく。当時，全国のまちづくり・むらおこし運動に奔走していた奥田は，「まちづくり・むらおこし運動の思潮は，『地方の時代』や『地域主義』といった時代の思潮と重なる」（奥田 1988：127）と述べている。地域主義とは，玉野井芳郎によれば，「一定地域の住民が，その風土的個性を背景に，その地域の共同体に対して，一体感をもち，地域の行政的・経済的自立性と文化的独立性を追求する

こと」（玉野井 1977：7）と言う。地域主義は，もっぱら中央集権批判，大都市批判，東京批判と受け止められがちであるが，もう一人の論客である増田四郎が，「私たちは『中央』に対する『地方』という考えを捨てて『地域』—東京もまた一つの地域と考える—を重視しようとするのは，結局，意識変革の問題であり……（中略）……『広義の経済学』の問題だからである」（増田 1980：16）と述べている。

このように大都市・地方都市にかかわらず，「地域」を回路として，大都市内部のコミュニティ形成運動と，地方のまちづくり運動との結合がはかられ，1970年代後半には「コミュニティ形成・まちづくり運動」として収斂していく。その集大成ともいうべきレポートが，『全国まちづくり集覧』（『ジュリスト』総合特集 1977）である。そこに当時のコミュニティ形成・まちづくり運動の躍動を見ることができる。

3. 福祉コミュニティの構想—1980年代 ——————— ●●●

（1） 背景としての都市型社会，高齢化社会，国際化社会

1980年代に入ると，都市への人口流入は落ち着き，都市型社会への移行期に入っていく。都市型社会にあっては，人口の郊外化に伴い大都市中心部の人口が減少し，欧米の大都市と同様，大都市の衰退化が懸念されるようになる。しかし，日本は80年代中期にはバブル経済の下，「東京一極集中」が進行し，国も都も区市自治体も再開発事業を推し進めたことによって，東京都心部の地価が高騰し，都心部およびその周辺地域であるインナーエリアの夜間人口の減少が一層進んだ（町村 1994，和田 2006）。ここに高齢化が重なり，大都市中心部の高齢者問題が大きく取り沙汰されるようになっていった。

日本の高齢化率は，1970年に7％を超えて以降徐々に進み，85年10.3％，90年13.4％に達する。政府は，1986年『長寿社会対策要綱』を定め，89年には『高齢者保健福祉10か年戦略（ゴールドプラン）』を策定する。これを受け，翌90年には社会福祉八法が改正されるなど，80年代後半在宅福祉の基盤整備が進められていく。つまり1980年代後半政府は，「高齢化」の進展を背景に，これま

での「施設福祉」から「在宅福祉」へと政策を転換した。

　一方，バブル経済の好景気を背景にした円高は，1980年中後期から日本とりわけ東京圏への外国企業の参入と外国人の団塊状の増加を招来させていく。いわゆる「国際化」の進展である。外国人—とりわけアジア系外国人—の居住分布をみると，夜間人口と高齢化により地域の衰退が進む住商工混合のインナーエリアで，「木造密集アパート」をかかえている地区に集中して居住するようになっていく。このインナーエリアの人口の「空洞」を埋める形で，中国，韓国，台湾をはじめとしたアジア系外国人が流入していった。当時，木造密集アパート地区では，地区人口の10％以上がアジア系外国人で，例えば，東京豊島区の東池袋地区では，1960年代の地方出身者に代わってアジア系外国人が新規入居者になっていた。木造2階建ての古いアパートに，4〜5名のひとり暮らし老人と20名近くのアジア系外国人が住みあう光景は当時よく見られた（奥田・田嶋編 1991）。現在の「多文化共生」の起点がここにある。

（2）　住民・市民活動の成熟化

　このような地域社会変動の一方で，住民・市民活動の面でもあらたな展開があった。1980年代に入ると住民・市民運動は沈静化し，人々の関心・活動のスタイルは，非日常的な「運動」よりも，日常的な「活動」へと変化がみられるようになっていく。つまり，「運動」から「活動」への転換である。その象徴として「クラブ・サークル」を始めとした「ボランタリー・アソシエーション」と呼ばれる自発的な小集団の存在とその多様な活動が活発化する。その中から，消費者問題，高齢者の介護問題，環境問題，ジェンダーといったような「問題解決型市民活動」が生まれてくる。福祉分野で言えば，住民参加型在宅福祉活動がこれにあたる。これらの活動は，単に「異議申しだて」や「要求」をするのではなく，オルタナティブを提示し，自ら事業を担うところに特徴がある。また，これら問題解決型市民活動は，テーマ別に組織間でネットワークを組み，連携した活動（ネットワーキング）を展開していく。こうした動きが，1998年のNPO法の制定につながっていく。その主要な担い手は，30代から40代の団塊の世代の「女性」たちである（越智 1986，横浜市立大学市民文化センター

1986)。この背景には，前述のとおり，住民活動の拠点となるコミュニティセンター等の施設が建設されたことがあり，この点において1970年代の行政によるコミュニティ施策の果たした役割は大きい（和田 2011）。

（3）　福祉コミュニティとは

住民・市民活動の成熟化を背景に，1989年3月，東京都社会福祉協議会内に「福祉コミュニティ構想研究会」が設置された。東京都社会福祉協議会によれば，「既存の社会福祉サービスにも着目し，新しい時代の新しい概念を持つ社会福祉のあり方を考えるため，地域住民が重荷を担い合い共に支え合う地域共同体"コミュニティ"が，地域福祉に果たす機能・役割を再評価し，その形成の可能性をさぐるとともに，そこに果たすべき行政や社協の新たな役割を検討することにいたしました」とその設置意図を述べている（東京都社会福祉協議会 1991：2）。2年間の調査研究を経て，1991年3月の最終報告において，「福祉コミュニティ構想」が提案された。

委員長の奥田道大は，「福祉コミュニティのあり方は，コミュニティ自体のあり方でもある。逆に言えば，福祉コミュニティの発想を欠くコミュニティは，コミュニティの内実に値しない」（（奥田編著 1993：ⅰ）とした上で，福祉コミュニティとは，「共通の理解によれば，(1)「人」と「人」との基本的結びつき，(2)地域生活の新しい「質」を含んでいることは，確かである……そこでは，さまざま意味での異質・多様性を認め合って，相互に折り合いながら，自覚的に洗練された新しい共同生活の規範，様式をつくることが，求められる……福祉コミュニティの内実は，『洗練と成熟』にある」（奥田編著 1993：190）と結論づける。言い換えれば，福祉コミュニティは，コミュニティの洗練と成熟した状態を指し，それ故，「コミュニティ（The Community）の定義と福祉コミュニティのそれとは，相互交替的である」と述べている（奥田編著 1993：3）

（4）　調査研究の特徴と成果

本調査研究は，戦後日本の民主化運動を背景とした大都市郊外の60年代型「作為阻止型」「作為要求型」住民運動を起点としつつ，それ以降の民間のボランティア，福祉活動・事業を中心に，『公』と『私』の連携とその担い手の問題に焦

点をおいたところに特徴がある。その成果は以下のとおりである。

第一は，「コミュニティ形成・まちづくり系」として，神戸市丸山地区，同真野地区，大阪市天六地区などの60年代の住民運動から展開した事例をとりあげる一方，京都市春日学区や東京都荒川区社会福祉協議会などの1970年代以降の地域の「高齢化」に対応した新たな活動事例を取り上げていることである。

第二は，「ボランティア系」として，長い運動の歴史をもつ障害児・者の支援や保育活動，女性支援の事例を取り上げる一方，高齢化に伴う家事援助活動など最先端の活動を取り上げており，本調査研究の主軸をなす。

第三は，コミュニティ形成の視点から「地域福祉施設系」の事業を取り上げたことである。セツルメント活動の系譜をもつ東京都墨田区の興望館や石川県金沢市の善隣館，第二次大戦後設立のアメリカのコミュニティ・オーガニゼションの系譜をもつ神奈川県の横須賀基督教社会館などを取り上げ，地域の変化に対応した継続的活動に意義を見出した。

第四は，当時団塊状に増えた「ニューカマー」としてのアジア系外国人への支援としてヘルプやカラバオの会を取り上げる一方，「オールドカマー」の外国人にも注目し，大阪市の聖和社会館や川崎市のふれあい館を取り上げたことである。

以上が1980年代までの住民の主体的・自発的地域活動の到達点であり，この実態を根拠として「福祉コミュニティ」の構想を提起したのであった。

4. 「福祉コミュニティ」への転換―1990年代 ―――――●●●

（1） バブル経済の崩壊と阪神淡路大震災

1991年3月バブル経済が崩壊し，日本はそれまでの好景気から一転景気の後退期に入っていく。同年末にはソ連が崩壊し冷戦構造が終焉を迎え，世界は経済のグローバリゼーションが急速に進行し，「市場経済化」が一気に進む。これに伴い日本経済は再編・調整期に入っていき，1997年度はオイルショック後の1974年度以来23年ぶりにマイナス成長を記録することになる。リストラや失業など「雇用不安」が増大する。またバブル経済崩壊直後の1992年ごろから新

宿駅西口地下通路に段ボールハウス村が出現して以降，「路上生活者」いわゆる「ホームレス」の増加が顕著となり，新たな貧困問題ともいえる現象が大都市を中心に顕在化した。

そうした中，1995年1月17日未明，淡路島北部を震源地として発生したマグニチュード7.3の大地震が，阪神淡路地域を襲った。住宅の倒壊はもとより，道路・鉄道・電気・水道・ガス・電話などの生活インフラが壊滅状態となり，死者6,434人，行方不明者3名，負傷者43,792人もの被害者を出した。この大規模な被災に対して，「防災」から「減災」という捉え方が提起され，国は災害対策基本法の抜本的見直しを行い，地方自治体においても防災・減災対策が取り組まれるようになっていく。

また，死者の9割が住宅の倒壊による圧死や窒息死で，そのうち3割が70歳以上の高齢者であったことから，高齢者を含めた「災害時要援護者」の支援の問題が提起されるようになっていき，「災害時要援護者地域支援システム」の構築が急がれることとなっていく。町会・自治会単位での要支援者と支援者の仕組みづくりは平常時での人間関係が不可欠であることから，「高齢者訪問」や「高齢者の見守り」の取り組みが取り入れられるようになっていく。

（2）　新しい地域福祉問題の登場

1990年代は「少子化問題」が取り上げられるようになった時代でもある。それは，89年合計特殊出生率が2人を割ったこと―いわゆる1.57ショック―を契機とする。以後，合計特殊出生率は低下し，2000年には1.35人まで低下する。少子化の先の人口減少社会の到来を見据えた「21世紀福祉ビジョン」が94年に発表され，そこで「今後の子育て支援のため施策の基本的方向」が示され，99年にはエンゼルプランの策定に繋がっていく。

一方，高齢化は1994年に14％を超え，2000年の17.4％に達する。この高齢化の実態を背景に1990年には，都道府県および市町村を単位とする老人福祉計画の策定等を盛り込んだ「社会福祉事業法等の一部を改正する法律」が改正された。92年には「老人保健法」が改正され「訪問看護事業」が制度化される。また96年の「老人保健福祉審議会」の答申を踏まえ，98年「介護保険法」が制定

され，2000年施行の運びとなった。なお，99年には「新ゴールドプラン」が策定されていく。

少子化，高齢化の進展と重なって，90年代は家族規模の縮小傾向が進み，子育てや高齢者の基礎となる家族基盤の弱体化が顕著になる「1世帯あたりの人員」は，90年に3人を割って2.99人となり，年々減少傾向にある。こうした傾向は大都市―とりわけ東京都―において顕著である。2000年段階で東京都の単身世帯の割合は40.9%，全国の27.6%を大きく上回っている。これとともに，90年代後半，ドメスティック・バイオレンス（＝DV），児童虐待，高齢者虐待，高齢者・若者の引き込もりといった問題が顕在化してくる。DVについては，2001年「DV防止法」が，児童虐待については，2000年『児童虐待の防止等に関する法律』に制定されている。

また，1980年代後半，団塊状に増えた外国人は，1990年の入管法改正に伴い南米からの日系移民の流入が増加し，2000年の外国人登録人口は全人口の1.3%を占めるようになる。国籍別にみると韓国・朝鮮が最も多いが，1991年末をピークに減少傾向が続く。その一方，90年代をとおして中国，ペルーが増加傾向を示している。この時期，外国人問題は，「グローバリゼーションとエスニシティ」としてテーマ化されていく。

（3） 「NPO法」の制定へ

このように1990年代の日本は，バブル経済の崩壊と阪神淡路大震災という変動のなかで，雇用不安，ホームレス問題，防災問題，少子化問題，高齢者介護問題，虐待問題，DV問題，引き込もり問題，エスニシティ問題といった新たな地域福祉問題が一気に噴出したのであった。

その一方，住民・市民活動の面でも大きな変化がみられた。それは，「特定非営利活動促進法」（以下，NPO法）の制定である。同法は1998年3月，議員立法によって成立，同年12月に施行される。認定の条件は，同法に定められた12の活動分野―2012年4月1日より20の活動に改正―のいずれかに該当することであり，宗教活動や政治活動を主な目的とするもの，暴力団に関係するものなどについては認められていない。

「NPO法」制定の背景は，阪神淡路大震災時にあり，全国からボランティア
が駆け付け，その数は150万人に上り，「ボランティア元年」とも言われている。
ボランティア団体・市民活動団体は，80年代から「法人格」の付与を懸案とし
ていたが，阪神大淡路震災により世論が一気に高まり，議員立法によって制定
にこぎつけた。これにより，ボランティア・市民団体は事業展開に向けた制度
的基盤が整った。NPO法の施行とともに，各自治体は，こぞってNPO・市民
活動の育成，支援施策を推進していくようになっていく。その一方で，1970年
代に開始された自治省の「モデル・コミュニティ事業」は，1971年から73年の
３年で合計83地区が指定され，83年から85年の３年で合計147地区（「コミュニ
ティ推進地区」），90年から93年の３年で合計141地区が，それぞれ指定された。
2000年代は実施されていないことから，70年代型コミュニティ施策は1990年代
をもって終了したと言えよう。

5. 「福祉コミュニティ」の実態化―2000年代 ●●●

（1） 福祉コミュニティの法制度化

　1990年代の福祉コミュニティの形成基盤である地域社会の変動に対応するよ
うに，2000年代に入ると，各種の法制度化が進む。まず，2000年４月には介護
保険法が施行され（1998年制定），同年「社会福祉の増進のための社会福祉事
業法等の一部を改正する等の法律」が成立する。これは，社会福祉事業法，身
体障害者福祉法，知的障害者福祉法及び児童福祉法の広域多岐にわたる改正で
あり，「社会福祉基礎構造改革」と呼ばれている。この法改正に伴い「社会福
祉事業法」（1951年）は「社会福祉法」と名称変更され，成立することとなった。
　この法律の基本理念の一つに「地域福祉の推進」（４条）が掲げられた。と
くにその方策として「市町村地域福祉計画及び都道府県地域福祉支援計画の策
定」が盛り込まれたことは画期的なことであった。「社会福祉法」第４条は，「地
域住民，社会福祉を目的とする事業を経営する者及び社会福祉に関する活動を
行う者は，相互に協力し，福祉サービスを必要とする地域住民が地域社会を構
成する一員として日常生活を営み，社会，経済，文化，その他のあらゆる分野

に参加する機会が与えられるように,地域福祉の推進に努めなければならない」
とある。ここで明記されていることは,「福祉コミュニティ」の考え方と重なる。
事実,これを契機に社会福祉分野において「福祉コミュニティ」に関する著作
や言及が多くなっていく（井上 2004）

　このような「福祉コミュニティ」に関わる制度化の動きは,社会福祉法だけ
ではない。90年代に顕在化したホームレス問題は,2002年になってようやく
「ホームレスの自立の支援等に関する特別措置法」が制定される。障害者につ
いては,2003年に「支援費制度」,2006年に「障害者自立支援法」が制定される。
また,若者のフリーターや雇用問題への初めての対策として,2003年「若者自
立・挑戦プラン」が策定され,2005年には「若者自立塾」,2006年には「地域
若者サポートステーション」が事業実施される。また,2001年には「高齢者居
住の安定確保に関する法律」（＝高齢者すまい法）が制定され,2006年の「介
護保険法」の改正においては,医療,介護,生活支援・介護予防の地域包括ケ
アの中心に「住まい」が位置づけられている。

（2）　新しい公共と協働・パートナーシップ

　さて,福祉コミュニティの現実に目を転じよう。2000年代をとおして日本は
経済のグローバル化が一層進み,少子高齢化の進展,地球温暖化の問題,さら
には阪神淡路大震災以後頻繁に発生する災害への危機意識の高まり,また1997
年神戸市で起きた酒鬼薔薇聖斗事件や01年の池田小事件を契機とする子どもの
安心・安全問題,高齢者の「孤独死」や自殺の顕在化など,地域社会をとりま
く問題が山積するようになっていく。

　そうした中で「地域」への期待が高まり,上述の問題に対応した「防災活動」,
「環境活動」,「景観活動」,高齢者のためのコミュニティカフェやサロンといっ
た「居場所づくり」や「見守り活動」,子どもの安全のための「防犯パトロー
ル活動」など,各種の住民活動が展開されるようになった。こうした中,伝統
的地域組織である町内会・自治会が見直され,いかに「地域力」を高めていく
か,いかにして「ソーシャル・キャピタル（＝社会関係資本）」を強めていく
かが,政策課題として浮上してくる。

一方，NPO・市民団体は，「NPO法」施行以降，行政のパートナーとして位置づけられ，これまで行政が実施してきた事業への参画・協働が強調されるようになっていく。とくに措置制度の下で市民や事業所との協働が遅れていた福祉の分野で，2000年4月の介護保険施行以降，福祉NPOが事業者認定される中で，加速化されていく。こうした動きを，行政のみが「公共」を占有していた「古い公共」との対比において，行政，市民，NPO，企業等との協働によって創りだされる「新しい公共」論が登場する。「新しい公共論」は，2000年代に入り広く普及・拡大していき，いまや行政計画や運営に広く取り入れられていく。

ちなみに，NPO法人の認証数は，1999年度末には，全国で1,724であったが，10年後の2009年度末には，39,732に達し，著しい伸びを示している。2000年代は，NPO法人の普及とともに，法人認証を受けるボランティア・市民団体が増え，さらには地縁組織においてもNPO法人を取得する事例も多々みられるようになっていく。

（3） 「新しいコミュニティ政策」の登場

すでにふれたように，1970年代から推進されてきたコミュニティ施策は，1998年のNPO法の制定以降，NPO・市民活動支援施策へシフトしていき，1990年代後半には終息したかに見えた。しかし，2000年代中期にはコミュニティに関する新たな政策提言が相次いで発表される。2005年7月，国民生活審議会総合部会より約2年間の審議をへた『コミュニティ再興と市民活動の展開』が発表された。そこでは，地縁型組織とテーマ型組織の融合の形態としての「多元参加型コミュニティ」が提案される。次いで07年5月には自由民主党地方行政調査会による『地域社会の再生に向けて（パブリックマインドの蘇生のために）』が発表され，「コミュニティ活動基本法」（仮称）が提言されている。同年6月には総務省コミュニティ研究会による『コミュニティ研究会中間とりまとめ』が発表される。そこでは，各種団体（地域的伝統的地縁団体とNPO等の機能団体）が連携し合える場として「プラットホーム」が提言されている。

2年後の09年には，総務省新しいコミュニティのあり方に関する研究会によ

る『新しいコミュニティのあり方に関する研究会報告書』が発表される。報告では，地域の多様な主体から提供される公共サービスの仕組み＝総合的・包括的マネジメント機能を持つ「地域協働体」が提言されている。ここでいう「地域協働体」とは，「地域の様々な活動主体である住民や自治会，町内会，商店街組合，NPO等の団体・組織代表などにより構成される」としている。

　こうした動きは，70年代以来の「第二次コミュニティ施策ブームの到来」と評されている（名和田 2009）。ここで注目したいことは，前者3つの報告書が，地縁型組織とNPO等のテーマ型組織との「連携のあり方」及び「場」の構築が主要な提言であるのに対し，総務省の『新しいコミュニティのあり方に関する研究会報告』は，地域の多様な主体から提供される公共サービスの仕組み＝総合的・包括的マネジメント機能を提言していることである。この考え方は，2005年3月に発表された総務省の『分権型社会における自治体経営の刷新戦略—新しい公共空間の形成を目指して—』において指摘されている。つまり「企業活動は利潤追求が基本となるが，新しい『公共』の領域においては行政のアウトソーシングを受け止めるものと捉えることができる。また，住民活動は，基本的に趣味や私的活動と捉えることができるが，新しい『公共』の領域においては，地域協働と位置づけることができる」（総務省，2005：12）と重なる。

6. 「福祉コミュニティ」の現代的地平—2010年代 ●●●

（1）　福祉コミュニティの形成基盤の新たな変化

　以上，2000年代までの福祉コミュニティをめぐる日本社会の変化と，その内実である住民・市民活動の展開を概観した。では，私たちが今立っている2010年代は，どのような状況にあるのか。すでに2010年代も後半に入っているが，地域の現場に入る前にみておくこととしよう。

　本総論冒頭において，2010年代の日本が，本格的な「都市成熟化時代」にあることは指摘した。繰り返しになるが，その内実は，人口減少社会の到来，その下での超少子高齢化社会，人口配置構造における東京一極集中として特徴づけられる。そのため，政府は2014年「まち・ひと・しごと創生法」を制定し，「地

方創生」に取り組むことになる。

　ここで少子高齢化社会についてみると，新たな問題が顕在化する。子どもについては，まず「待機児童問題」があげられる。女性の社会進出の進行の一方で，待機児童問題はすでに2000年代から問題になっていたが，2010年代に入り都市部を中心に深刻化した。政府は，2012年8月に「子ども・子育て支援法」を制定し，2015年にはこれを含む子ども・子育て関連3法に基づく「子ども・子育て支援新制度」が開始されている。また，子どもの貧困が問題になる中で，2013年6月「子どもの貧困対策法」が成立する。2012年東京都大田区で全国で初めて，住民による「子ども食堂」の取り組みが始まった。以後，「子ども食堂」は全国の地域で取り組みが拡がっている。

　高齢者については，阪神淡路大震災を契機として，2000年前後から高齢者の「孤独死」が社会問題化するが，これを「無縁社会」としてとりあげたNHKの番組が2010年に放送され，注目をあびた。「無縁社会」とは，単身世帯が増え，人と人との関係が希薄となりつつある日本の社会の一面を言いあらわしたものであるが，高齢者の孤独死が後を絶たない中での問題提起は衝撃をもって受け止められた。これに伴い引き込もりがちの高齢者のための「コミュニティカフェ」や「サロン」活動が一層取り組まれ，「居場所づくり」も活発化する。また，東日本大震災を契機に，寝たきり高齢者や単身高齢者の社会的孤立や孤独死防止のための「見守り活動」が，災害時での地域避難支援のシステム構築と関連して，積極的に取り組まれるようになっていく。

　さらに，2008年11月リーマンショックを発端とした世界的不況により，日本では製造業において「派遣切り」と呼ばれる労働者の大規模な解雇が社会問題化する。同年の年末から年始にかけた「年越し派遣村」は私たちの記憶に新しい。これに対して，2009年10月緊急雇用対策が開始されるが，ようやく2015年生活困窮者自立支援制度が設けられた。ホームレス対策はここに含まれる。

（2）　住民・市民活動の現状

　このような状況に対して住民・市民活動に目を転じると，先にあげた新たな社会問題に対して，例えば「コミュニティカフェ」や「サロン」活動は拡がり

をみせており，その担い手は実に多様になってきている。地域住民，民生児童委員，町会・自治会，NPO法人，任意団体，さらには大学，学生といった「域学連携」の動きも，最近の特徴である。高齢者の支援活動として，「成年後見」や「認知症支援」といった活動も出現してきている。「子ども食堂」については，先に記したとおりである。障害者については，2000年代から地域への移行が進められてきたが，2010年には，「精神障害者地域移行・地域定着支援事業」が実施され，地域移行が本格化する。さらに2013年4月「障害者総合支援法」により，地域生活支援事業による支援を含めた総合的施策が盛り込まれ，障害者雇用問題はその中心にある。

ところで，2010年代になって多く取り上げられるようになった問題として「住まい」がある。人々の暮らしにとって「住まい」が基本的要件であることは言うまでもないが，それは一方で「高齢者住まい法」の制定に象徴されるような高齢者の住まい—とりわけサービス付高齢者住宅—の確保の問題，あるいはホームレス問題への対応，また一方では，増え続ける「空き家」への対応である。「空き家」の活用をめぐってさまざまなとりくみが紹介されるようになってくるのは，2010年代に入ってからのことである。

こうした住民・市民活動の担い手が多様であることは先述のとおりである。とくに，NPO法人は，2017年7月末現在，51,704（認定法人数1,026含む）に達するまでに定着化している。2011年には，所轄庁による認定制度の創設や仮認定（2017年度より特例認定）の内容をもつ法改正がなされた。認証数の都道府県の分布をみると，東京都，埼玉県，千葉県，神奈川県，愛知県，大阪府，兵庫県など大都市圏で多く，とりわけ首都圏なかんずく東京都は9,475で最も多く全体の18％を占めている。NPO法人についても東京一極集中が顕著である。

（3）　福祉コミュニティの今日的意義：「『我が事・丸ごと』地域共生社会」の意味すること

新しいコミュニティ政策の登場についてはすでに紹介したとおりであるが，東日本大震災の発生によって，2010年代はコミュニティの重要性の認識が一層強まっていく。それは「つながりの再構築」や「つながりのシステムづくり」

といった表現で流布していく。こうした中，社会福祉の分野においては，2015年に「地域共生社会」が提起されるのである（二木 2017）。

「地域共生社会」とは，「子ども・高齢者・障害者など全ての人々が地域，暮らし，生きがいを共に創り，高め合うことができる『地域共生社会』を実現する。このため，支え手側と受け手側に分かれるのではなく，地域のあらゆる住民が役割を持ち，支え合いながら，自分らしく活躍できる地域コミュニティを育成し，福祉などの地域の公的サービスと協働して助け合いながら暮らすことのできる仕組みを構築する。また。寄付文化を醸成し，NPOとの連携や民間資金の活用を図る」（4 -（4 ））となっている。

この意味するところは，本書の主題である「福祉コミュティ」そのものであり，本章で見てきた「福祉コミュニティ」の概念と重なる。2017年6月7日公布された「社会福祉法」では，地域福祉の推進の理念として，支援を必要とする住民（世帯）が抱える多様で複合的な地域生活課題について住民や福祉関係者による ① 把握，② 関係機関との連携等による解決が図られることが加えられ，「包括的支援体制の整備」が新設された。と同時に，「市町村が地域福祉計画を策定するよう努める」ことが明記され，地域福祉計画には福祉の分野の共通事項が記載されることとなった。このように「地域共生社会」の実現に向けた具体的取り組みが社会福祉法に盛り込まれている。

7. 現代福祉コミュニティの現場へ ━━━━━━●●●

このような政策動向の下，一体，福祉コミュニティの現場はどのような現実にあるのか。つづく第Ⅱ部では私たちが実施した30の事例調査報告と３つのコラムを紹介する。事例調査は，前著と同様に「福祉コミュニティ」の根幹をなす住民の自発的・主体的活動を取り上げ，以下の方針で進められた。

第一は，前著からの連続と変化を探るために，前著の事例の中から10事例を取り上げた。前著においてボランティ団体であったものの中には，それが障害者支援であれ，高齢者支援であれ，NPO法人の認証を取得し，組織基盤を固め，さらなる発展がみられた事例もある。また，地縁団体の中にもNPO法人を取

得する事例や，あえて法人取得をとらない団体が見られるなど，組織形態は多様になっている。

第二は，残り20の事例と3つのコラムとして「都市成熟化時代」の問題群を地域課題として受け止めている新規の事例を取り上げた。前著では出現していなかった活動・事業—例えば，認知症，成年後見，住まいづくり，カフェ，居場所，見守り，わんわんパトロール，空き家活用，子ども食堂，障害者雇用，多文化共生など—は多様である。担い手に着目すると，多様な主体—地縁組織，自主団体，NPO法人，社会福祉法人，社団法人，株式会社，有限会社，大学など—の参入が見られることが，福祉コミュニティの現在である。

第三は，本書に掲載されている30の事例と3つのコラムは，前著に倣い，地方ではなく，大都市圏とりわけ東京圏を中心に進めたことにある。しかし，事例の中には，京都市，神戸市，名古屋市，金沢市を含んでいる。これは前著との連続性という点から取り上げている。

調査にあたっては，研究会メンバーが現地を訪ね，団体・組織の責任者，関係者から直接インタビューを実施した。併せてイベントへの参加や関連資料・記録の蒐集・整理を行い，とりまとめを行った。字数の制限があるためインタビューや資料のすべてを紹介できないが，ご容赦いただきたい。福祉コミュニティの現場の例題ということで参照いただきたい。

【引用・参考文献】

- ・井上英晴，2004『福祉コミュニティ論』小林出版
- ・岡村重夫，1974『地域福祉論』光生館
- ・奥田道大，1988『現代コミュニティ論』NHK学園
- ・奥田道大・田嶋淳子編著，1991『池袋のアジア系外国人』メコン
- ・奥田道大編著，1993『福祉コミュニティ論』学文社
- ・奥田道大・和田清美編著，2003『第二版　福祉コミュニティ論』学文社
- ・越智昇，1986「都市における自発的市民活動」『社会学評論』37（3）
- ・金子勇，2016『「地方創生と消滅」の社会学—日本のコミュニティの行方』ミネルヴァ書房

- 倉沢進，2008「社会目標としてのコミュニティ」コミュニティ政策学会編『コミュニティ政策』第 6 号，東進堂
- 厚生労働省，2015『誰もが支え合う地域の構築に向けた福祉サービスの実現―新たな時代に対応した福祉の提供ビジョン』
- 厚生労働省地域力強化検討部会中間とりまとめ，2016『地域における住民主体の課題解決強化・相談支援体制の在り方に関する検討会』
- ディランティ・ジェラード，2003『コミュニティ―グローバル化と社会理論の変容』（山之内靖＋伊藤茂訳）NTT出版，2006
- ジュリスト総合特集，1977『全国まちづくり集覧』有斐閣
- 総務省，2005『分権型社会における自治体経営の刷新戦略―新しい公共空間の形成を目指して』
- 玉野井芳郎，1977『地域分権の思想』東洋経済評論社
- 「福祉コミュニティ構想」研究委員会編，1991『福祉コミュニティを拓く―大都市における福祉コミュニティの現実と構想』東京都社会福祉協議会
- 永田幹夫，1988『地域福祉論』全国社会福祉協議会
- 名和田是彦，2009『コミュニティの自治』日本評論社
- 二木立，2017『地域包括ケアと福祉改革』勁草書房
- 広井良典，2009『コミュニティを問い直す』ちくま新書
- 増田四郎，1980『地域の思想』筑摩書房
- 増田寛也，2014『地方消滅』中公新書
- 増田寛也，2015『東京消滅』中公新書
- 町村敬志，1994『世界都市東京の構造転換』東大出版会
- 山崎亮，2012『コミュニティデザインの時代』中公新書
- 横浜市立大学市民文化センター，1986『都市化とボランタリー・アソシェーション』
- 吉原直樹，2011『コミュニティ・スタディーズ』作品社
- 和田清美，2006『大都市東京の社会学―コミュニティから全体構造へ』有信堂
- 和田清美，2009「世界的大変動の中のコミュニティ研究に求められるもの」『地域社会学会年報』第21集
- 和田清美監修，2011『逆発想の都市政策』（株）ぎょうせい
- 水島司・和田清美編著，2012『地域・生活・国家』日本経済評論社
- 和田清美，2014「地域コミュニティ―その都市的形態と課題―」松本康編著『都市社会学・入門』有斐閣

第Ⅱ部

福祉コミュニティの事例を読み解くと

事例調査は，2017年2月〜10月に実施しました（ただし，台湾の社区発展協会の調査は2016年9月実施）。本書掲載の33団体につきましては，事例報告原稿のチェックを経て，掲載のご許諾いただきました。改めて心より御礼申し上げます。

なお，標題の特定非営利活動法人の表記はNPO法人と統一させていただきました。

「セツルメント」のミッションを継承し続ける
100年の歩み

東京都墨田区

社会福祉法人　興望館

1 セツルメントとしての歩み

　興望館がセツルメント（隣保事業）として墨田区の地に設立されたのは，1919年にまでさかのぼる。セツルメントとは，資本主義体制が進展していく19世紀半ばにイギリス，ロンドンのトインビーホールを拠点として始められたもので，貧困地域に大学生などが住み込み，その地域の労働者と共に地域課題を解決していく，社会改良を目指した運動・活動である。日本においても，特に1910年代後半から1930年代にかけて全国的にセツルメントが多数出現したが，キリスト教系セツルメントの代表格と言われるのが興望館なのである。

　興望館は日本キリスト教矯風会北米在京外人によって，託児所，授産，裁縫，読書室を設けた事業を本所区松倉町にスタートさせた。1923年8月には本館を新築したものの，9月の関東大震災で罹災，ようやく1929年9月に現在地である寺島町（現在の京島）に新館が設立され，診療や健康相談なども開始されるようになった。また，日本女子大学校を卒業した吉見静江が館長となり，その事業が日本人の手に託されることになった。1943年には矯風会から独立した財団法人となっている。日本のセツルメントは，労働運動との接触のなさ，社会改良的意図を背後に隠し，特に宗教の布教の目的が先行しているところに特質があるとされている（一番ケ瀬，1964）が，興望館においてもキリスト教的隣人愛の実践として，スラム化していた地域の課題解決のために熱心な活動を行っていったといえよう。

　興望館は，その時々の地域課題に敏感に反応して，戦後も事業を継続させてきた。勤労者，青年，児童の健康増進や宗教的情操を養う場として1940年軽井沢に開設した沓掛学荘は，戦災，引き上げ孤児などの収容施設を経て，1948年

には児童養護施設として認可されている。また，メインの事業であった託児所も保育園として同年に認可された。1952年には社会福祉法人となり社会福祉事業の担い手としてさまざまな事業を展開していく。地域の青少年の教育も興望館が力を入れてきた事業であり，1956年には児童厚生施設として青少年クラブが認可，1970年には青少年クラブが地域活動として広く地域に根をはるようにと会員制とした。こうして，第一種社会福祉事業としての沓掛学荘（軽井沢），第二種社会福祉事業としての保育園，児童厚生施設，隣保事業を行う社会福祉法人として，現在も地域課題の解決を目指した活動を継続している。

② 地域で果たす役割とは？──児童福祉のプロフェッショナルとして

興望館の歴史を見ても分かるように，セツルメントは地域課題，地域ニーズに柔軟に対応するところに特徴がある。セツルメント，その訳語でもある隣保事業が「総合的社会福祉施設」と言われるゆえんである。しかし，そもそもセツルメントには単なるサービス提供という以上に重要な思想があった。それは「地域住民の社会意識や文化的教養の開発等，内面的，人格的向上を目的としていた」（岡村，1968：11）ということである。前述したように，日本のセツルメントは労働者や社会改良といったことはあまり意識しなかったと言われているが，興望館では地域住民との交流，特に青少年の教育を通して，地域住民の生活の向上，ひいては地域の中に豊かな福祉文化のようなものが醸成されることが非常に大切にされていた。そのため，地域課題や地域ニーズについても，すべてに対応するというよりも，興望館だからこそ提供できるものを大事に，それを中心に地域住民に働きかけようとしてきたと言える。

興望館だからこそ提供できるもの，それは「興望館といえば保育園」「興望館といえば子どもや青少年のプロフェッショナル」という子どもを中心とした専門施設としてのサービス提供や働きかけである。興望館のある墨田区京島は，2003年の半蔵門線の延伸，曳舟地区の再開発，京成線の高架化，2012年の東京スカイツリーの開業などで大きく地域が変化している。準工業地帯であった地域に特に若い世代を中心とする多くの世帯が流入し，宅地化が進んでいる。マンションに住む住民の割合も墨田区全体で7割近くになるという。1960年代に

は家内工業であるプレス業がさかんで，京島のあたりはそのメッカと言われた
が，今では興望館近隣では1軒だけになっている。地場産業の衰退が著しい。
こうしたなか，保育園の待機児童問題も深刻化してきているが，興望館の保育
園は口コミで新しい若い世代にも評判が高く，近隣で人気園となっているとい
う。また，青少年の活動については，学童保育にも力を入れている。興望館保
育園の卒園児は優先的に入れることも人気園の理由である。また，保育園の年
長児や学童保育児を中心に行っている沓掛学荘を利用した夏のキャンプについ
ては，三世代で参加し続けている人もいるなどファンも多く，あっという間に
200名程の定員も埋まり，子ども達も毎年楽しみに参加するという。さらにこ
のキャンプは大学生（45名程）など青少年がリーダーとなるところにも特徴が
ある。毎年3月から4月にかけて地域やさまざまな大学の学生などを募集し，
5月以降みっちりとリーダーとしての訓練を行う。興望館が大事にしてきた青
少年の教育というミッションが，キャンプを通して脈々と息づいているのであ
る。

　このように児童福祉のプロフェッショナルとして，興望館は墨田区の児童福
祉のリーダー的存在となっている。行政の各種の委員となったり，児童相談所
や地域の児童館・学童保育との連携も重視している。興望館は自身の専門性を
生かして，地域に大きく貢献していると言えるだろう。もちろん少子高齢化社
会の現在にあっては，地域の高齢者のニーズも高まっている。興望館でも地域
活動部の中で，児童厚生施設（青少年クラブから学童保育へ）と隣保事業を実
施しており，1980年代後半からは隣保事業として高齢者の食事会も実施してい
る。食事会については，高齢者福祉制度に位置づくデイサービスを実施した方
が良いのではないかという議論もあったという。しかし，セツルメントの良い
ところは制度内サービスにはない自由さ，柔軟さであるということ，そして前
述してきたように自身は児童福祉のプロフェッショナルであり高齢者福祉につ
いては他の施設があるのだということから，食事会という形で地域住民に自由
に利用してもらっているのである。参加者たちが落語会，旅行会，書道会など
さまざまなクラブ活動を展開し，地域住民の交流にも役立っている。

③ 今後の展望と課題——地域の新しい関係づくりとマネジメントの重視

　興望館が重視してきたのは，地域課題の解決，そしてなによりも地域に福祉文化を醸成させることであった。そのために，子どもや青少年の教育に力を入れると同時に，地域住民との交流も非常に大事にしてきた。興望館は墨田区の児童福祉のリーダーであると同時に，地域住民にとっても頼れる地域の施設なのである。町内会を始めとする地域住民との関係は非常に良く，毎年行われるバザーにも多くの地域住民が参加している。また，保育園，学童保育の利用者や卒業生など多くの地域住民からなる後援会からは，建物の老朽化に伴う大規模修繕の際には1,000万円を超える募金もあったという。代々の地域住民に愛されている施設であることが良くわかる。

　しかし，先述したような地域の大きな変化により，現在この地域ではマンションなどに住む新住民をどのように「住民化」していくかが大きな課題であるという。これには町内会の人たちも非常に困っている。そこでその仲立ちを務めるのが興望館となる。保育園，学童保育，キャンプなどの活動を通して，興望館には新住民の人たちも集まっている。新住民と，もともといた住民との間に新しい人間関係を創ること，皆が共により良い地域づくりを目指せるような文化を生み出すこと，それがセツルメントとして100年近く活動してきた興望館の使命であるという。地域課題に柔軟に対応してきたセツルメントだからこそ，今この時代に生じた課題にチャレンジしたい，そしてそれができるのだという現館長の野原健治さんの言葉は非常に力に満ちている。

　そして興望館が直面しているもう一つの課題が，マネジメントということである。児童福祉という専門を生かし，地域や地域住民に大きな影響を与えている興望館だからこそリスクマネジメントを始めとする組織の健全化，維持が非常に重要であるという。現在この組織には多くの人が職員として働いている。その人たちに興望館が大切にしてきたミッションを伝えることもまたマネジメントの一つである。キリスト教の隣人愛，法令遵守，青少年の教育，地域に福祉文化を醸成すること，などこれまで大切にしてきたミッションを継承し，さらに発展させていく。そこに現代版セツルメントとしての興望館の新しいあり

方，新しい役割があるのだろう。 （黒岩　亮子）

【引用・参考文献】

・一番ケ瀬康子，1964「日本セツルメント史素描」『日本女子大学文学部紀要』第13号，
　日本女子大学
・岡村重夫，1968「セッツルメント活動と地域組織化」『月刊福祉』No.51，10月号，
　全国社会福祉協議会
・阿部志郎・岡本榮一監修，日本キリスト教社会福祉学会編，2014『日本キリスト
　教社会福祉の歴史』ミネルヴァ書房
・興望館，2009『社会福祉法人　興望館セツルメント資料集』
・興望館，2016『こうぼうかん』（第161号）

「善隣思想」を現代に生かす
―新しい地域づくりへの模索

石川県金沢市

社会福祉法人　第一善隣館

1　「善隣思想」と善隣館

　1934年，金沢市の方面委員（現在の民生・児童委員）であった安藤謙治さん
が，金沢市より元野町小学校の敷地及び校舎の一部を借り受け，方面委員や一
般の篤志家による寄附金等により「第一善隣館」を設立した。これが，金沢市
各地（44校区のうち15校区）に広がっていく善隣館の先駆けである。安藤さん
は「助け合いの心で，近隣の人々と心をかよわせ，支え合い，互いに良き隣人
を創っていく」という善隣思想を実践する場として善隣館を建設したという。
金沢市各地に広がった善隣館の特徴は，いずれもが方面委員の手で設置，運営
されたこと，そしてその地域課題ごとに異なる活動が自由に展開されたことに
あるだろう。また，行政側もこれを後押しし，金沢市において善隣館は「金沢
の地域福祉の代名詞」として，戦後も特別な存在として活動が継続されてきた
と言える。

　第一善隣館においては，設立時より託児所が開設され，その後授産ミシン部，
青年文庫（図書館）の開設，母親学級の開催，善隣少年団の結成と，昭和初期
を中心に次々に事業を展開してきた。戦後は，託児所が第一善隣館保育所とし
て1948年に認可され，1950年から1974年までは乳児検診も実施していた。また，
1965年からは仲良し児童クラブも開設，児童福祉を中心とした活動がなされて
きた。金沢市では戦後，それ以前は善隣館が担っていた社会教育活動は公民館
に委ねられる形がとられてきたが，第一善隣館においては1968年に，保育所と
公民館を併設した野町会館として改築されており，地域住民誰もが出入りする
開かれた施設として今日に至っている。ちなみに同年に第一善隣館は社会福祉
法人として認可されている。

② 善隣館ルネッサンス

　金沢市における善隣館の特異性について前述したが，金沢市では高齢化が進展し，在宅福祉が叫ばれるようになる1980年代後半以降，善隣館を高齢者福祉の拠点にできないかといった議論がなされるようになった。地域福祉施設としての善隣館の「ルネッサンス」である。第一善隣館においても，1957年から老人ルームは開設していたが，1991年に第二種社会福祉事業である地域デイサービス「あんずの園」を開設することになった。現在は介護保険指定事業所として定員20名（2016年定員10名に変更）の通所介護・介護予防通所事業を実施している。時間は月曜日から土曜日の9時から16時30分までである。あんずの園のユニークな点は，保育所の建物の一室をデイサービスの場所としていることである。また，保育園の年長児のトイレはデイサービスの先にある。つまり，デイサービス利用者と保育園児が日常的に交流できるようになっているのだ。特に交流プログラムなどは実施していないが，子ども達の笑い声が聞こえるデイサービスは高齢者にとっても良い効果があることが伺える。

　この「ルネッサンス」は他の善隣館においてもさまざまに模索され，現在に至っている。デイサービスは現在は11校区にある善隣館の内7館で実施されている。デイサービス以外にも高齢者サービスに力を入れている善隣館もある。例えばある善隣館では，デイサービスの送迎車を使用しない時間に，地域の高齢者の送迎をしたり，買い物支援に利用したりしているという。善隣館という金沢市の財産（レガシー）をその時々の地域課題に対応させていく，生かしていくといったことが考えられ，行政も後押しする形で「ルネッサンス」が進んでいったのである。

　そして2015年には，善隣思想の普及啓発，地域福祉の向上を図るために11館の善隣館が「金沢市善隣館協議会」を発足させている。第二の「ルネッサンス」を目指した協議会では地域福祉に関する小冊子を作製したりと，様々な模索が続けられている。

③ 新しい善隣館の形—Zenrin Cafe

　しかし，現在，第一善隣館のデイサービスあんずの園は大きな岐路に立たさ

れている。定員10名を満たすことができず，私達が訪れた時には2名の方がサービスを利用しているに過ぎなかった。建物の老朽化に加えて，場所の制約もあり他の施設のような様々なプログラムもできず，食事と入浴を中心とした過ごし方になってしまう。当初は先駆的なデイサービスであったが，今は多様なサービスが揃ったこともあり，ニーズにいち早く応えてきた善隣館のデイサービスの役割は終わったのではないかと現館長である宇野孝一さんは感じている。一方で，保育所は周囲に新しい子育て世帯の住民が流入していることもあり70名の定員いっぱいの状況である。保育所は休日保育も実施していることからそのニーズも高いという。善隣館のデイサービス，保育所共に特に現在善隣思想を強調したりすることはなく，法令遵守できちんとしたサービスを提供することに努めているという。善隣館は民間施設ではあるが，金沢市を代表する福祉施設として公的施設のような性格も合わせ持っているのではないだろうか。

　しかし，やはり善隣館の魅力は地域課題に柔軟に対応すること，地域独自の自由な活動を展開することにこそある。第一善隣館では，2012年に空き家であった町屋を改装して善隣館サロンZenrin Cafeを開設した。Zenrin Cafe（隣保事業）には，①街のお茶の間機能：自由に集い憩う場所を提供，②ギャラリー機能：障害者の作品展示等の場所提供，③コンシェルジュ機能：行政情報等の提供・相談事業，④シェルター機能：熱中症，厳しい気候，不審者等からの避難，という4つの機能がある。具体的には，カフェとしての利用のみならず，2階にある座敷間では趣味の会や読書会など自由に企画を提案・使用できる。ちなみに営業時間は月曜日から土曜日の10時から16時までであるが，こうした企画には柔軟に対応している。また，毎月第四土曜日午前中には「高齢者介護から育児のことまで」を扱う「福祉相談カフェ・善隣」が実施され，県社会福祉士会から相談員が派遣されている。毎月第二，第四火曜日の午前中は「年金，成年後見制度，遺言，相続，葬式，墓地等」を扱う「年金・終活相談」で，行政書士や社会保険労務士などが相談員として派遣されている。さらに毎月第二火曜日と第四土曜日の午後には参加費200円の「認知症カフェ（オレンジカフェ）」が開催され，毎回ゲストを招いたりさまざまな企画がなされている。

このようにZenrin Cafeは新たな地域福祉の拠点として，地域住民誰にでも開かれた場として機能している。さらに興味深いのは，このカフェの食事の提供を宇野さんの知り合いであったNPO法人たんとに委託していることである。NPO法人たんとは障害者就労継続支援を行っている事業所であり，Zenrin Cafeを施設外就労事業所として，毎日，障害者の方が2～3名，配膳業務に従事している。まさに今日の地域課題としての障害者の地域移行や地域での就労をここで実践しているのである。すぐ近くの野町会館で行われる講座の帰りに食事するグループや，赤ちゃん連れのお母さんたち，会館などには行かない閉じこもりがちの高齢者などが食事をしながら，障害者の方と自然に交流する姿がここでは見られる。また，障害者の方の作品展示などを通して，障害者の方と共に生きることを感じられる場ともなっているのである。

4 これからの課題─善隣思想を職員に，地域住民に再び浸透させるために

このような地域での新しい展開は，新しい善隣館の姿を現しているようである。しかし，こうした事業展開の難しさを宇野さんは語ってくれた。まずは職員体制である。保育所がメイン事業である第一善隣館には館長と事務局員1名以外の職員は常勤非常勤合わせて20名の保育士とデイサービスの2名の職員のみで，地域に目を向けた活動をすることに限界がある。また，職員に善隣思想を伝えることにも困難を感じているという。前述したように善隣館は金沢市のレガシーではあるけれども，法令遵守をモットーとする公的性質も兼ね備えており，保育士も保育業務に忠実であることが第一である。また，新しい善隣館の形としての居場所の提供ということにブレはないが，人に加えてお金もないという。カフェも経営的には赤字であり，相談事業や認知症カフェなどの実施で補助金を得てなんとか回っている状態である。隣保事業には職員の他に地域住民の力，ボランティアの力が必要である。昔ながらのコミュニティも残っているために，今後の課題はいかに地域住民，ボランティアの力を引き出し，魅力的な活動を共に行っていくかではないだろうか。

善隣館が今大きな危機を迎えている，という認識は11館に共通であり，だか

第Ⅱ部　福祉コミュニティの事例を読み解くと　33

写真Ⅱ-1　第一善隣館　Zenrin Cafe

出所）第一善隣館HPより引用

らこそ協議会もできた。しかし，温度差も大きい。本当に何かを変えるためには，例えば善隣思想を小さな頃から教えるなどの教育的要素も欠かせない。まさに今，善隣思想をどのように地域住民とわかちあい行動を起こしていくかが問われている。まずは職員が地域に目を向け，地域が施設に目を向けること。再度手を取り合うことから新しい地域づくりは始まるのかもしれない。

(黒岩　亮子)

【引用・参考文献】
・阿部志郎編（1993）『小地域福祉活動の原点　金沢─善隣館活動の過去・現在・未来』全国社会福祉協議会
・浦上太吉郎編（1950初版　2002第二版）『遺稿集「安藤謙治」』石川縣連合民生委員會

地域に根ざし地域に守られ60年以上つづく地域医療活動──セツルメント診療所

東京都足立区

医療法人財団　ひこばえ会

1　出発点としての「東大亀有セツルメント」

　JR常磐線・亀有駅から徒歩10分，環七通りと飯塚橋へと通じる道路が交差する大谷田陸橋のすぐ近く，足立区東和4丁目にベッド数19床の入院施設と外来診療，24時間体制の訪問診療を行っている「セツルメント診療所」がある。一帯には，19床のショートスティを併設する「セツルメント診療所分院」や「つやま訪問看護ステーション」「居宅介護支援事業所」「薬局」などセツルメント診療所の関連施設が点在している。また，中川を隔てた葛飾区水元にも「セツルメント診療所」がある。これらを運営するのが，医療法人財団ひこばえ会である。

　「セツルメント診療所」は，「東大亀有セツルメント診療所」という名称で，第二次世界大戦後の1951年，東京大学の学生を中心としたセツルメント活動として始まった。「セツルメント」という，聞きなれない言葉を冠した診療所の名称の由来が，ここに隠されている。「東大学生セツルメント」は，1949年のキティ台風による洪水被害のための救援活動として江戸川区葛西から始まり，1950年には，品川区大井町に診療部門と保育部門が，1951年には足立区大谷田に診療所部門と保育部門が開設され，同年川崎に診療所部門が設立されていく。東大内の医師インターン，看護婦，学生等によって組織され，その主な活動は，戦前の「東京帝大セツルメント」に倣い，「専従部門」と「学生部門」に分かれていた。「専従部門」は社会人があたり診療所や保育所などの経営を行い，「学生部門」は，法律相談，保育活動，労働学校，子供会，勉強会（学習塾），コーラス，栄養指導，保健活動などを行っていた。

　この戦前の「東京帝大セツルメント」とは，1923年9月1日に発生した関東

大震災の救援を契機に，本所深川地区に東京帝国大学の末広厳太郎教授が主導して東京帝大の学生を率いて始まった活動である。19世紀後半イギリスのイースト・ロンドンでオックスフォード大学のチューターであったA・トインビーによって始まった「セツルメント運動」は世界的に広まり，日本の「東京帝大セツルメント」はその流れに系譜化される。それ故，「東大学生セツルメント」は，「東京帝大セツルメント」のOSからの援助が示すとおり，その理念を継承した「大学セツルメント運動」の戦後的展開であった。

② セツルメント診療所の歴史

「東大亀有セツルメント」は，1951年6月，大谷田377番地に，「専従部門（社会人）」として，「東大亀有セツルメント診療所」と「みどり保育園」を開設する。一方，「学生部門」では，子供会，栄養保健指導，法律相談，学習塾の活動を行っていた。翌1952年5月，OSや大学内，住民の人たちのカンパにより大谷田534番地に建物を購入・移転し，ここに診療所と学生ハウスがおかれた。それまで18時から21時までの夜間診療であった診療所は，高野勲氏が所長として常勤医となって診療にあたることになった。これに伴い診療所の名称は「セツルメント診療所」と改称された。一方，もう一つの専従部門である「みどり保育園」は1954年，経営悪化のため閉鎖され，専従部門は医療部門だけになったのである。

1960年，「セツルメント診療所」並びに「学生ハウス」は，現在の東和4丁目に新築移転する。1961年，小児マヒが東京では大谷田地区が集団発生地第1号となり，当時国は米国のソークワクチンで対応していたが効果がなく，ソ連から生ワクチンの輸入をすべく，OSの大学や研究所の研究者，診療所の職員，学生らと地域の母親との組織的運動が展開された。この「ポリオ生ワクチン運動」は，日本の公衆衛生上特筆すべき出来事とされている。同時に，この運動を契機に，地域住民との結びつきが強まった。これは，高野所長が常々「地域に根ざした医療活動」を標榜していたことが大きい。1978年には，老人医療費の無料化を進めてきた美濃部都政の危機を見込んで，「患者と診療所の協力関係を強くし地域と自分たちの健康を守っていこう」との強い思いから，地域の

患者さん5名を中心に1年間の準備をへて，「患者友の会」が結成された。運営には，診療所の高野所長と「友の会」初代会長の笹沼氏との間で，双方が独立した組織として助け合うことを原則とした。

1987年には，友の会からの支援を受けて，念願の「セツルメント診療所」の増新改築が完成する。その一方で，学生セツラーの減少に伴い「学生ハウス」が閉鎖されることになり，ここに東大セツルメントの「学生部門」の活動は公式的に無くなった。しかし，「セツルメント診療所」は，順調に発展・拡大を続け，1988年9月には長年の懸案であった法人化が実現し，「医療法人財団ひこばえ会」が誕生した。その矢先，立ち上げから42年間診療所をまもり続けてきた高野所長が病に倒れ，2年間の闘病後，1993年他界した。しかし，同年には，往診に力を入れていた故高野所長のペンネームを冠した「つやま訪問看護ステーション」が開設される。故高野所長が目指した「地域に根差した医療活動」がまた一歩実現したのである。

③ セツルメントの現在

1998年の介護保険法の制定に伴い「セツルメント診療所」は，新たな段階に入っていく。同年4月，5階建の「セツルメント診療所分院」が開設された。これは4年間の施設拡大計画の検討に基づいたもので，1階に厨房と食堂，2階が小児科・糖尿病・心療内科・皮膚科の外来棟，3階がシュートスティ，4階が通所リハビリ施設と入浴施設（現在はシュートスティ棟），5階が法人本部室・会議室などとなっている。2000年の介護保険の施行を見据えた在宅医療の基盤整備を念頭に検討され完成したのであった。さらに，1999年には「居宅介護支援事業所」の開設がされ，介護相談，介護保険の代行申請からケアプラン作成，モニタリングまで，ケアマネジャーの継続したサービスの提供が確保され，2000年の介護保険施行とともに，「セツルメント診療所（本院）」では訪問診療が，「分院」ではショートスティ，ディケアが介護保険扱いとなり，事業展開が始まる。

「セツルメント診療所」は現在，「本院」において，①在宅訪問診療，②19床の入院施設（医療保険），③外来診療（内科・外科・神経内科・循環器・呼吸器・

肝臓・乳腺・甲状腺・整形外科・物忘れ外来・骨粗しょう症外来）を展開している。特に，「本院」にあっては，胃ろう・経鼻栄養・中心静脈栄養・在宅酸素など，さまざまな医療処置を受けている医療依存度が高い患者さんや，癌末期の患者さんに対して，24時間体制の訪問診療を行っている。「分院」では，①介護保険による「短期入所療養介護施設」として19床のショートスティと，②外来診療（小児科，糖尿病・心療内科・精神科）が展開されている。2007年には，中川を隔てた葛飾区水元に在宅療養支援診療所として，「水元セツルメント診療所」を開設する運びになる。この３つの診療所と「つやま訪問看護ステーション」及び「居宅介護支援事業所」とが緊密な連携をもつトータルサポートが実践されている。ここに「セツルメント診療所」の強みがある。

④ 転換期にある大都市の地域医療活動

2011年，セツルメント診療所は，診療所開設60周年という一つの節目を迎え，次の70年に向かって日々地域医療活動を進めている。しかし，患者組織である「友の会」を始めとして，これまで「地域」に守られてきた診療所の足元が，大きく揺らいでいる。「友の会」の会員は2001年段階で700人を数えたが，2017年現在460人に減少している。また，ここ数年診療所の経営は大変厳しい。ここ数年ベッドの満床率が低下してきている。一般的に「有床」は赤字になるといわれているが，「セツルメント診療所」の医療活動においては，たとえ赤字となっても有床を維持するとの方針を貫いてきた。その経営方針は今後も変わらない。この事態を打開すべく，在宅に係る医師や看護職，ケアマネジャー，事務職等が，それぞれ立場から「特養」や「地域包括センター」などの施設を訪問し，新規の患者獲得のための営業活動を行っている。その調整や意見交換のための「在宅担当者会議」を月１回程度開催している。また，どうやって医療の人材を集め，定着させていくかの問題を含め，今後の法人の在り方を考えるための「法人の将来を考える会（FPC）」が職員有志によって発足した。

法人専務である永山都留子さんは，「これまでにもセツルは，何度も危機を乗り越えてきた。どうやって知名度をあげるか，どうやって地域の信頼を確保するか。そのためには地域に出て，地域の声を吸い上げることが大事。地域と

どう付き合うかにかかっている。それはセツルメント診療所の原点を問うことでもある」と語る。事実，地域のニーズに応え，2010年在宅療養者への食事宅配が始まった。また，「法律相談」の再開や「ひこばえカフェ」の開設など，「セツルメント診療所」の原点に立ち戻りつつ，時代に見合った新たな試みと模索が始まっている。 (和田　清美)

【参考文献】

・和田清美・医療財団法人ひこばえ会編著，2001『大都市における地域医療，看護・介護の理想と現実―東京都足立区セツルメント診療所50年のあゆみ』こうち書房
・下山省二，2010「地域医療運動―東京におけるトータルサポート医療」北川隆吉・浅見和彦編『社会運動・組織・思想』日本経済評論社

丸山コミュニティの水脈と現在

兵庫県神戸市長田区
丸山地区住民自治協議会

1 丸山コミュニティとは

「丸山地区」は，神戸市長田区の一角，六甲山南の山麓に立地する坂の町である。戦前は別荘地だったが，1950年代後半から宅地開発が急速に進んだ。これに伴い人口は年々増加し，1950年に5,347人であった人口は，1975年には21,798人，世帯数は6,553まで達した。この人口増加の真只中の1971年8月，「丸山地区」は，自治省による「モデル・コミュニティ」の指定を受けた。全国からマスコミ，研究者が「丸山地区」をこぞって訪れるようになり，「丸山コミュニティ」は，日本のコミュニティ運動において燦然と輝く存在となった。しかし，1980年代後半に入ると，華々しい丸山コミュニティの姿は影をひそめ，一介の町内会に成り下がったとの声も出てきた。こうした「丸山コミュニティ」を敢えて取り上げ，福祉コミュニティの視点から問いかけをしたのは越智昇であった。「丸山地区にはすご水脈がある。(中略)。明るく住みよい地域たろうとして，たたかい，考え，創造しようとするどの地域にも，丸山の水脈は噴出するようなコミュニティ・エネルギーがある」と述べた (越智，1993，147)。

その問いかけから，25年が経過したが，「丸山コミュニティ」は，どのような月日を重ねてきたのか。その手掛かりが，『丸山地区住民自治協議会創立60周年記念誌』(2010年6月刊。以下，『記念誌』とする) にある。そこには，創立から60年間の「丸山コミュニティ」の歩みが淡々と綴られている。『記念誌』の発行から7年が過ぎた現在，「丸山コミュニティ」の水脈は，どのような実態にあり，何が継承され，何を次世代に繋ごうとしているのか。私たちは，故越智先生に倣い，再び福祉コミュニティの問いかけを「丸山コミュニティ」に探ることにした。

さて，今回10数年振りに訪れた「丸山地区」は，ひっそりと，穏やかな佇ま

いで，筆者を迎えてくれた。神戸電鉄「丸山駅」を降り，坂の町を数分歩くと，
丸山コミュニティの象徴ともと言える「丸山コミュニティセンター」が忽然と
姿を現す。「丸山コミュニティセンター」は，モデル・コミュニティの指定後，
自治省，兵庫県，神戸市の３者の間で協議され公表された「コミュニティセン
ター建設構想」に拠っている。建設費１億５千万のうち５千万を神戸市が負担
し，残り１億を市債とし，そのうち３千万円を住民が手分けして分担購入する
「コミュニティボンド」によって賄った。「コミュニティボンド」という住民参
加の新たな方式を取り入れて建設された「丸山コミュニティセンター」は，
1972年11月に着工，1974年２月23日に完成した。コミュニティボンドは，５年
後の1977年５月全額が住民に償還されている（同，29頁）。建設から40年以上
が過ぎた，訪問当日も２階の集会室は午前３団体，午後１団体の利用がみられ，
住民活動の拠点となっていることがうかがえた。

2 丸山コミュニティの水脈─「たたかう丸山」から「考える丸山」「創
造する丸山」へ─

1949年６月５日，「防犯協力会」が創立された。２年後の1951年６月には，「丸
山文化防犯振興会」と改称される。15年の活動期間を経て，当時別組織であっ
た「丸山幹線道路促進協議会」と組織統合し，「丸山地区文化防犯協議会」を
発足させる。1965年８月のことである。現在の名称である「丸山地区住民自治
協議会」に改称されたのは，1977年５月であった。これは前掲の「コミュニティ
ボンド」の償還時期に重なる。

ところで，丸山地区のコミュニティ運動史は，「たたかう丸山」→「考える
丸山」→「創造する丸山」という３段階発展史で整理されている。第１段階の
「たたかう丸山」の時期は，まさに「丸山文化防犯振興会」が「丸山幹線道路
促進協議会」と共闘して激しい住民運動を展開していた時期にあたる。1965年
８月，両組織の統合により「丸山地区文化防犯協議会」が発足するが，ここか
ら「考える丸山」から「創造する丸山」への段階に入っていく。こうした運動
の底辺に「住民のパワー」があり，これを越智先生は「丸山コミュニティの水
脈」とした。以下，詳しく活動の展開をみてこう。

第Ⅱ部　福祉コミュニティの事例を読み解くと　**41**

（1）たたかう丸山へ

『丸山地区住民自治協議会60周年記念誌』によれば，1949年の「丸山防犯協力会」の結成には，「空き巣などの事犯が多発したため自治組織を結成する必要に迫られ」（同，18頁），「防犯協力会は，防犯灯を地域内に増設することを決め，会員から寄付を集めることとした」（同，22頁）とある。現在でも続く「防犯灯の維持・管理」は此処を起点とする。2年後の1951年，「防犯主体の丸山防犯協力会から，『文化』の面も充実強化していくことになり」（同，18頁），「丸山文化防犯振興会」と改称された。1954年には丸山小学校が開校され，地域をあげての見守り活動がスタートするなど，防犯，防災活動が展開された。1954年8月には，第1回の「盆踊り」が開催されている。これが現在の「ふれあい夏祭り」の始まりとされている。

　1960年代に入ると，急激な人口増によって，当時地区外に出る道路が1本しかないことによる朝夕の交通混雑が問題化していた。1963年，丸山文化防犯振興会が提唱して，住民大会を開催し，幹線道路新設のための「丸山幹線道路促進協議会」が結成される。同協議会は，道路問題に関連して，次のような問題の解決に向けて精力的な実績をあげていく。①幹線道路開設，②緊急用道路開設，③道路舗装，④ガードレール設置，⑤側溝の改修および暗渠の改善，⑥治水対策，⑦水道関連，⑧公共福祉施設，⑨交通問題，⑩ガス問題，⑪電話問題（ケーブル埋設，公衆電話ボックス），⑫関西電力問題，⑬学校問題（小・中学校，幼稚園の新設）などである。1963年から64年にかけて，行政当局への交渉が精力的に行われ，その結果，協議会と市当局とで合同委員会の設置や，バスの利用実態調査資料によって行政当局の協力を引き出した。その結果，道路の補修工事やバスの増車を始めとして小・中学校の新規建設など生活に係るいくつもの成果を勝ち取った。組織統合後は，「開発部」がこれにあたることになる（越智1993，139）。

（2）考える丸山から創造する丸山へ

　1965年8月，「丸山文化防犯振興会」と「丸山幹線道路促進協議会」が統合した「丸山地区文化防犯協議会」が発足する。会長には，丸山幹線道路促進協

議会会長の沖田次平氏が就任し，その下に，防犯，企画，総務の4部門が設置される。「合同記念夕べの集い」が開催され，これが「丸山文化祭り」として毎年開催されることになっていく。

翌66年11月，体調を崩した沖田会長に替わり，今井仙三氏が会長に就任する。この年は，神戸市住民参加のモデル事業「ちびっこ広場」（住民2,000人の参加）の誕生，神戸市策定総合基本計画「近隣住区計画」のモデル地区指定がされる。68年には「植樹」事業と「長寿村」の開村，69年，これら一連の活動が「美しいまちづくり賞」に選定される。この受賞は，「『考える丸山』『実践する丸山』を合言葉に活動してきたメンバーにとって追い風となった」（同，28頁）とある。同年には，「教育キャンプ村」の開村，「共同購入」「都市農村交流」などの事業が取り組まれた。これらの取り組みを経て，71年8月6日，自治省のモデル・コミュニティの地区指定を受けたのであった。その一環の事業として，コミュニティボンド方式を用いた「コミュニティセンター建設構想」が打ち出され，72年に着工，74年に完成する。コミュニティボンドの償還が終える直前の77年4月，会の名称が，現在の「丸山地区住民自治協議会」へと改称された。

『記念誌』の年表には記載されていないが，1971年11月「各団体連絡協議会」は結成される。この協議会が管理運営委員会をつくってコミュニティセンターの管理・運営にあたった。しかし，5年後には1976年神戸市の直営管理に移行することになる。越智によれば，「丸山コミュニティが成功したのは，それが指定を受けた理由であるが，先述した『文化防犯協議会』の，言わずとも一貫してとりくんできた自主的なコミュニティ運動にあった（中略）『文化防犯協議会』があえてコミュニティ運動の主流を自認して組織体としてのリーダーシップをとりつづけたことが，丸山コミュニティといわれる独自性・創造性をもちえた理由であった，とみられる。このような位置づけで，活動をつづけた『文化防犯協議会』は，（中略），そのコミュニティづくりにふさわしい名称として，『丸山地区住民協議会』に改称し，今日に至っている」（越智，1993，141）。

今井会長の下，79年には雲雀が丘の私有地利用をめぐる陳情運動さらには保

育所建設反対運動の後，ついに81年，雲雀ガ丘公園が誕生し，長い運動の成果
を勝ち得た。また，80年10月26日には，「丸山に住みたくなる会」が結成され，
同年11月「丸山まちづくりニュース」の第1号が発刊された（83年7月15号もっ
て廃刊）。さらに82年10月から83年7月までの計10回の「丸山まちかど学校」
が開催された。83年には，老人いこいの家と児童館が会館し，鶯町公園，大日
丸公園がオープンする。85年には10月には「丸山地区住民自治協議会」の会長
は，今井仙三氏から，宮崎義男氏に交替することになった。

③ 丸山コミュニティの現在

　冒頭で紹介した越智の訪問調査は1990年前後であったと思うが，その時点で
「長寿村」および「教育村」の閉村，「ちびっこ広場」の減少，「道路問題」の
困難性，高齢化問題を指摘する一方，87年の2月の「住民会館」の開設に住民
自治の可能性を見出している。「住民会館」は，市の土地を借りて，建設費を
神戸市からの助成1,000万円，丸山地区自治協議会積み立て金600万円，住民寄
付300万円で賄い，管理は自治協，婦人会，老人会，地元住民から構成される
管理運営委員会があたることとしたのである。「完全に住民自治として神戸市
をひっぱりこんだ丸山住民による，丸山のための，そして丸山の「住民自治会
館」が発展するなかから，コミュニティセンターのあり方が自主的にきめられ
る日がくるにちがいない」（越智1993，147）。この予言どおり，1998年4月には，
住民自主管理による「住民会館」2号館が建設されている。また，「丸山コミュ
ニティセンター」は，2005年4月1日，神戸市の指定管理者として，丸山地区
住民自治協議会と丸山婦人会の共同で設立した「丸山コミュニティセンター管
理運営協議会」が受託した。ここに至るまで実に30年の歳月を擁したことにな
るが，「住民自主管理」をようやく実現したのである。これは，「今井仙三会長
が最も気にかけておられたことであった」と，現丸山住民自治協議会会長の冨
澤孝氏は述懐し，今井仙三会長の功績を述べている（『記念誌』，40頁）。

　1995年1月17日の阪神淡路大震災により丸山地区も被災するが，1年後の
1996年3月，「防災福祉コミュニティ」を発足させる。以来，本活動は継続し
てすすめられており，毎年1回獅子が池で放水，人命救助などの防災訓練を行っ

ている。同年6月17日には，現在の住民協の重要な活動である「獅子が池を美しくする会」が発足した。7月に第1回のクリーン作戦が実施され，これは厳冬期を除き毎月1回の定期的活動となっていく。また，毎年4月には「ししが池まつり」を開催している。こうした「獅子が池を美しくする会」の継続的活動は，2008年12月，兵庫県知事による「くすのき賞」を受賞し，翌2009年3月には国土交通大臣からも「手作り郷土賞」を受賞する。「獅子が池を美しくする会」の活動は現在，神戸市と協働して環境整備活動や里山づくりを進めている。

　では，ここで2016年度の丸山住民自治協議会の主たる事業を紹介しておきたい。①「自治会報」（毎月4,800部）の印刷，配布，②地区理事会（東，中，西地区）の開催，③自治協未加入世帯への呼びかけ，④「獅子が池を美しくする会」への支援，⑤丸山地区公園管理会（地区内6つの環境整備）への支援，⑥住民会館2号館の維持・管理，⑦餅つき大会の実施，⑧丸山ふれあい夏まつりへの参画，⑨まるやま地域応援団の活動支援（ふれあい運動会開催等），⑩子どもの居場所つくりへの活動支援，⑪防犯灯3,000灯以上の維持管理，⑫「青パト」月4回の運行，⑬防犯カメラ（10か所）の維持管理，⑭年末特別警戒の実施，⑮丸山地区防災福祉コミュニティ活動への支援などである（第57回住民総会資料による）。これをみると，「丸山コミュニティ」の住民自主活動はなお健在であることがわかる。

④　10年後の丸山コミュニティを見据えて

　「丸山地区住民自治協議会」は，2010年3月29日，神戸市長から「地縁による団体」として告示され法人登記された。このことは，創立60年周年を迎えた「丸山地区住民自治協議会」にとって大変喜ばしいことと受け止められている。

　また，毎月1回発行されている「自治会報」は，2017年9月10日の発行をもって600号を迎えた。これを祝して，本号は，カラー刷りのタブロイド版で「600号記念特集号」となっていて，各界からのお祝いメッセージで紙面が飾られている。「当初，『丸山防犯協力会報』として半年に1回程度の発行でしたが，その後，「理事会報告」として月間の発行体制になり，「自治会報」と名前を改め

て，歴代の会長や関係者が献身的な努力をしながら，継続発行をしてきたものです。丸山地区は，『丸山はひとつ』を合言葉に単一の組織として発展し，現在5,800世帯，11,000人のうち約8割が自治協会員となっており，毎月B4版2ページ建てで4,800部を印刷し会員に配布しています」（『自治会報』600号）と，その経緯が紹介されている。

　ところで，丸山コミュニティは，2017年9月から新しい取り組みが始まっている。それは，丸山地区各種地域団体と神戸市長田区役所によって「住民代表者懇談会」が発足し，丸山地区の10年後の将来像とそれを実現するための施策を検討する取り組みである。ここでの検討をもとに，この9月には「丸山地区住民意識調査—今後のまちづくりにむけて—」が実施されている。この調査結果が俟たれるところであるが，丸山コミュニティは，10年後を見据えて，今新たなステージに入っていることは確かである。　　　　　　　（和田　清美）

【引用・参考文献】

・越智昇，2003「丸山コミュニティの水脈」奥田道大・和田清美編著『福祉コミュニティ論』学文社
・丸山地区住民自治協議会編集委員会編，2010『丸山地区住民自治協議会60周年記念誌』丸山地区住民自治協議会

リサイクル活動から障害者の就労の場を
──リサイクルみなみ作業所

愛知県名古屋市
社会福祉法人　ゆたか福祉会

1　ゆたか福祉会とは

　ゆたか福祉会は障害者が卒業後働くことのできる場を，と障害児の親や特殊学級の先生がよびかけ，1960年代後半，共同作業所からスタートした。

　任意団体として，会社の一画でスタートしたが，間借りしていた会社が倒産し，働く場所と同僚を失うことになったので，中小企業同友会の常任理事だった今井保氏（後にヘレンケラー福祉賞受賞）らに相談し，「自分たちの工場をお金を出し合ってつくろう！」と1969年にできたのが，「ゆたか共同作業所」である。今井氏との出会いがなかったら今はないと鈴木清覚理事長はいう。今井氏はゆたか福祉会の初代理事長も務めた。

2　運動としての「リサイクルみなみ作業所」の設立

　ゆたか共同作業所が誕生した1970年代前後は，「障害者が働くなんて無理」「障害者の人はかわいそう」という時代であった。しかし，ゆたか福祉会の作業所での障害者の様子は人々の共感を得，「共同作業所づくり運動」として全国へ広がっていった。その中で，ゆたか福祉会では，1983年4月からリサイクル事業に取り組み始めた。事業を始めたきっかけは，署名や物品販売で市職労の清掃部との関わりがあり，環境事務所に出入りしていたところ，「捨てられている物に使えるものが混じっている！」という発見と，労組幹部が「障害者の仕事にどうだ？」と気づいたことだったという。

　当時は東京で「ゴミ戦争」が社会問題となっていた時期であり，清掃員は早出・早帰り，「ほそ」（鉄くずの採集）やチップで稼いでいる，という否定的なのイメージを持たれていた。その中で，資源ごみの分別を障害者にやらせてみようという取り組みが，市の職員労働組合とゆたか福祉会，「愛知県障害者（児）

の生活と権利を守る連絡協議会（愛障協）」で検討され，運動として進められた。最終的に授産施設としてゆたか福祉会がリサイクル作業所を経営するという形になり，清掃労働者モラルの確立に寄与した。このように外部との関わりが強い「運動」が，社会環境や制度を作ってきたのである。

③ 就労実態

現在リサイクルみなみ作業所は「就労継続支援B型事業」という形で継続している。家庭から出されるペットボトルと紙パックを選別し，その他異物を除去し，ペットボトルについてはさらに圧縮・梱包して，資源選別化事業者に引き渡す仕事が行われている。作業所では利用登録制度をとっており，2017年3月現在，50人ほどが登録しており，常時40人程度が働いている。就労は，9時から17時（16〜17時は清掃）の週5日勤務，通所が基本となっており，平均給与は75,000円，全国ベスト5に入るほどの高収入が得られ，働き甲斐のあるものとなっている。

また，ゆたか福祉会では他にも「就労継続支援A型事業」で資源回収事業や清掃事業も行うようになった。グループホームを30か所ほど展開しており，グループホームの入居者の半数ほどが系列の事業所等に通っているのだという。

④ 組織の現状と課題

ゆたか福祉会は2017年3月現在47年目であり，50周年に向けた課題整理を行っているという。

1つ目は対利用者の課題である。利用者の高齢化や精神障害者への対応がより必要になってきている。取り組みの一つとして，10年ほど前から親などから要望の強い，権利擁護・成年後見センターを考えているという。利益相反となるのでNPO等独立組織で，相談所の専門員や社会福祉士を中心に，元からある横の連携を活かしつつ，人材派遣で対応したいという構想があるとのことだった。

2つ目は，法人機構を整理し，体制を整えることである。現在，ゆたか福祉会は社会福祉法人として20数億に近い売り上げがある。「事業拡大を積極的に狙ったわけではないが，要望に応えていくうち，この規模になった」と鈴木理

写真Ⅱ-2　ゆたか福祉会　法人本部

事長はいう。組織を維持するだけでなく，展開していくなかで，事業を集中するだけではなく，縮小があっても構わないと考えているという。

ゆたか福祉会は障害者雇用が8％程度と県内3位以内に入るくらいの多さであり，財政にプラスに働いている。財務状況を現場がわかっていないと動きが悪いため，また全員に理念を共有させる意味を込め，研修を行っているという。

2017年3月現在，法人全体で約600人の職員を抱えており，直近では総合職を14人採用している。それに加え，エリア採用（限定正社員）は非常勤で3年間勤務した後，（定年が60歳のため）55歳位まで応募できる職種である。総合職に比べ若干給料が安いが，今年度は14人を採用した。人材不足の中であるが，勤務態度や，障害者への価値観を理由として，不採用にすることもあり，人材確保も課題である。一方で，応募者も少ないこともあり，これ以上の採用は難しいのが現状とのことだった。

さらに，人材確保に向けて，県境に近い奥三河地区の設楽町では町の在住・在勤者，及び高校生を対象に，介護者の初任者研修への助成を行っている。民間で資格を取得すれば7～8万かかるところ，4万円で取得が可能である上，町から3万円助成が出て，残額の1万円についてはゆたか福祉会で働けば免除

になる。設楽町には現在80人〜90人ほどゆたか福祉会の職員がおり，高齢化率48%超の中で，地域の方々との関係を形成している。

　ゆたか福祉会の中には，無認可時代を経験している第一世代，10周年以後に加入した定年間近の第二世代，90年代に入った第三世代がいる。「この第三世代がゆたか福祉会の運命を決めると思っている」と第一世代の鈴木理事長はいう。

　単なる若返りでなく，職員の世代交代をどう行っていくか。地域に根付きながら幅広く事業を展開している一方，障害者を取り巻く運動の衰退に危機感を持っていらっしゃる様子だった。時代とともに「運動体」から「企業体」へと移り変わっているジレンマの中に，ゆたか福祉会の現在がある。（**常盤　理紗子**）

【参考文献】

・リサイクルみなみ作業所職員集団編著，1984『障碍者の新たな働く場の創造をめざして―リサイクルみなみ作業所の1年半の実践』リサイクルみなみ作業所
・林泰義，2003「ごみの分別収集から障害者・高齢者の就労の場を」奥田道大・和田清美編著『第二版　福祉コミュニティ論』学文社

自立した地域生活を目指して
―45年続く障害児地域自主訓練会

横浜市緑区・青葉区

自主訓練会　さくらんぼ会

1 生活を大切にした子育て

　さくらんぼ会は，1972年に設立された心身の発達に遅れをもつ子どもたちのための療育の場である。さくらんぼ会の創設者，東京都出身の辻滋子さん（1934年生まれ）は，国立病院のデイケアで発達障害をもつ子どもたちと関わっていた。当時辻さんの住む横浜市では，障害をもっていると幼稚園・保育園にほとんど入れない，相談する場もない，という状況であったという。そこで障害をもつ子どもたちの親（当初は3組）と辻さんをはじめとする協力者たちがさくらんぼ会を設立したのである。会のメンバーは試行錯誤をしながら研修を積み，生活を大切にした子育てをすすめることになる。

　現在のさくらんぼ会のパンフレットには「子どもたちのよりよい成長発達を願い，両親，協力者が地域の方々の応援を受けながら生活訓練を中心に活動しています。子どもたちの今を輝かせ，将来も豊かで自立した地域生活が送れるよう会員一同，心と力を寄せ合って活動しています」とある。親，協力者，そして地域が一体となって子どもたちの育ちを支える，その基本はこの45年，変わっていないのだ。

2 さくらんぼ会の構成と活動

　さくらんぼ会には，毎週火水木の午前中に基本的な生活訓練，学習，運動を行う0歳児から年長までの幼児訓練会と，毎週火水木金の午後に学習，作業，運動を行う小1〜高3までの学童訓練会がある。学童訓練会の子どもたちは，学校が終わった後に自分で電話で連絡をして会にやってくる。親の手を借りずにひとりで会に通っている子どもも多い。訓練会には10人を1班とする班が置かれており，現在幼児訓練会は2班，学童訓練会は5班と約70名の子どもたち

とその親が会員として活動している。また，訓練会の他に，毎月1回土曜日に運動やゲームをする体操教室も行っている。通っている子どもたちは自閉症，ダウン症，アスペルガー症候群，AD／HD，学習障害，肢体不自由児などさまざまである。さくらんぼ会は，現在，幼児は月に11,000円，学童は7,000円の会費制をとっている。これらの会費と，地域の方々，さくらんぼ会関係者らによる賛助会費，そして横浜市からの助成金により，なんとか会の運営が続けられている状況である。

　さくらんぼ会の運営は会員によって担われている。すなわち子どもたちの親と協力者が運営委員会をつくり，日常活動の連絡を取り合っているのだ。前述したように訓練会にはいくつかの班があり，その班の代表，会長，会計と協力者が運営委員会を構成している。戸外保育，宿泊訓練，誕生会，バザーなど多様な年間行事にも会全体で取り組んでいる。

　さくらんぼ会の大きな特徴，それは「自主」組織であり，親と子という会員自らがその活動を支えていることだろう。会の説明には「子どもたちが地域の一員としてたくましく育ち，当たり前に生きていって欲しいという共通の願いをもち，喜び，悩みを共にし，励まし合う仲間の会です。子どもの入会と同時に親の会にも父母共に入会し，会の仕事を分担して行っていきます。地域交流活動，学習会などを行っていきます」とある。

　また，協力者（ヘルパー）については，「保育士・教師などの有資格者，家庭の主婦，若者などが，子どもたちや親との共感と理解によって集まり活動しています。保育・訓練に参加し，親と共に子どもたちのよりよい成長を考え合います」と説明されている。現在，協力者はすべて女性で約20名が活動している。保育士，そしてさくらんぼ会のOBの母親などである。協力者に必要なものは資格ではなく，「子どもへの熱い想い」であると辻さんは言う。協力者は「先生」と呼ばれ，幼児の場合はマンツーマン，学童の場合も少人数で子どもの成長を助けている。さくらんぼ会は親たち，協力者が強い絆で結ばれた会であると言えよう。

③ さくらんぼ会の変容—サービスの多様化と親たちの変化

　さくらんぼ会が設立された当初は，この地域には発達に障害がある子どもたちのためのサービスは皆無といってよい状況であった。情報も乏しかった当時，すがるような思いでさくらんぼ会を探し出し，ぜひここで活動したいという「さくらんぼ会命」の親たちも多かったという。さくらんぼ会では，たくましい心身を育てようという目標で山歩きを行っているのだが，親は子どもの手を放し，子どもは自分の力で山の頂上を目指す。この山歩きに象徴されるように，さくらんぼ会の子育ては子どもの力を信じ手を放すこと，自分で考えて登っていくことを重視している。毎年この山歩きには多くのさくらんぼ会のOBも参加するそうだ。こうした共通の体験も含めて仲間意識，絆が非常に強い団体であったことは前述したとおりである。

　しかし，最近は近くに療育センターができたり，特別支援学校後の時間を過ごす放課後デイサービスなど他のサービスも多様に実施されるようになった。他のところは，さくらんぼ会のように親の出番が多くはない。そのため，忙しさの中にある現代の親，とくに母親たちの中には，「時間がなくてさくらんぼ会での役割を担うことができない」「自分には無理」と考えてしまう人も多いという。中には，連絡帳を書くことにすら負担を感じる親もいるという。すなわち，さくらんぼ会に脈々と継承されてきた強い仲間意識，絆といったことに変化が起きているとも言えるだろう。また，さくらんぼ会の「子どもの将来を見据えて，親が子育てをする」という考えは，現代の子育て観に影響された親には受け入れにくく，さまざまなサービスをすすめているところは，さくらんぼ会とは「水と油」である。そこで行われているのはサービスに過ぎないのではないか，サービスを受けるだけでなく，幼児期から生活の中で精一杯持っている力を育てていくことが重要ではないか，と辻さんは言う。

④ さくらんぼ会のこれから—変わらないものを大切に

　現在，会の活動は，会員らの働きかけで設立されたみどり福祉ホーム，えだ福祉ホームの２か所で行われている。会費と助成金でなんとか会の運営が成り立っているが，いつも資金難であるから会員一同でさまざまな工夫をしている。

第Ⅱ部　福祉コミュニティの事例を読み解くと　**53**

　さくらんぼ会を取り巻く環境は，さまざまなサービス機関も増えて45年前と比べて大きく変化している。しかし，辻さんは「子どもたちのことを考えると，こっちが変わるわけにはいかない。ハンディを持っても，自由で自立した生活をさせてあげたい」と言う。それは，40年以上子どもたちの成長をしっかりと見届けてきたからこその自信，確信があるからであろう。さくらんぼ会を辞めて違うサービスを受けていた親が，さくらんぼ会に「帰ってくる」ことも多いという。さくらんぼ会の子育ては厳しい。しかし親身で手厚い。そして子どもたちを社会に送り出した実績も多い。さくらんぼ会では，地域の方々の支援も受けて，働く場をつくり，グループホームや施設の立ち上げにも関わってきた。さくらんぼ会で身つけた生活習慣，生活リズム，健康な身体，社会性，心を育てるといった指導により子どもたちは力をつけ，就労へ結びついているOBも多いのだ。さくらんぼ会の親や協力者の尽力により1993年にできた地域作業所グリーンは2002年には社会福祉法人を取得し，農業を中心とした作業所としてOBもいきいきと働いている。またグループホームも設立され，OBたちは親元から離れて生活している。さらに，1998年には青葉メゾンという地域の中の施設もできるなど，障害をもっていても自由で自立した生活を送るためのさまざまな展開がなされてきたのである。

　このように，さくらんぼ会は子育てのみならず，その子どもたちが大人になった後の就労や暮らしの場も生み出してきた。そこではさくらんぼ会の訓練でそれぞれに力をつけた一人ひとりが，自分らしく自由に地域での生活を営んでいる。時代は変わっても，さくらんぼ会が大切にしてきた「子育ての基本」は何ら変わらないと辻さんは言う。さくらんぼ会の掲げてきた理念，使命はこれからも継承されていくに違いないだろう。

（黒岩　亮子）

【引用・参考文献】
・さくらんぼ会，2013『健やかな育ちを願って　さくらんぼ会40周年記念誌』

京都のまちの「暮らし」の中に溶け込む福祉活動

京都府京都市
春日住民福祉協議会

1 春日学区とは

京都市上京区の春日学区は春日小学校を核とした，京都御所と鴨川に囲まれた地域である。学制発布に先立つ1869年に住民たちで学校を作ったことに始まる，「自分のことは自分で」という意識や地域の連帯が根付いている地域である。

春日学区では，「福祉が生活に密接な問題としてとらえられるように」という観点から，社会福祉協議会機能と自治連合会組織をいわば合体させた住民福祉協議会を1973年に結成した。住民福祉協議会は学区内18の各種団体から構成され，21ある町会の町会長が協議会の評議員を務め，役員・理事・ブロック長・評議員がいる。町会活動の中に社協活動を取り入れ，地域に定着しているため，「福祉の春日」と全国的にも名高く，数々の活動が評価されて内閣総理大臣表彰・ふるさとづくり大賞も受賞している。

2 30年間の地域の変化

前著『福祉コミュニティ論』及び本書『現代福祉コミュニティ論』の執筆にあたり，研究チームは約30年前と約15年前に春日学区を訪問している。今回15年ぶりに再訪すると，地域の様子が随分変化していた。

上京区は高齢化率が20％台前半にもかかわらず，人口は増えており，児童数は20年前に比べ，倍増している。なかでも現在の春日学区は人口約2,500人，1,200戸ほどからなっている。自治会への加入戸数は1,100戸程度で，加入率は約9割であり，京都随一を誇る。

春日学区の人口増の理由は，春日小学校を含む各学年10人ほどだった近隣5校を統合して設置された御所南小学校にある。御所南小学校は統合当初，全校で300人ほどの学校だったが，「学力全国上位」として名声が高まり，公立にもかかわらずブランド小学校となり，今では全校児童が1,260人になっていると

いう。教育のために移住してくる若い世代が増えているようで，学区内のマンションは9割以上埋まっているという。

そのため，旧春日小学校の土地に2018年4月，「御所東小学校」という新設校が開校することになった。それに伴い，2017年中に協議会の事務所も移転することになったのだという。春日学区周辺はホテルの建設ラッシュや地価の高騰が続く京都の中でも特殊な地域になっていた。

③ 30年間の組織の変化

春日学区では長年，地元で理容業を営む高瀬博章会長という強力なリーダーの下，福祉活動が進められてきた。今回訪問したところ，高瀬会長は2011年に亡くなっており，役員たちが毎日何かしらの会議を行い，高瀬会長が一手に引き受けていたことを会長及び副会長の分業体制をとることで，継続を図っていた。高瀬会長が多くを築いた学区内のクラブや活動をそのままの形で継続させることは難しく，以前より回数や頻度を減らすことで，活動を引き継いでいるということだった。例えば，交通教室・防犯教室・防災教室等の各種教室は，以前は週1回行っていたものの，現在では月1回になっている。小学校下校時に住民が街角に立つ「お帰り当番」は週5回だったが，週4回に減らして継続させている。

また，2004年に「NPO法人春日住民福祉協議会」を設立し，協議会の会長・副会長がNPO法人の理事を務めている。NPO法人が外部から事業を受託し，活動は住民福祉協議会が行っているそうだ。

④ 福祉活動の内容

地域も組織も変わっている中で，1983年からの取り組みで，春日学区の取り組みの白眉ともいうべき「福祉防災地図」はしっかり受け継がれていた。2年に一回は改定するとのことだが，毎年4月に5％程度の入れ替わりがあるため，調べ直しをしているという。福祉防災地図は単なる防災マップではなく，独居老人，寝たきり，障害者世帯，高齢者世帯といった災害弱者を把握するために作成されている。以前「役所がやるわけにはいかない」と言われ，春日学区が独自で始めたものである。

表Ⅱ-1　春日学区の活動一覧

S.48年春日住民福祉協議会発足・S.52年春日会館オープン
H.16年NPO法人春日住民福祉協議会設立

主な関係官庁	主な関係団体	春日地域福祉活動	発足
・京都市社会福祉協議会 ・上京区社会福祉協議会	春日住民福祉協議会	地域の実態把握(福祉防災地図) 広報活動（春日だより）	S.58 48
・京都市社会福祉協議会 ・上京区社会福祉協議会 ・上京福祉事務所 ・上京保健センター（保健所）	Ⅰ.独居・虚弱・寝たきり 老人 ・ボランティアの会	交流会 寝具クリーニングサービス 配食サービス 福祉ベルの設置	55 55 60 59
・上京消防署	Ⅱ.防災関係 A.防災 消防分団・ボランティアの会 自主防災会・防災委員会	福祉の救出訓練・総合防災訓練 福祉の夜回り 防災訓練（各町）防災集会 防災訪問・防災教室	57 57 57 57
・上京警察署	B.防犯 ・防犯委員会 C・交通 ・交通安全会	防犯教室・お帰り当番 防犯訪問・青パト 交通教室・交通安全推進 交通安全訪問	59 62 59 62
御所南小学校・御池中学 同志社女高 わかば保育園 春日にこにこサロン （H.16）	Ⅲ.子どもとお年寄り 春日にこにこサロン ボランティアの会 民生主任児童委員 少年補導委員会	ふれあい（ミニケアサロン等） 学芸会・運動会・幼老交流 子どもとお年寄りふれあいデー 春日・もちの配布 子育て支援事業	61 59 57 57 61
上京保健センター 医師会・府看護協会 市社協・府栄養士会 区社協	Ⅳ.健康 ・老人クラブ ・保健協議会 ・体育振興会 ・ボランティアの会	グランドゴルフ 歩こう会 健康教室 健康訪問 両市・園芸・音楽教室	59 H.13 60 63 62
・京都市社会福祉協議会 ・上京区社会福祉協議会 ・上京福祉事務所 ・上京保健センター（保健所） ・上京消防署 ・上京警察署 ・府栄養士会 ・府看護協会 ・京都市文化市民局 ・行政諸団体 ・景観まちづくりセンター	Ⅴ.障害者と交流 Ⅵ.その他の福祉活動 ・宗教団体 ・ボランティアの会 ・随時シンポジウム （H4,H8,H10) ・文化講座 ・住　協 ・住　協 ・住　協 NPO法人春日住協 ・自主防災会 ・住　協 ・住　協 ・住　協	洛陽授産所と交流 リーフ（障害者施設） お年寄りの文化サークル S57福祉の接待・文化講座 春日いきいき相談 食生活（H3）住まい（H4） 春日ミニケアサロン ボランティア研修 ふれあって福祉の町づくり 施設訪問 春日福祉サービス調整チーム 京ふれまちトーク 春日未来委員会 荒神口ひろば 広域防災フォーラムの展開 地域・グループサロン事業 春日ケア会議 認知症サポータ養成 荒神口安心安全ステーション 春日学区空家対策 春日エコライフチャレンジ	H.1 52 56 59 H.4 57 55 H.4 H.8 H.12 H.14 H.17 H.18 H.18 H.18 H.18 H.20 H.22 H.23

出典）平成28年度　春日学区各種ふれあい活動表

第Ⅱ部　福祉コミュニティの事例を読み解くと　**57**

　春日学区で福祉活動が熱心に行われるようになったきっかけは，高齢者が巻き込まれた火災があったためであり，防火・防災の取り組みは最重要とされている。防災訪問では一軒一軒チェックシートを使い，家の中・外に危険がないか，確認している。確認結果については，防災委員とボランティアが報告書を作成し，消防署に提出している。

　防災訓練もさまざまなタイプのものを取り入れ，ありとあらゆる事態に対応できるようにしている。春日学区での防災訓練は，防災トイレやAED，トリアージ訓練も普及前から取り扱ってきたという。

⑤　近年の取り組みと今後の課題

　近年，春日学区が力を入れているのは，空き家対策である。京都市地域連携型空き家流通促進事業として2012年の取り組みを始めた当初，京都市内の空き家率は約14％，春日学区内では約５％であった。空き家マップの作成や，空き家所有者へのヒアリング等の取り組みを進めた結果，春日学区内の空き家率は1.8％にまで下がった。

　また2017年４月からは，NPO法人春日住民福祉協議会が市から500万円の助成金を受け，寺から空き家を10年間，無償に近い金額で借り受け，地域活動拠点として活用している。

　高瀬会長が亡くなったことに伴い，一人のリーダーが活動を牽引するのではなく，組織で分担して活動を継続する体制は確立してきているのが，春日住民福祉協議会の現在である。松本修一会長以下，協議会の理事の方々は，春日学区育ちや春日学区に長年暮らす住民である。近年の人口増加という変化の中で，マンション居住者をはじめとする，いわゆる新住民との関係をどう構築していくかは大きな課題の一つであろう。

（常盤　理紗子）

【参考文献】

・菱田紀子，2003「くらしの中にとけこんでいる福祉活動」奥田道大・和田清美編著『第二版　福祉コミュニティ論』学文社

【コラム①】 台湾の社区発展協会と地域福祉活動

台湾・台北市
北投区吉慶社区発展協会

1 台湾の社区発展協会

　台湾の「社区発展協会」は，戒厳令解除後の1991年，それまで政府（内政部）主導で進めてきたコミュニティ（社区）政策である「社区発展綱領」を再改定し，従来の社区組織を初めて「民間の任意団体」として改組され，住民の申請によって設立することができる住民組織である。「社区」の範囲は，これまでどおり行政区画である「村」及び「里」に対応し，社区内での活動が認められた団体である。現在では，一つの社区内に2つ以上の協会の設置が認められている。「社区発展協会」は，2016年12月末現在，台湾全土で6881が設立されている。行政院衛生福利統計によれば，社区活動センター3846（55.8%），長寿クラブ3274（47.4%），生涯教育講座4001（58.1%），見守り隊1571（22.8%），余暇活動1756（25.5%），ボランティア隊3875（56.3%），コミュニティ・ケア・サービス・ステーション1651（23.9%），図書室638（9.2%）が設置されていることから，「社区発展協会」は「地域福祉活動」の担い手となっていることがわかる。

　これは，2005年から地域福祉政策を主軸に置いた「健康社区六星計画」に根拠をもち，産業発展，医療サービスと福祉，地域治安，人文教育，環境計画，環境保護等の6つの項目を指標として，「地域の健全かつ多元的な発展の促進」を目的としている（行政院，2006）。前掲の「児童クラブの設置」や「コミュニティ・ケア・サービス・ステーションの設置などは本計画に基づいて実施され，以下の事例に示すような具体的な活動が社区発展協会で実施されている。

　なお，本計画は，台湾のもう一つのコミュニティ政策である1994年に文化建設委員会より提唱された「社区総体営造」の系譜による「新故郷社区営造計画」（2002−2007）の実現のために策定されたものである。以下で紹介する事例は，台北市北投区にある「吉慶社区」である。

第Ⅱ部　福祉コミュニティの事例を読み解くと　**59**

② 台北市吉慶社区発展協会の地域福祉活動

「吉慶社区」は，4階建ての住宅マンションと店舗からなる住宅と商業が混在する地域である。社区の人口は6500人（1,900世帯）であり，うち65歳以上の人口は975人で，全体の15％を占めている（2016年9月29日筆者調査時点）。「吉慶社区発展協会」は，民国84（1995）年1月6日設立され，理事，監事を含めて107人の協会員から構成される。協会員には，大学教授，会社社長，公務員，主婦などがいる。設立当初は，活動資金が足りない，人材不足，活動場所がない，などの問題を抱えていたという。現在では，「里辦公處」がおかれている「住民活動中心」を拠点に，地域福祉活動を含めさまざまな活動が実施されている。

第一は，現在，台北市政府が推進している高齢者，子ども，女性を対象とした「福祉社区化」―つまり福祉コミュニティに関する活動である。吉慶社区には「社区照顧關懷據點（コミュニティ・ケア・ステーション）」がおかれており，電話での安否確認や家庭訪問，給食サービス，健康促進活動がボランティアにより実施されている。また，高齢者向けの文化活動として，設立16年の「長青音楽チーム」や，カラオケクラブ，打楽器チーム，総合芸術チームなど多彩な活動が行われている。女性向けには，日本語会話教室，図書教室，ダンスクラブなどの生涯学習が推進されている。子どもに対しては，児童クラブや学習支援などが行われている。第二は，ボランティアによる地域の環境衛生活動や緑の美化活動，資源回収の実施である。第三は，社区の芸術文化活動やグループ活動で，住民たちのアイデアを発揮した「吉慶クリスマス街」は観光名所ともなっている。元宵節の灯謎会，中秋節の月見会など記念日の慶祝活動も実施され，数千人の住民の参加が見られると言う。また，里弁事処と協働して他の社区訪問する交流活動を行っている。第四は，社区営造活動として，ボランティア団体の運営である。現在，吉慶社区には，介護ボランティア隊，環境保全ボランティア隊，見守りボランティア隊，緑化ボランティア隊，里憐長団体，理幹事団体の6グループが社区の日常活動に従事している。

前掲の「里辦公處」とは，行政の末端組織で，「里長」1人，公務員である「里幹事」1人が社区の公共事務を行っている。里長は選挙によって選ばれ，月4

写真Ⅱ-3 「吉慶里辦公處」が置かれている吉慶社區民活動センター

〈2016年9月26日筆者撮影〉

万5千元（日本円で約16万9千円）の事務経費が出されている。既述のとおり，社区発展協会は，任意参加の住民組織であるため，「里」と一致するものでない。しかし，「吉慶社区発展協会」の場合，現在の里長の黄勝宗氏が協会の立ち上げの中心メンバーであったことから「里長」と「社区発展協会」の関係はきわめて良好で，あらゆる活動が「里長」と協働して実施されている。

【参考文献】
・臺北市北投區吉慶社區發展協会，2015『推展社區発展工作績效評鑑手冊』
・臺北市政府社会局，2014『社區發展工作成果評鑑報告』

地域の障害者・高齢者の「外出」を支える
福祉ボランティア活動

東京都町田市

NPO法人　町田ハンディキャブ友の会

① 町田ハンディキャブ友の会とは

　1982年に身体障害または高齢により外出困難な方に対し，市民がボランティアで外出支援・自立促進・行動範囲拡大を図ることを目的として設立された自主運営グループからスタートした。すでにその活動は開始から35年が経過し，この間，2000年にはNPO法人を取得した。しかし，設立当初からの正会員，利用会員，賛助会員という会員制の組織形態は変わらない。2017年6月現在の会員数は，正会員28名，利用会員88名，賛助会員44名，運転協力者20名となっている。

　そもそも活動の発端は障害者の「教会に行きたいが行けない」という声だった。町田市では1972年から日本初のリフト付きバスによる福祉輸送サービス「やまゆり号」の運行を行っていたが，時間や申し込みの制約が多く，障害者の「出かけたい」に応えられていなかったのである。そこで，「外出を一緒に楽しもう」と会を結成し，活動を始めたのだという。当時は旅行に行ったことがないという障害者の人たちが多かったのである。

　現在の会の主要な事業として，共同配車センターの運営及び市民外出サービス（「あいちゃん号」の運行）がある。共同配車センターの運営は2007年から受託し，主に市外を運行する「やまゆり号」，市内を運行する「あいちゃん号」の予約運用を行っている。利用登録ができる人は，ひとりでの公共交通機関の利用が困難な各種障害者や要介護3以上の要介護者となっており，登録会員は1か月単位で予約をし，週1回の往復か片道2回まで利用できる。2017年現在の登録会員は400人ほどである。また，法人の自主事業として，会員の送迎（「ハンディキャブ号」の運行）も実施している。約400人の登録会員のうち，80人

ほどがハンディキャブ会員でもある。ハンディキャブ会員は、会員登録をすると、ハンディキャブ号で市内の乗車が利用制限なくできる。やまゆり号・あいちゃん号を利用する条件を満たせていないが、要外出支援の人もハンディキャブ会員には登録できるため、ハンディキャブのみの登録会員が30人ほどいる。利用にあたっては、いずれも相乗りは禁止（夫婦等の特例あり）、同伴者は1名か2名といったルールがある。

やまゆり号はもともと市の事業であることもあり、市から3,000万〜4,000万円の助成と車両リースを受けており、非課税者や生活保護者などに減免がある。運行は小田急交通株式会社の営業運転手が行っている。

あいちゃん号・ハンディキャブ号を運行する運転手は友の会の会員である。友の会の総額決算の1,800万円のうち、運転手への報酬（1時間1,050円）は600万円弱である。やまゆり号の運転手とは賃金体系が全く違う上、社会的地位が低い。友の会の運転手になるには、75歳未満で2日の研修を要する。会員23人が登録しており、実動は18人だが、突如病気になったりしない限り、70歳でもバリバリやっている方も多く、運転手にはそれほど困っていないのだという。また、適宜「東京ハンディキャブ連絡会」に講習会をしてもらい、スキルアップに努めているという。

2 事務局長に聞く課題

井上廣美事務局長は初期メンバーのひとりで、市役所職員として福祉事務所に30年勤務し、2016年3月に定年退職後、以前から理事を務めていた本会の事務局長になった。社会福祉士と精神保健福祉士の有資格者でもある。

事務局長になって見えたのは、「会は人と人が作り上げるものだということである」。と井上事務局長はいう。運転手と事務局の関係等、うまくコミュニケーションを取っていくことが大事であると痛感したという。

乗る会員、運転する会員、賛助会員という区分が一因かもしれないが、会員ごとの壁があった事態を乗り越えるため、以前からの月1回の運転手さんの情報交換会・懇親会に加え、最近ではおそろいのジャンパーを作ったりして、より連帯感を醸成するように工夫している。その結果、昔は「お疲れ様です」で

業務終了だった運転手さんが最近は事務所に寄ってくれるようになったなど関係性に改善がみられるという。自分の車の持込みをしてくれている運転手さんもまだ1名いるが、車が運転手の持込みでなくなったことで、利用者との距離ができた気もする、と井上事務局長はいう。また、福祉タクシーなど類似のサービスが増え、高齢者の利用が減ってきたりしているのが要因と思われるが、利用実績の伸びはなくなってきているという。以前年間の利用距離は地球1周超だったが、現在は1周未満になっているそうだ。

③ 今後の展開

　現在行っている共同配車センターの最終目標は、共同作業所等の空車を空き時間に使えるようにし、いわば「車の応援依頼」に応えることができるようになることであるという。だが、空き時間利用は時間が決まっている人には活用できるが、病院などの利用で時間が延びてしまうと各所に不都合が出てしまうということがあり、実現には時間がかかりそうだ。

　友の会では、隙間を埋めていく事業をやってきたと思っており、現在はバリアフリーマップの作製などに事業の幅を広げている。また、2016年に開催したイベント『災害時移動困難者について考えよう』のように、災害時対応についても積極的に取り組んでいる。地域の理解がないと「よくわからない人の車には乗りたくない」となってしまうので、事務所が所在する原町田四丁目町会に加入した。いわゆる災害弱者となりがちな利用者の家を知っていることは、災害時に大きく役立つと思っているとのことだった。

　さらに、今後の展望としては、買い物弱者への対応を強化していきたいと思っているとのことだった。町田の地形上、行きは歩いて下れるが、荷物を持って上り坂を帰るのは困難なため、最近は病院＋買い物という利用形態が増えていると感じているからだという。

　町田市から車両と事務費が提供され、介護保険対応している移動支援D（乗合バス運行）事業に手を上げたものの、市には「考える」としか言われなかったので、新しく車両をリースして取り組むことも考えているという。しかし、近隣の相原地区の丸山団地ではミニバスの運行を試みたものの、道が狭くて導

写真Ⅱ-4　あいちゃん号の一例（主に市内を運行）

入できなかったことがあり，運行範囲や需要など，引き続き検討するようだ。

　ちなみに他自治体では外出支援にはタクシー券を出している。（予算規模は八王子市はガソリン費込の3億円，相模原市は4億円）町田市は生活保護受給者には全額，重度障害者には市が定めた割合で，通院交通費を支給しているが，近隣自治体ほどの予算規模はないのだそうだ。

4　地域の障害者・高齢者とともに

　友の会は30年超に渡り，24時間テレビチャリティ委員会など複数の福祉団体からの寄贈や援助を受け，7台もの車両（レンタルを含む）を管理し，地域の「交通弱者」の「足」となっている。2001年からNPO法人として活動したり，日常の外出だけでなく，昨今は災害時の移動についても取り組みを進めており，組織も活動内容も，時代に合わせた変化を進めている。　　（常盤　理紗子）

【参考文献】
・町田ハンディキャブ友の会記念誌担当編，2013『30周年記念誌　共に生きる』町田ハンディキャブ友の会
・和田清美，2003「大都市郊外の福祉ボランティア活動」奥田道大・和田清美編著『第二版　福祉コミュニティ論』学文社

精一杯地域で働く「仲間たち」
―はぐるま工房での農福連携の試み

川崎市多摩区・宮前区・麻生区
社会福祉法人　はぐるまの会

① 地域で生活する・働く――はぐるまの会の設立

　1983年，川崎市立稲田中学校の教員であった高木計さんが中心となり，特殊学級（現在の特別支援学級）の卒業生に「生活と仕事の場を」と始めたのがはぐるまの会である。日本では1979年に養護学校の義務制が施行された。障害のある子どもたちに学習の場が保障された代わりに，地域では障害のある子どもとそうでない子どもとの交流がなくなってしまった。高木さんは，障害の有無にかかわらず，誰もが「ふるさと」である地域で生活し続けることができるように，地域の中に「生活と仕事の場を」もつことを夢見たのだ。

　そうはいっても当時はまだグループホームのような生活の場への行政の補助がない時代である。それでも熱い想いをもった教員仲間や職員が東奔西走して生活の場を創り，障害のある子どもをもつ親が「なんとしてでもはぐるまにお世話になりたい」と押しかけてきたという。親亡き後の心配は深刻で，はぐるまの会ではそうした親たちの相談にも乗ってきた。また，ただ生活するのではなく，人の役にたつ喜びと誇りを持ち続けられる仕事を重視するはぐるまの会の姿勢に多くの親たちが共感した。こうして，今では主に知的障害者を対象とする9つのグループホーム（共同生活援助：定員40名）と4つの作業所（生活介護：定員50名）を運営するまでになったのである。

　はぐるまの会では，利用者のことを「仲間たち」と呼ぶ。単なる利用者ではなく，自分たちでできることは自分たちでやる，できないことでも「仲間たち」で力を合わせてできるように変えていく，ことを目指しているのだ。共同生活や共同作業にはさまざまなトラブルもつきものである。そのために，はぐるまの会では「仲間たち」が5つの目標をしっかり守って生活すること，仕事をす

ることを重視している。養護学校（現在の特別支援学校）を卒業した障害のある子どもたちは，はぐるまの会での生活や仕事を通して，発達・成長をしていく。はぐるまの会には，今も元教員たちの熱い想いや理念が根底に流れている。

② 地域に根ざした仕事づくり

はぐるま共同作業所，はぐるま菅工舎，はぐるま工房，第2はぐるま共同作業所の4つの作業所では，ふきんやエプロンの縫製，三陸のわかめやこんぶの梱包，製パン，農作業，特別養護老人ホーム内にある喫茶室の営業など多岐にわたる仕事を行っている。また，各製品や野菜を販売する直売所，地域のイベントなどでの販売を通して，地域との密な関係をもっていることが特徴だ。自宅やグループホームから各々に適した仕事を行っている作業所に通い，地域でいきいきと一生懸命に働く姿に，地域の人たちも暖かい目を注いでいる。

しかし，今でこそ地域との良好な関係を築いているはぐるまの会であるが，ここまでの道のりは決して平坦ではなかった。以前，作業所が移転した際には，「きちがいを歩かせて事故があったらどうするんだ」と心無い言葉を浴びせられることもあり，地域での生活や仕事について大いに危惧をもっていたという。まだ，障害者の地域移行はほとんど進んでおらず多くの障害者が大規模施設か自宅で閉じこもるように生活していた時代，まだ小さな任意団体に過ぎなかったはぐるまの会は，時代の先端をいく活動をしていたにもかかわらず，なかなか地域の人たちの理解を得ることはできなかった。それでも，地域での地道な活動，行政への働きかけ，なによりも障害のある「仲間たち」の一生懸命な姿に，「一肌脱いであげよう」という人たちも出てきたのだという。

地域とのこうした関係づくりを最も顕著に表すのが，今，はぐるまの会で特に力を入れているはぐるま工房での農作業である。稲田中学校の特殊学級でも農作業をやっていたこともあり，はぐるまの会において農作業は「原点」の一つとも言えるものである。はぐるまの会の設立時にも，ほそぼそと空き地での農作業をしていたが，その時から「農業で収入を得る」ことが目標であったという。しかし，農業は非常に厳しいもの，プロがやるもの，そのようなことは夢物語であると感じてもいたそうだ。農作業は，広い空間で自然を相手にする

ことから，行動障害のあるような「仲間たち」にも適している。また，なによりも障害の軽重に関係なく，何かしら関われるものが農作業にはあるという。

　農家に，農業に，「恋い焦がれ」続けていたはぐるまの会に転機が訪れたのは，2000年のことである。麻生区片平に1989年に設立されたはぐるま工房が移転した際に，民生委員でもあった地元の農家が畑を貸してくれることになったのだ。「福祉のために使ってくれれば」という思いから始まった農地での農作業であったが，はぐるまの会として，このチャンスにずっと夢見続けていた「農業で収入を得る」ことを目指すこととなる。実は今，都市部の農業は後継者不足などで存続の危機に瀕している。はぐるま工房と地域との関係を模索していた職員の福田真さんは，農家のもつ想い，課題に触れる中でさまざまな人々と想いが集う場としての「都市型福祉農園」がこれからの時代に必要になるのではないかと，熱い想いをもっていた。農家が守ってきた大切な農地を，障害のある「仲間たち」が担い手となり守り続けていくこと，それこそが「ふるさと」での地域生活を目指してきたはぐるまの会のミッションではないかと考えたのだ。常に時代に先駆けた活動にチャレンジし続けていく理念と伝統があるからこそ，このチャレンジをすべきだと考えたと福田さんは言う。その時代に必要なものを見極め，果敢に取り組んでいく姿勢こそ，はぐるまの会の真骨頂なのであろう（「農作業で生き生き　障害者が都市農業の担い手へ」『東京新聞』（川崎版）2017年5月13日付朝刊）。

③ 農福連携の可能性—はぐるま工房と地域づくり

　こうして始まったはぐるま工房での農作業の実績が認められ，2011年からは，川崎市の委託事業として麻生区早野の約600坪のハーブ園を管理するようになった。2014年の委託事業の終了後は，直接農家から畑を借りて，川崎市の支援のもとにこの「はぐるまハーブ園」を運営している。このハーブを使った「かわさきハーブソーセージ」や「ハーブコーディアル」などの商品開発に成功し，はぐるまの会の直営所や地域のイベントでの販売にもつながっている。はぐるまの会が地域活性化に一役買っているのである。

　2013年には麻生区片平から宮前区水沢の地に拠点を移し，畑も大幅に広く

なった。ここは，はぐるま稗原農園として「仲間たち」が働く場であると同時に，グループホームも併設されており，生活の場ともなっている。稗原農園では毎週月曜と木曜の午前中には若い人から年配までボランティアがやってきて，障害のある「仲間たち」と共に農作業に勤しんでいる。また，毎年11月3日に行われる収穫祭には地域の親子連れがたくさん訪れる。さらに，近隣の農家が「しょうがないなあ」と農作業の指導に来てくれる。農業には多くの人を引き付ける力があると福田さんは言う。そして，福祉施設だからこそ担える農業，そこから広がる地域づくりがあるという。この地で生活し，働く「仲間たち」にとって，間違いなくここは「ふるさと」である。そして，自分たちが「ふるさと」の一員であると自覚して，地域に関わっている。これは，はぐるまの会が設立以来目指してきたことであると言えるだろう。

4 今後の課題

　はぐるま工房の事例から，障害のある「仲間たち」が「ふるさと」の一員として地域に溶け込み，はぐるまの会が地域になくてはならない施設となっていることを見てきた。次のステップは障害のある人たちが，地域の中で共に生活し働くことが「あたりまえ」の光景になることではないかと福田さんは言う。

　現在，はぐるま工房の農業部門では1,000万円近い売上額があり，実際の利益を考慮すると農家としては「中の下」レベルであるという。目標は，「仲間たち」の工賃を働きに対する正当な対価まで引き上げることである。障害者の生活や仕事への支援は，行政もずいぶん追いつき，制度も整ってきている。そのような中で，グループホーム，作業所共に定員を1名ではあるが満たしていない状況である。競争の中，選ばれる施設となるためにも，支援の質を挙げていくことが現在の課題であり，そのために，直接支援に携わる職員の待遇などを大幅に改革している最中である。設立時からの理念や実践を継承するだけではなく，時代に先駆けた活動を夢見て実現に導く職員を育てること。これが，これまで続いてきたはぐるまの会が今後も継続する秘訣であり，また決して失ってはいけないミッションなのではないだろうか。　　　　　　（黒岩　亮子）

「おしきせで無い・ほどこしで無い・金もうけで無い」
─普通の主婦が注目を集め続けた30年

横浜市青葉区
NPO法人　グループたすけあい

1　時代の寵児・グループたすけあい

　「グループたすけあい」が活動を始めたのは1985年。都市部において住民参加型在宅福祉サービスが急増するまさにその時に，横浜市青葉区に住む主婦，清水雅子さんによってこの活動は生まれた。住民参加型在宅福祉サービスとは，会員制と有償性を特徴とする，ちょっとした家事や介護サービスを提供する地域住民同士の支え合いの仕組みである。「グループたすけあい」の4つの目標のうちの一つは「相互扶助を基本にすえた地域福祉の実践」である。当初は出資金2万円を払って会員になると，可能な時はサービスの提供者，自分が必要な時はサービスの受給者になれるという「相互扶助」の仕組みを取り，サービス生産協同組合と名乗っていた。現在は，正会員は入会金5,000円，年会費2,000円で平日9時～17時までは1時間1,600円，平日の時間外と休日9時～17時までは1,800円，休日の時間外は2,000円の利用料を払い，家事や介護などさまざまな困りごとに対しての活動を受けられる。と同時に，提供した場合は利用料の一部が支払われるという「相互扶助」の仕組みを継続している。しかし，当初からサービスの受給はしたいが提供は難しいという高齢者等の声もあったことから，正会員と同額の入会金，年会費で受給会員になることもできる。さらに，こうした活動を応援してくれる賛助会員も年会費2,000円で募っている。

　2016年4月1日現在，正会員は121名，受給会員は159名であるが，実際に2015年度にサービスの提供や受給があったのは正会員75名，受給会員99名となっている。このことは，今は忙しくてサービス提供はできない，今はサービス受給の必要がない，という人たちが「いつか活動できるようになったら活動しよう」「いつかサービスが必要となるかもしれないから安心料として」とい

うように会員登録を継続してくれているということを意味する。ここからも，発足から30年強，今も変わらずに会が信頼されていることがうかがえる。実際に，会員である母親の姿を見て育った子どもが成人して会員になった，ということもあるという。なるほど，会員は30代から80代までと幅広い。男女比は正会員では圧倒的に女性が多いが，一桁くらいという男性会員も庭の手入れや片づけなど，なくてはならない役割を担っている。受給会員は男女半々くらいである。

1988年度の正会員178名，受給会員75名の計253名と比較すると，この30年強の間，総会員数はそれほど変わらないが，受給会員の増加からは正会員が受給会員へと移行したことが推測される。すなわち，会員の高齢化が示唆されるのである。それでも，サービス生産協同組合という新しい支え合いの仕組み，そして主婦の新しい働き方として当時大きな注目を受けたグループたすけあいが，今日まで脈々とその活動を続け，地域にとってなくてはならない存在として現在も大きな影響を与え続けていることは，素晴らしいことではないだろうか。

② 時代への柔軟な対応と「進化」

グループたすけあいの4つの目標のうち残り3つは，「高齢になっても生きがいのある働く場」「豊かな人生のための生涯学習」「住みよい地域社会を創るための問題提起」である。特に「住みよい地域社会を創る」ために，時代に柔軟に対応して活動し続けてきたことが大きな特徴であるだろう。

会が提供してきたちょっとした家事や介護サービスは，設立以来中心として行っている「在宅福祉活動事業」で，会の中では「たすけあいケア」と位置づけられている。サービスの提供者である正会員には特に資格は必要のない，まさに「相互扶助」の活動である。しかし，グループたすけあいは1999年にNPO法人格を取得し，2000年より介護保険指定居宅サービス事業者としての活動も始めている。すなわち，「訪問介護・予防訪問介護」などの活動で，正会員にはヘルパー1，2級，介護福祉士，看護師などの資格が必要である。さらに，2007年からは受給会員のニーズに対応するために，指定障害福祉サー

ビス事業として「訪問介護・通院介助」を，2008年からは指定居宅介護支援事業も始めた。このように，時代やニーズに柔軟に対応し，常に進化し続けているのがグループたすけあいと言ってもいいかもしれない。また，たすけあいケアを利用している受給会員の体調悪化に正会員が気づき，ケアマネジャーに相談し介護保険の申請に結びつくこともある。たすけあいケアと介護保険事業という2つの活動を通して，グループたすけあいは住みよい地域社会を創り上げている。

　もちろん，グループたすけあいの活動の中心は現在もたすけあいケアである。その理由を現在も代表を続けている清水さんは「介護保険は人を救うことは出来るが，人を育てない。たすけあいケアは人を育てる」からであると言う。たすけあいケアの活動はその人のニーズに沿ったものであり，非常に多様で自由度が高い。さらに緊急性が高いものもある。たとえば，お母さんからのヘルプが入った，すぐに病院に連れていきたい，しかしその間子どもたちをどうするか，といった時に正会員のみならず，近くに住む住民の助けがどうしても必要である。たすけあいケアは近所づきあいの延長でもある。だからこそ正会員は研修を受け知識や技術を身に付けると同時に，受給会員や地域住民との信頼関係の構築が必要不可欠なのだという。たすけあいケアには資格は必要ないと前述したが，実際には正会員は研修や学習の場に積極的に参加し，半数以上が有資格である。このように，グループたすけあいは，会員が学び続ける＝生涯学習を通してさまざまな知識や技術を身に付け，何が問題かを知り問題提起をするグループとして存在し続けていると言えるだろう。

　また受給会員の家族も，たすけあいケアによって育てられるという。介護保険は権利と義務の関係であり，保険料や利用料負担と引き換えにサービスを受けているという感覚であり，家族は次第に手を引いていきがちだ。しかし，たすけあいケアは家族にも出来る事はどんどんやってもらう，家族が地域の人との関係を築くようになる，など地域住民として成長することにつながるのである。また，たすけあいケアには「卒業」や「休憩」があるという。少し元気になったから，サービスを辞めたり，ちょっと家族や自分で頑張ってみる，など

の成長がある。清水さんはそんな会員や家族の成長を何よりも喜びとしているようだ。

③ グループたすけあいの原点とこれから

このようなグループたすけあいの在り方は，設立者である清水さんによるところが大きいだろう。1943年生まれ，2017年現在74歳の清水さんがグループたすけあいを始めたのは彼女が41歳の時であった。清水さんは今でいう「ヤングケアラー」として，若い時から祖母のケアに携わってきたという。結婚，妊娠，出産を経て子育てが一段落した清水さんはケアという経験を生かし「自分で仕事をつくろう」と決意する。声をかけると，ボランティア，生協，幼稚園，子ども会，PTAと自身が培ってきた人脈で，多くの人が集まった。しかし，清水さんの提案する有償の活動の在り方，出資金2万円を出して責任をもって仕事をするということには賛否両論があったという。しかし，反対もあったからこそ，このスタイルでやっていこうという覚悟ができたのかもしれない。それに賛同する仲間や近所の人たちも清水さんの活動を応援してくれた。

清水さんは，「たすけあいケアの活動は全く苦労ではない」という。グループたすけあいには清水さんを含めて10名が理事として活動している。会の活動時間である平日9時から17時以外の緊急の連絡は，すべてこの理事のもとに入る。すなわち，夜間も休日も，SOSが入ればすぐに飛んでいかなければならない。それでも清水さんは「たすけあいケアはミッション＝使命」であると言い切る。実際に，グループの経営状況はというと，介護保険事業でもっているようなものであるという。それでもたすけあいケアを辞めない理由は，それが使命であるからに他ならない。この清水さんの熱意に多くの人が動かされているのではないだろうか。

現在，グループたすけあいの課題は，前述した現在は活動していない正会員，具体的には働き盛りの60代が地域に戻ってきた時に，いかに活動に巻き込むかだという。現代社会は，グループたすけあいが誕生した1980年代と違って，多くの女性が働きに出ており，地域で活動する主婦は少ない。また育児や介護などで忙しく過ごしている。だからこそ，それらが一段落した女性たち，活動は

できなかったけれども忙しい時期にも会を辞めないでいてくれた女性たちが地域でイキイキと活動する場をつくることが大きな課題なのだ。

　グループたすけあいは30年強の時を経てもなお進化し続ける地域の団体である。と同時に，清水さんを含む，使命を意識して熱心に活動している理事を始めとする中心メンバーの高齢化は避けられない事実である。清水さんは，今度は自分たちが住みやすいと思う地域を当事者視点でつくっていけばいいという。時代に柔軟に対応してきたグループたすけあいだからこそ，担い手の高齢化という課題を乗り切り，会のミッションを受け継ぐ新たな担い手や，時代に適した新たな会の在り方を見出すことができるのではないだろうか。

（黒岩　亮子）

【参考文献】

・横浜市社会福祉協議会企画・監修，西尾敦史編，2017『横浜発　助けあいの心がつむぐまちづくり地域福祉を拓いてきた5人の女性の物語』ミネルヴァ書房
・特定非営利活動法人グループたすけあい『グループたすけあい会報』（第49号2016年3月，第50号2016年7月）

女性・外国人支援のパイオニア
―女性の家HELP

東京都・特別区
公益財団法人　日本キリスト教婦人矯風会

①　女性の家HELPとは

　女性の家HELP（以下「HELP」と言う．）は，配偶者や恋人からのDV（ドメスティック・バイオレンス），ホームレスなどさまざまな困難を抱えた女性とその子どもたちのための緊急一時保護施設（シェルター）である。彼女たちに対して安全・安心とプライバシーの確保に配慮した宿泊の場を提供するとともに，アパート探しの支援等，生活再建のためのさまざまな手続を行っている。特徴的なのは，女性たちの国籍や在留資格を問わない点であり，外国籍の女性たちには，旅券やビザの発給に関する手続支援なども行い，その活動は幅広い。

　利用者の定員は12名，滞在期間は原則として2週間とされており，トイレ・風呂は共用となっている。宿泊費は，1泊3食付で大人3,500円，子ども2,500円である。

②　開所から約30年。この間における時代の変遷

　HELPの運営母体は，公益財団法人日本キリスト教婦人矯風会であり，その矯風会の創立100周年の記念事業として，1986年にHELPが誕生した。矯風会は，設立当初から廃娼運動やキリスト教精神に基づいた女子教育・婦人運動に力を入れており，1894年には，「慈愛館」を設立している。「慈愛館」は，引き揚げ"からゆきさん"や，身売りの可能性がある貧しい女性の保護・教育・自立支援活動を行うための施設であったが，現在は社会福祉法人慈愛会が運営する援助を必要とする妊産婦のための婦人保護施設「慈愛寮」となっている。その後の婦人寮の開設等も含め，矯風会の長年にわたる女性救援のこうした100年近い実績が土壌としてあったからこそ，HELPは誕生したのである。

　設立当初である1980年代は，出稼ぎで来日したアジア人女性たちが，売春の

強要，賃金の不払い，暴力や監禁にあうという悲惨な事件が多発し，社会問題化していた。現在に至るまで30年以上の活動において，HELPが受け入れた女性と子どもは6,248名，外国籍女性の出身国は58か国にまで及ぶ（2016年3月末時点）。しかし，1998年に初めて日本国籍女性が外国籍女性の利用者数を上回り，近年の傾向としては，日本国籍の女性の利用者が多くなっている。

　支援を求める女性たちは，行政（各地の女性相談センターや福祉事務所等）を通してHELPに来所する。以前は，直接HELPに女性たちが駆け込んでくることもあったが，現在は婦人相談員等が窓口となり，行政側が一度話を聞き，入所施設を紹介するという流れがほとんどであるという。

　最近の利用者は，DVや虐待被害女性のほか，病気や知的障害をもった女性や，ホームレスが増えているという。「抱えている問題が複雑で困難な女性たちは，HELPに任されている気がする」と，ある職員は語る。ここ30年で，女性シェルターは全国的に増えてきたものの，HELPはその先駆け的存在であり，実績も多い。そのため行政側としても，複雑な問題を抱える女性ほどHELPに依頼したいと考えているのではないだろうか。

③　きめ細やかな支援—利用中にも退所後にも切れ目なく—

　現在，HELPには4人の支援員がいる。タガログ語，英語が堪能な支援員もおり，外国籍女性の対応も可能である。さらに宿直担当もおり，日々夜間の見守りを行っている。他のシェルターで夜の見回りを行っている施設は少なく，HELP のこの体制は，「安心感がある」と，利用者からも好評である。また，利用者向けにミュージックセラピーなどのプログラムを提供し，利用者の心身ケアも行っている。毎年のクリスマス会や年に数回開催されるバザーには，元利用者の女性やその子どもたちも訪れることもあり，職員に近況を報告してくれるとのことだ。

　HELPを利用する女性たちが自分の生活を取り戻そうとした際，残念ながら，現代の日本にはその社会的受け皿は十分整備されていない。特に「住まい」が大きな問題である。都心では，廉価な家賃の物件が少なく，また，廉価な住居であればどこでもよいという単純な問題でもない。施設を退所した後も，女性

たちが安全に安心して生活を続けられる環境づくりが必須である。しかし，それを実現することはなかなか難しい。例えば，DV被害者の女性においては，「周囲との関係を断ち切ること」に主眼がおかれるため，全く縁のない地域に引っ越さざるを得ない場合がある。また，精神的治療の継続が必要な場合は，精神科のある医療施設も不可欠である。HELPでは，こうした女性たちを移転先地域の自助グループへつなぐとともに，信頼できる医者を各地で探し出して紹介したり，治療の経緯によっては，退所後も長期間にわたって彼女たちと関わったりすることもあるという。このように，HELPでは，できる範囲で利用者一人ひとりに密着したきめ細やかな対応や，アフターケアにも尽力している。

　なお，緊急一時保護施設利用後のアフターケアの方策の一つとして，矯風会がHELPとは別に2000年から運営している「矯風会ステップハウス」もある。このステップハウスは，単身女性が生活再建の準備をする長期のシェルターであり，定員は18名で，利用期間は原則6か月間。宿泊費は1日2,300円，ガス・水道代は150円，電気代は使用量に応じて，という料金設定になっている。

④　現在の課題とHELPに課せられた使命

　上記のような支援を継続していくためには，安定した財源の確保が不可欠である。現在，HELPの運営費は，会員や一般の人々等からの寄附金，利用者からの宿泊費，女性福祉事業への助成金や補助金で成り立っている。しかし，阪神・淡路大震災や東日本大震災などの大災害後，被災地への支援が増える一方で，寄附金は減少傾向にある。加えて，HELP利用者層の変化による影響も大きい。現在，東京都からの補助金は，外国籍女性の緊急保護のためだけにあり，日本国籍の女性利用者への救援は対象外となっている。しかし先述したように，最近は外国籍女性の利用が減り，日本国籍女性の割合が多い傾向にある。そのため，施設からの運営経費は増すものの，それに見合う補助金が得られずに，ますます厳しい運営状態となっている。

　そこで現在は，法人の資金を取り崩して運営費に充てるとともに，寄附の呼びかけや矯風会の会員獲得に励んでいる。特に活動説明会やHP，メールマガジン，Facebookなどの広報活動に力を入れている。HELPの母体である矯風会

第Ⅱ部　福祉コミュニティの事例を読み解くと　**77**

の収益は，収益事業収入（駐車場・賃貸）のほか，会員からの会費で成り立っており，会員数を増やすことはHELPにとっても非常に重要である。

　こうした厳しい運営状況でありながら，職員からはそんな苦労は微塵も感じられない。インタビューでは，対応した職員皆が，「シェルターを運営していくことは大変だが，社会的意義が非常に大きい。被害に苦しんでいる多くの女性たちのためにも，これからも切れ目のない包括的な支援を継続していきたい」と強く語り，意欲的に働いているのが大変印象的であった。

　DV防止法，ストーカー規制法，人身取引対策行動計画の策定など，女性や子どもの人権に関わる法律等が少しずつ改善されてきているのは，これまでのHELPのさまざまな働きかけに寄るものが大きいだろう。男女の機会平等，共同参画と言われる社会になったものの，性暴力がなくなった訳ではなく，安心して暮らすことができずに苦しんでいる女性たちが多く存在するのも事実である。こうした被害に苦しむ女性たちの代弁者として，HELPの支援活動は大変意義深く，活動の継続を願ってやまない。

（日置　紫乃）

【参考文献】

・「女性の家HELP統計」『婦人新報1360号』2016年10月号
・和田清美，2003「時代と国籍を超えた地域の生活支援施設」奥田道大・和田清美編著『第二版　福祉コミュニティ論』

地域で子ども，障害者，高齢者を見守り，支援する

東京都八王子市
NPO法人　からまつ

１　「NPO法人からまつ」設立の経緯

　「NPO法人からまつ」は，八王子市の北西部に位置する川口町にある。現在
６つの「市立学童保育所」の運営を受託するまでに発展している「NPO法人
からまつ」であるが，その設立の背景には，それまで20年近く「唐松町会」が
運営していた自主学童クラブの活動の実績がある。唐松町会（世帯数805世帯：
28年度実数）は，地域の共働きをしている保護者からの「小学校に入学する子
どもの放課後が心配なので，近くに学童保育所がほしい」という要望に応え，
町会が運営する民設民営（地域集会所運営委員会）の「自主学童クラブ」を立
ち上げたのであった。1987年４月のことである。この事業に唐松町会が取り組
くんだ理由は，「地域の子どもは地域で見守り，育てるという考えからである」
と，現町会長でもありNPO法人の理事長でもある佐藤英二氏は語る。

　町会の自主学童クラブ事業が八王子市から運営補助金を受けながら20年近く
つづけられた頃，八王子市は学童保育所の公設化を基本とした指定管理制度を
導入する方針を打ち出した。唐松町会では，町会運営の「自主学童クラブ」を
存続させるために，NPO法人を取得し，「市立学童保育所」の指定管理を受託
する道を選択した。2006年５月25日に「特定非営利活動法人からまつ（以下，
NPO法人からまつ）として認定され，翌2007年に「八王子市立からまつ学童
保育所」の指定管理者として受託するに至ったのである。

　本法人は，「広く一般市民を対象として，子育て支援，学童保育，障害者支援，
高齢者への支援サービスを提供することによって，すべての人々が健やかに暮
らせる地域社会づくりに貢献し，あわせて社会福祉の増進を図ることを目的」
として，「子育てに支援を，青少年に希望を，障害者にあたたかい手を，高齢
者に生きがいを，地域に活力と生きがいを」の５つの指針を掲げている。

この事業指針にそって，「子育て支援事業部」，「おもいやり事業部」，「施設管理事業部」の３部門がおかれ，それぞれ積極的に事業展開している。では，以下，この３部門の事業を紹介することにしたい。

② 子育て支援事業部（子育てに関する事業）

「地域の子どもは地域で見守り，育てる」を実践するため，「子育て支援事業部」では，学童保育所の運営を主たる事業とし，法人設立当初は１か所の受託が，先に述べたように現在では周辺地域６か所の学童保育所の運営を受託している。唐松町会以外の地域の学童保育所も運営していることから，「NPO法人からまつ」では，当該地域の人を支援員として雇用するほか，当該地域の町会役員に当法人の役員に加わってもらうなど，円滑な組織運営を図っているという。

また，０歳から３歳までの乳幼児をもつ親と子どもが，交流を図り子育ての不安や育児相談などを行うことができる施設である「親子つどいの広場楢原」を受託し運営している。

さらに，放課後の居場所づくりとして，児童の安全と見守りの毎日型「放課後子ども教室」を５か所受託し，地域の方を管理員として雇用している。これは，「地域の住民が，子どもたちとの関りを深めて，子どもを見守ってもらいたいとの思い」と，佐藤理事長は語っている。

③ おもいやり事業部（高齢者とのふれあい事業・障害者支援事業）

近年，ひとり暮らしのお年寄りや高齢者世帯の増加，地域社会や家族形態の変化，それに伴う高齢者の孤独・孤立など。高齢者を取り巻く環境が問題になってきた。このような問題意識から，「思いやり事業部」では，高齢者を対象に，人と人とのつながりや心のふれあいを大切にした，交流を目的にした寄り合い型の「集いの場」をつくっている。これが，「高齢者とのふれあい事業」である。毎月一回（金曜日の10時から12時），唐松町会の会館を利用し開催する。この事業は，従事者１人とボランティア２人で軽食を用意し，映画鑑賞・ゲームなど行っている。参加者は，15〜25名となっている。

おもいやり事業部のもう一つの事業として，「障害者支援事業」がある。障

害者が地域で平等に暮らし続けられることを目的に，2013年4月，定員20名の障害者就労継続支援B型作業所「きずな工房からまつ」が開設された。

同作業所では，①暮らしている地域で，自立に向けて社会生活ができるよう手助けをする，②個々のもっている力を見出し，生かせる環境を探す，③多くの体験を通して，新たな力を見出せる機会を増やす，を方針に掲げている。この3項目を実行するために，パンやサブレの製造補助作業，店舗販売の補助，喫茶接待の補助，おかずカップ仕上げ作業，病院職員へのパン販売補助，学童保育所へのおやつパン搬入などの作業に従事している。9時半から16時までの就業時間内，楽しく充実感が味わえる環境づくりに努めているという。また，作業所に通う障害者の方々には，④唐松町民祭，商店街祭り，やまゆり館祭りなどの地域の行事に積極的に参加することで，地域の方と顔見知りになり，声をかけてもらえるような環境作りを行っている。その結果，通所時に「おはよう」と住民の方に声をかけられるようになってきているという。さらに，⑤「体力づくり」の活動として，近隣のやまゆり市民センター体育室でのバドミントン等実施，地域のショッパー配布作業で週1回のウォーキング実施を行っている。⑥レクリエーションとして，お花見，都内見物，夕やけ小やけふれあいの里にバーベキュー，クリスマス会なども実施するなど，多様な活動を行っている。

4 施設管理事業部（さくら事業所，施設・家事支援事業所）

「施設管理事業部」は，地域の高齢者を対象とした雇用の機会の充実を図り，毎日を楽しく過ごせるよう，また，社会に貢献することを目的として，以下2つの事業を実施している。

1つ目の「さくら事業所」は，一般財団法人　八王子まちづくり公社の楢原斎場（半分）の清掃作業を受託し，毎日4人体制で13時30分〜15時30分までの2時間作業を行い，男性3名・女性7名（65歳から75歳）を雇用し，ひとり平均週2〜3回の勤務で，清掃作業を年間300日実施している。

2つ目の「施設・家事支援事業所」は，地域住民及び会員の家事支援を行うと共に，八王子市教育委員会の委託事業として，やまゆり館敷地内の除草及び低木の剪定作業など自然環境に関する事業を行っている。やまゆり館除草作業

写真Ⅱ-5 「きずな工房からまつ」の商品ラインナップ

は，唐松町会会員の協力を得て，年3回行い，1回につき160〜180名（地域の少年野球チームも年1回15名位）の参加があるという。また，地域住民及び会員宅の低木の剪定など，家事支援事業の作業は年間を通して随時行い，当法人会員には10％の割引の特典を適用しているという。この事業の従事者は地域の高齢者3〜4名とのことである。

5　NPO法人からまつと唐松町会との連携・協働

以上のように，「NPO法人からまつ」の各主の事業・活動は，「唐松町会」との連携・協働の下で実施されている。佐藤理事長は，「町会では対応が難しい課題，NPO法人では対応できない課題も，双方の特性を生かして，課題解決を目指すことが大事」と，筆者らに熱く語ってくれた。

町会の自主運営から始まった学童クラブの活動，その後NPO法人を取得し，現在では，子育て，障害者，高齢者まで，多様な活動を展開していることに，筆者らは，福祉コミュニティの一つのあり方を教えられた。

(和田　清美・常盤　理紗子)

【参考文献】
・八王子市唐松町会，2004『からまつ町会のあゆみ』八王子市唐松町会
・「ルポ　子どもや高齢者，外国人の生活サポート—東京都八王子唐松町会」，2009『まちむら』107号，あしたの日本を創る協会

施設を核とした世代間交流・地域交流の展開

東京都江戸川区
社会福祉法人　江東園

1　江東園の特色

社会福祉法人江東園は，身寄りのないお年寄りのための養老院開設のため，1962年に設立された。以来，地域と時代のニーズに応え，事業展開を進めてきた。無認可保育所を1974年に開設（2年後に認可保育所に），1987年に高齢者施設と保育所を共存させる合築で現在の施設が作られた。近年では珍しくない保育施設と高齢者施設の合築だが，当時，合築は画期的で，施設認可の際にはさまざまな指導が入ったという。最終的に，保育施設と高齢者施設，両者を分ける柵を作ることで認可を取得できたという。

このように，江東園は世代間交流を日本で初めて行った施設である。世代間交流をもととした大家族的施設運営を特色とし，1階が保育所（江戸川保育園），2階が養護老人ホーム（江東園，2人部屋），3階が特別養護老人ホーム（リバーサイドグリーン，4人部屋）となっている。施設内の部屋で，平日は遊戯室，土日は老人ホールとして使っている部屋は，「お茶の間」のイメージであり，2・3階は入居者の「家」なので，部屋前には表札がある。

2　江東園での世代間交流の実態

現在，敷地内には0歳〜102歳まで，4〜5世代がおり，ホームヘルパー込で約200人が関わっている。

保育園は大阪・池田小の事件以来，不審者対策として園庭の壁を高くせざるを得なくなってしまったというが，「地域に開かれた」というモットーは大事にしているという。また，金太郎をシンボルとする保育園では裸・裸足教育を行っている点がユニークであり，園の方針に共感する保護者には人気がある。また，在園中に大きなインパクトを残すこともあってか，卒園生が入学・卒業などの節目に挨拶に来ることは多いという。

体育専門の先生を配置するなど，健康づくりに力を入れていることもあり，毎朝，園庭で子どもたちは高齢者と体操をする。前に出る体操の係は子どもも高齢者もいる。体操に参加する高齢者は20人前後である。体操後，子どもは高齢者にかけより，ふれあいの時間がある。特に教えていないが，子どもと高齢者の衝突は30年間，全くないのだという。室内においても「（高齢者スペースに入る）段を上るときは先生と一緒」が保育園児のルールとして定着しているのだそうだ。

子どもと高齢者の交流は感染症対策のため満一歳以降としており，０歳（５か月〜）は近隣の分園で保育を行っている。昨今の待機児童対策のため，９人から18人に定員を増やし，地域の需要に応えている。

高齢者の中でも，元気な人や子どもが好きな人には，登園の見守りや１・２歳クラスの補助をお願いしているそうだ。１・２歳は動きのスピードが高齢者には適切であり，この年齢の子どもは，物事を自分でやろうとしない。そのため「必要とされている」という感覚を高齢者がもちやすく，子どもとの関わりがもちやすいようだ。他の年代の子どもとの関わりにおいても，互いが「役割の持てる関わり方」が出来るようにしているという。例えば，高齢者による子どもへの読み聞かせ，子どもが高齢者の部屋の掃除を手伝う，といったことが挙げられる。また，年中・年長の子どもは15人ほどの高齢者とサマーキャンプに行ったりすることもある。互いの交流がうまくできていないときには職員がフォローすることを心掛けているという。

さらに子どもたちは特養での看取りを体験することもある。江東園では高齢者の「お別れの会」を施設内で行っている。その際には子どもたちがお線香をあげている。このような取り組みを通じて，子どもたちは老いや死を身近なものとして感じ取っていく。こういったことにも世代間交流の大きな教育的効果があるといえよう。

江東園ではなぜこういった世代間交流を進めてきたのか。世代間交流を進める根底には，「知らないことが差別になる」という考え方があるのだという。互いを受け入れる姿勢を子どもにも高齢者にももってほしいという思いがあ

る。例えば，江東園では英語の先生が週１回来ることになっており，午前は子ども，午後は高齢者と，交流を行っている。この意図は英語を学ぶためではなく，いわゆる外国人コンプレックスをなくすためである。江東園ではこのように，世代間のみならず，多様な人々を受け入れることが豊かな育ち・生きることにつながると考えられている。

③ 現在の課題認識

聞き取りにおいて大きな課題と指摘されたのは，行政の思惑と現実に乖離があるということ，また人手不足の２点であった。

まず行政との関係についてみていこう。待機児童問題の解消，保育園や幼稚園の無償化の議論など，今，国を挙げて子どもを対象とした施策に力を入れている。もちろん東京都や江東区においても同様で，例えば保育園の補助金も増加している。一方で，介護報酬の引き下げに見られるように，高齢者を対象とした施策は，公的責任が後退しているとも言えるだろう。このような子ども施策偏重の方向性に江東園は，疑念を抱いている。

江東園では子どもから高齢者までの世代間交流を目指すべき地域包括ケアシステムとして捉え，そのような地域づくりを，中長期計画の「エドガワスマイルコミュニティ構想」として策定した。そうであるからこそ，子ども，高齢者と縦割りで施策を実行するのではなく，それらを包括した施策が重要であると考えているのだ。また，「みんなが当事者」という考え方で，「来てもらうのではなく，出ていこう」と地域ボランティアにも取り組んでいる。例えば，江東園が事務局となり，町会長・民生・児童委員・商店街と江戸川１・２丁目で協議会を行っている。江東園という複合施設から人的交流の輪を広めていっているのである。

次に人手不足についてみていく。介護士と保育士には，縦割りで仕事をするのではなく，「自分事」として捉えてもらうように伝えているのだという。感染症の流行時期等，保育園の出来事をホームで共有し，ホームの出来事を保育園で共有するという情報の共有を大事にしているという。江東園では保育士も介護士も同じ理念を共有する仲間として働いているため，介護士と保育士，両

写真Ⅱ-6　朝の体操後の子どもと高齢者のふれあい

方の資格をもっている職員については，本人の意思で配属を決めている。ユニフォームが完全に同じだと施設感が出てしまうので，6色のポロシャツだけを準備しているというところにも表れている。

　そのため，元々介護も保育も給料表が同じだったが，今年から変更せざるを得なくなったという。それは前述したように保育園の方だけに補助金がつくなど行政的に優遇されているためである。保育園も最低限の保育士と保育補助で運営を行っているが，介護の方がより深刻であるとの認識が強い。繰り返しになるが，行政の補助に起因する待遇の差と組織の理念とをどう折り合いをつけていくかは今後の組織的な課題である。

　また職員の定着率に課題があったが，近年，メンター制度を導入するなど，職員の定着率は徐々に改善しつつある。さらに，江東園ならではだが，卒園児が保育に2人，介護に4人戻ってきているという。

④ 今後の展望

　施設建物は大規模修繕を 2 回行っているが，合築のポリシーを保ちつつ，10年後を目途に建替えを，というハード面が一番の懸案である。

　ソフト面では，外国人による介護についての考え方の整理や，江戸川区社会福祉協議会が運営する地域支えあいの活動拠点「なごみの家」との連携を考えていく必要があるようだ。　　　　　　　　　　　　　　　　　（常盤　理紗子）

【参考文献】

・草野篤子，柿沼幸雄，金田利子，藤原佳典，間野百子，2010『世代間交流学の創造―無縁社会から多世代間交流型社会実現のために』あけび書房

「放っておけない」気持ちで広がる地域共生
─川崎市ふれあい館・桜本こども文化センター

神奈川県川崎市川崎区

社会福祉法人　青丘社

① コリアンタウンの地域実践から〜「ふれあい館」のさまざまな顔

　長年に渡り神奈川県川崎市桜本で地域活動に取り組んできた社会福祉法人青丘社。1969年4月，神奈川県川崎市桜本にある在日大韓基督教川崎教会が，地域のために保育園を創設したことが活動の黎明である。在日コリアンが多く住む桜本で，青丘社が中心となって「地域実践」に取り組んできた。

　当初は，日本人と韓国・朝鮮籍を主とする在日外国人が，年齢を問わず相互のふれあいを深めるために，1988年に川崎市が設置した「ふれあい館」を公設民営で運営を行ってきた。2006年度からは川崎市の「指定管理者」として，現在は第3期指定管理を受けている。第2期までは5年を期限とした指定管理であったが，第3期（2016年度から）は川崎市による市民向け施設の早期開庁の方針の下，3年間（2019度まで）を期限とした指定管理となっており，次回プロポーザル時に，より多様な市民の生活に沿った施設運営計画を提案すると，副館長の崔江以子（チェ・カンイジャ）さんは意気込む。

　現在，社会福祉法人青丘社は，「ふれあい館」を中心として，「桜本保育園」や「さくらっこ保育園」，居宅支援・訪問介護などを行う「生活サポートネットワークほっとライン」，地域活動支援センターD型として多文化共生センターかわさき「ほっとカフェテリア・パン工房」等を桜本地域で運営している。

　「ふれあい館」は，「川崎市ふれあい館」と「桜本こども文化センター」の機能が統合されており，桜本地域に根差した施設として，障がい児や高齢者の孤立化に配慮しつつ，中高生の居場所づくりや多文化共生事業など，大変幅広い事業に取り組み，地域交流，世代間交流を図っている。川崎市のこども文化センターは，かつては「ふれあい館」以外のセンターは市の直営であったため，「な

んでこの地区だけ民間委託なのか」といった批判もあった（現在は，市のセンターは原則，指定管理施設）。しかし，現在では「日頃活動をしていると，『ふれあい館さんは，よくやっているね』と地域の方々から声を架けられることも多い」（崔さん談）。長年の活動が信頼を勝ち得たことを実感するという。年に２回，開催される，「川崎市ふれあい館・桜本こども文化センター運営協議会」において，町会関係者，地域団体関係者，学校関係者，学識経験者，行政関係者が一堂に会した場で，地域のニーズに的確に対応するための密な議論を行う。

施設は，遊戯室，キッズスペース，ホール，会議室，湯沸かし室，資料室，文化交流室を備えており，施設事業としては，こどもの遊び指導，キッズスペースろば（子育て支援事業），学校訪問事業，わくわくプラザ事業（さくら，大島，東大島の各小学校）など多岐に渡るが，施設運営の「附帯事業」として実施する事業も数多い。これらの事業のほとんどが「地域で困っている人がいると，放っておけない」（同）という気持ちから，「地域実践」に取り組んでいるという。

2 マイノリティをも包摂する施設としての機能

崔さん自身も，高校生になるまで，在日三世であることを隠して川崎市内で暮らしていた。高校時代の恩師に同施設を紹介され，子どもからお年寄りまで，民族名で呼び合い，普通に会話している様子に感動したという。

その後，留学経験を経て，同施設の職員として働き出した。近年では，韓国・朝鮮籍以外の国籍にルーツをもつママたちの支援等にも取り組んでいる。「日本の文字も書くことが難しいママ達が，どうやって生活保護や児童手当の申請書類を書けるというのですか」（同）。同施設の「附帯事業」では，子どもたちへの翻訳事業も展開しているが，子どもたちは生まれたときから日本で暮らしているため，親より日本語が堪能であることが多く，最も懸念されるのは親たちであるという。ふれあい館の職員たちの「放っておけない」気持ちがこの事業を突き動かしている。

現在では，国籍によるマイノリティだけでなく，LGBTなど性別上のマイノリティも，この施設を訪れるという。「きっと，『自分はここに居て良いんだ』

という，シンパシーのようなものがあって，その人にとっての居場所になっているんだと思う」と崔さんは話す。在日コリアンのためだけの施設ではない，地域と「ふれあい」をもつ施設である，という館の考え方を反映し，さまざまな人の来訪を受け入れている。

③ 今まで築き上げてきたものが……

しかし，最近では，全国的に問題となっているヘイトスピーチに，同施設も悩まされているという。「（在日）一世は命を紡いだ。二世は差別の解決のために戦い，日本人市民とともに様々な制度からの差別的排除を正した。私達，三世の時代は，お互いが協力して，次代に向けて理想の社会を創っていく。社会が良くなっていくイメージしか持っていなかった。それなのに……」と顔をしかめる。

あるときフィリピン籍のママが，こうつぶやいたという。「崔さん，これ（在日コリアンへのヘイトスピーチ）が終わったら，今度は私たち（フィリピン人）がやられるね」。この言葉を聞いたとき，崔さんたちが経験してきた差別の端緒を感じたという。崔さんたちにとって，「ふれあい館」を開設してから，一貫して，在日コリアンをはじめとした「ふれあい館」に訪れる人たちが，日本社会，桜本地域に根付いてきた感覚があったと言う。しかし，「ここ近年，これまで築き上げてきたものが音を立てて崩れるようだ」と崔さんは語る。

現在，桜本に暮らす高校生達は在日四世となり，そのうち，彼女たちが子どもを授かったとしたら，五世となる。崔さんたちは「15の春」と呼んでいるということだが，中学校を卒業して15歳，それまで桜本で「民族名」で呼び合い，自分のアイデンティティに自信をもって生きてきた子たちが，学区外の「日本社会」に飛び込んでいくときに，自ら「民族名」を名乗ることを躊躇い，「通名」を履歴書に記すという。「日本社会」による差別が，今もなお存在し，そこに近年のヘイトスピーチが重なって見える。

④ 差別のない地域社会の実現に向けた「実践」

国では，2016年6月3日に「本邦外出身者に対する不当な差別的言動の解消に向けた取組の推進に関する法律」（所謂『ヘイトスピーチ解消法』）が公布さ

れた。2017年6月16日，川崎市は公園など公的施設でのヘイトスピーチを事前に規制するガイドライン案を示し，他の利用者の迷惑になることが明白な場合に限り，施設利用の不許可や許可取り消しができるように体制整備を進めている。パブリックコメントを経て11月にガイドラインを策定し，2018年3月の施行を目指している。実現すれば，自治体としてはヘイトスピーチを事前に規制する全国初の指針となる見通しである。「在日コリアンが多く暮らす川崎市ではヘイトスピーチが繰り返し行われてきた。ヘイトスピーチに反対する活動の先頭に立ってきた川崎市内の在日コリアン，崔江以子（チェカンイジャ）さん（44）は『ガイドラインはヘイトスピーチの抑止になる。大変心強く思う』と話した。」（『朝日新聞』2017年6月16日『川崎市，ヘイトスピーチ規制案を公表——全国初制定へ』）

　子孫五代まで続く差別とは，一体何なのか。「桜本スタンダードを，日本のスタンダードにしたい。」崔さんたちの活動は続いていく。　　　　　　（平松　優太）

【参考文献】

・菱田紀子，2003「共に生きる拠点として」奥田道大・和田清美編著『第二版　福祉コミュニティ論』学文社
・「川崎市，ヘイトスピーチ規制案を公表—全国初制定へ」『朝日新聞』2017年6月16日

「気になる人を真ん中に」
─地域住民による高齢者の支え合い

川崎市宮前区
ボランティアグループ　すずの会

1　主婦がはじめた支え合い

　1995年，約10年にわたる親の在宅介護を終えた鈴木恵子さんを中心に，地元小学校のPTA仲間5名が集まり立ち上げたのがすずの会である。鈴木さんの介護中に手を貸してくれた仲間たちと「介護経験を地域で活かそう」と，在宅介護支援の活動をするボランティアグループとして発足し，今に至っている。すずの会という名前には，「ちょっと困った時，気軽に鈴を鳴らしてください，いつもそばにいますよ」という意味を込めた。

　その名前どおり，すずの会では，困った人にすぐに寄り添えるように，自分たちに身近な地域を活動範囲とすることにこだわっている。その身近な地域が，約1万2千世帯，約2万8千人が生活する（2015年6月現在）宮前区野川地区である。野川地区には戸建て住宅が多いが，1960年代後半に入居が始まった県営野川南台団地や市営野川西団地もあり，急速に高齢化が進んでいる。2015年6月現在の高齢化率は22.5％であった。当初からメンバーたちは，自分たちの老後も考えてすずの会の活動に携わってきた。そして，誰もが高齢になっても，介護が必要になっても住み続けられる地域づくりという大きな視野で，すずの会の活動を展開してきたのである。

　現在，すずの会のメンバーは73名，賛助会員は60名弱にまで達している（2016年3月現在）。そして，ボランティアであるメンバーを中心に，地域のさまざまな自主活動団体，関係機関，専門家，地縁団体等とネットワークを組み，地域全体で地域課題の解決に取り組んでいる。一つひとつの活動を一生活者として無理なく誠実に継続してきたからこそ，すずの会は地域になくてはならない存在として，また地域のリーダーとして地域や行政から大きな信頼を寄せられ

るほどに成長し，住民主体の地域包括ケアシステムのモデルとしても注目を集めている。

② すずの会がボランティアグループである意味

こうした活動を生み出すことができたのは，すずの会が専門職の集まりではなく，普通の主婦の集まりであり，それを意識してきたことが大きいだろう。もちろん，必要に応じて徹底的に専門知識を学び，多くのメンバーが資格取得もしている。しかし，「普通の生活感覚を失わない」ことを大事にし，自分たちが活動できる身の丈に合った実践を積み重ねることに力を注いできた。

すずの会は介護保険事業者ではない。NPO法人格も取っていない。ボランティアグループとしての会の運営は，メンバーからの会費や賛助金，ミニデイなどの活動への参加費，出版物などの売り上げ，さらには赤い羽根募金や各種助成金，福祉やまちづくりに寄与した団体として受賞した際の賞金などで成り立っている。年間活動費200万円前後で会の運営ができているのは，送迎を除くすべての活動において，メンバーが無償のボランティアとして関わっているからである。それは資格取得者も同様である。

なぜそれが可能なのか。それは，すずの会が一人ひとりの小さなつぶやきを「自分事」として捉えることを大事にしてきたからではないだろうか。すずの会では，一人ひとりの生活課題に対して，同じ地域住民である自分たちができることを考えて，「やってみましょうよ！」と活動を次々と生み出してきた。当初は，地域の保健師と共に野川地区を歩きまわり，近所で困っている人や手助けが必要な人たちがどのような生活をしているのか，実情を知ることに尽力したという。地域の実情を細かく把握し，地域の資源を知り，地域の人とつながり，そうして制度にはなじまないようなさまざまな活動を生み出し，いつまでも住み続けられる地域をつくってきたのだ。

③ すずの会の多様な活動

ここで，今では11種類にも増えたすずの会の活動のうち，特徴的なもの6つについてみていこう。

まず，すずの会の活動の原点といえるのが介護者サポートである。家族から

の介護相談，介護保険制度が施行されてからはさまざまなサービスを含めたコーディネート活動も実施してきた。さらに見守りや声かけ，食事介助など要介護者や家族からの多様なニーズにきめ細かに答えるスポットヘルプを実施している。

　1996年からは，ミニデイが開始された。月2回，野川いこいの家で実施されるミニデイ（10時〜15時）には，毎回約70名もの要介護者が集まる。平均介護度は2.5であるが，参加者と同じ人数のボランティアがいるため一人ひとりに合ったケアと関わりができ，「個性が光る居場所」となっている。500円の参加費で手作り昼食を食べられ，皆で楽しく過ごすことができるミニデイは，参加者のみならずボランティアの生きがいづくりにも一役買っている。ミニデイ当日の朝には，「気になる人」の状況や体調などの情報を共有し，終了後には反省会を開催している。ミニデイは参加者のニーズ発見，つながりづくり，居場所づくりなどさまざまな機能を果たすものでもある。

　地域づくりの成功例として評価されているのが，地域ネットワーク会議である野川セブンの活動である。野川セブンは，2001年に川崎市の介護予防事業として，すずの会を中心にした地域の自主活動グループ7団体によって結成された。現在では，民生委員，地区社協，自治会，地域包括支援センター，行政，施設，ケアマネ，医療など34団体が参加し，月に一回定例会議を開き，地域で気になることを皆で考え，解決の糸口を探っている。ポイントは，フットワークを軽くして即動くこと，自分たちが得意とすることを生かすこと，無理をしないことである。

　地域に広がるユニークな活動が，2004年から始まったご近所サークル，ダイヤモンドクラブだ。地域の中で孤立しがちな高齢者や障害者，介護者，子育て中の母親を含め，ご近所単位で気軽に付き合いの輪を広げるための，「気になる人」を真ん中にした5名以上の集いの場である。決まり事も少なく，開催頻度や内容は全くの自由である。例えば2015年度には，20か所にも及ぶ有志や当事者の自宅で計94回の開催があり，延べ1,563名の参加があった。ダイヤモンドクラブは，会費100円，会場費一回2,000円（年間上限1万円）をすずの会よ

り補助するという形で運営されている。負担にならないような緩やかなつなが りづくりは都市部にぴったりの活動ではないだろうか。最近では，ダイヤモン ドクラブの一つ，「チームU」が，ご近所のみならず医療や介護の専門職も交 えたチームとして在宅療養をするUさんとご家族を支えるなど，新しい支え合 い，見守りの形も生まれているという。

　2005年から始まった地域マップづくりもすずの会の代表的な活動である。例 えば，団地の支え合いマップではちょっと「気になる人」をさまざまな形のシー ルで一階から四階まで貼っていく。「ここにメンバーがいるわ」「この人はお世 話焼きだから気にかけてくれるわ」と世話役やお世話焼き＝ラッキーさんとい う印のシールを加えていく。このように「気になる人」，それを支える人を「見 える化」することで，地域の支え合いを具体的に進める効果があるのだ。

　こうした実績を経て2014年4月にオープンしたのが「すずの家（や）」である。 実はすずの会にはそれまで会としての拠点はなかった。長年付き合いのあった 地域住民から自宅を借りてくれないかとの依頼があり，週二回，9時から16時 まで，要支援や要介護，孤立しがちな独居者などの居場所となるすずの家が始 まったのである。すずの家には毎回10名から14名ほどの参加があり，6名のボ ランティアで対応している。利用料は0円から1,000円までと幅があり，昼食， 送迎はそれぞれ500円である。2016年には，川崎市の地域支援事業（一般介護 予防事業）のモデルともなった。拠点を得たことで，今まで以上に多くの地域 住民や地域の専門職が気軽に集うようになったという。

④　今後の課題

　今，最も大きな課題は，「気になる人」が増加し続けていることである。認 知症，孤立しがちな独居者，経済力が低い高齢者が増加し，それに対応する家 族力が低下している。また，これまで生活者視点を大事に，単なる地域住民，「お ばさん」としてボランティアをしてきたそのすずの会の活動の在り方も見直し の時期に来ているのではないかという。当初から活動しているメンバーたちは 高齢化している。すずの会は非常に魅力的で，専門職や地域の人たちが多く集 まっている。しかし，これからも単なる「おばさん」としてこの活動を継続し

てくれる人がどれほどいるだろうか。このことからすずの会では活動の有償化についても検討している。

　そのような変化があるにせよ，「気になる人を真ん中に」したすずの会の活動が地域に果たしている役割ははかりしれない。今後もすずの会は地域のリーダーとして，地域包括ケアシステムの要として歩み続けていくだろう。

（黒岩　亮子）

【参考文献】

・児玉善郎監修，2013『集合住宅団地の支え合いのすすめ―地域を育む13の実践』全国コミュニティライフサポートセンター
・すずの会，2009『ご近所パワー活用術―すずの会流・福祉活動の手法』年友企画
・すずの会，2016『気になる人を真ん中に都市部における住民主体の地域包括ケアの実践と効果の検証』全国コミュニティライフサポートセンター

100％加入自治会の地域福祉活動

東京都立川市
大山自治会

１　大山自治会と佐藤相談役

　大山自治会は立川市の国営昭和記念公園に隣接する1963年完成の都営上砂町
１丁目アパート（通称・大山団地）の自治会である。「自治会加入率100％」、「孤
独死ゼロ」といったことが高齢化や地域離れが叫ばれる昨今，話題となってい
る人口4,000人ほどからなる自治会である。自治会の加入率が100％なのは強制
加入制度をとっているからだというが，顔を見ての集金制で，会費納入率もほ
ぼ100％だという。住民が自治会の活動に対して，納得して会費を払ってくれ
ているのだそうだ。自治会事務所の開所時間は月・水・金の９～15時（昼休
み12～13時），土曜の９～12時で，日・祝日は閉所。自治会費から専従職員１
名とサポートの２人に給与が出ている。平日午前中に訪問した際には，住民が
事務所に入れ代わり立ち代わり顔を出していく様子が見られた。

　この自治会を牽引してきたのが，佐藤良子前会長・現相談役である。佐藤相
談役はバスガイドや夫の営む会社経営の手伝い等を経て，1996年に自治会の役
員となり，自治会の会長職を1999年から15年務め，現在も相談役として自治会
に関わり続けている。年間の転出入が30～40世帯ほどある中で，住民の80％
は顔と名前が一致し，100軒は電話番号も暗記しているという佐藤相談役。年
間100件のアポ，約１年先までの講演予定，年間30件超の視察受入れと多忙を
極めるなか，今回お話を伺うことができた。

２　自治会の活動内容

　（１）大山自治会では，1999年，両隣見守りネットワークで「全員が全員を
見守る」体制が開始された。これがよく取り上げられる「孤独死ゼロ対策」で
ある。この取り組みにより，見守りは当たり前になったため，後述するように，
一歩踏み込んだ関係が形成できるサークル活動が盛んになっている。

（2）同じく1999年から取り組んでいる活動に，子育てや高齢者支援を扱う「大山MSC（ママさんサポートセンター）」がある。この活動は，特別支援学級のサポートを継続的に行ったり，三宅島や東日本大震災の被災者の受入れの中心的役割を担ったりしてきた。守秘義務等の関係で信頼第一を是とし，新規の活動会員は募っていない。活動会員は民生委員や看護師・保育士などで全員60歳以上になったため，第二組織を作り，継承予定という。ちなみにMSCには大山自治会外であっても，近隣地区の住民であれば相談できる。

（3）さらに自治会の活性化の基礎になったのは，住民ニーズに合った自治会再生計画「市能工商」である。「市」は住民主体の自治会という意味である。行政に頼らず，自分でできることはやるために，分野ごとの専門リーダーを育成した。「能」は市民の能力や技術を活用することである。口コミをもとに自治会内の人材バンクのリストを作り，地域活動の中で絵が得意，着付けができる等，特技を生かしてもらう。「工」は工夫である。夏祭りや運動会は協力員を募集し，老若男女のアイディアで企画を運営している。「商」はコミュニティビジネス（業者からの下請けや行政からの委託事業）で，自治会の財政強化を図ることである。例えば夏祭りの時には地域の団体に出店してもらい，自分たちの活動費は自分たちで稼いでもらっている。面白さがわからないから自治会がつまらないという声があるが，こういった取り組みの中に，体験して行動に移すことの面白さがあるという。ミニ集会を行い，意見集約を行うなど環境を作って，「みんなで作る」という前提のもとでやると面白味が出てくるという。

（4）大山自治会は2009年，立川市・東京都の推薦を受け，「全国防災まちづくり大賞」を受賞した。ボヤやオレオレ詐欺の被害を出さない取り組みが減災につながっていると評価されたからである。現在も引き続き訪問詐欺にひっかからないようにという取り組みを行っている。メール詐欺は広報紙で知らせ，定例会でも周知を図っているという。また，自治会のボランティアは毎年登録する形をとっている。例えば，40人ほどが登録している昼夜間のパトロールは月2回，2班に分かれて行われている。これは違法駐車対策で，見つけたものは広報紙に掲載される。

（5）また，生活保護者や身寄りのない人の葬儀の手伝いボランティアも行っている。自治会集会所は4か所あるため，参列人数に合わせて場所を決めている。民間家族葬の相場が150万程度のところ，自治会葬は32,000円と格安である。死亡後の手続きのお手伝いも自治会で行っている。

（6）自治会の外でもボランティアの輪は広がっている。通学路の見守りを主とする「あいあいパトロール隊」は子供を優しく見守る「eye」と犯罪を見逃さない「eye」，地域を「愛」する心といった言葉からきている。犯罪が多いのは「顔見知り」がいないからだ，と佐藤自治連砂川支部長は思っているという。大山自治会周辺地域だけでなく，立川市全体の12地区に「あいあいパトロール隊」は広がっている。

③ 将来を見据えた取り組み

5年で人や政策が変わるため，5年を目途に先を見据えて自治会の計画は見直しているという。現在の主な取り組みは以下の2点である。

1点目は高齢者が生き生きと暮らせる環境づくりである。年金が少ないという高齢者に対し，仕事場作り・仕事確保が必要というところから，また，高齢者の居場所づくりのため，小物づくりや10種類以上の作品を作り，各部門ごとに事業を行っている。例として，趣味のサークルで作った着物の帯のペンケースを販売するなどしており，各種サークルの年商は130万円にまでなっている。

2点目は，自治会員のサービスは与えつつ，考えてもらうようにしていることである。例えば，介護虐待はDVでもあり，モラハラでもあるという気づきから，講演会の開催を企画している。このように最近は介護をする人・される人の心理まで踏み込むようにならないと，と佐藤相談役は思っているという。また，介護者のサークルを地域包括センターからの指導で作ったが，介護を受けている人のサロンづくりもしている。「運営のコツは『嫌なこと・大変なことをまず先に』ということと，『嫌な奴ほど親切丁寧に相手をする』ことである。」と佐藤相談役は言う。また，やる気と発想とプラス思考があれば，新たなことが思いつくという。例えば佐藤相談役が事故で1か月入院した際，思いついたのが「終焉ノート」である。現在「エンディングノート」として市民権を得て

いるが，作成当時は珍しいものだった。遺影用の写真袋が付いた1冊300円のもので，自治会外からの問い合わせが多く，予約販売を行った。

④ 佐藤相談役の思い～「自治会は面白い！」

　宮城県出身・7人きょうだいの一人娘の佐藤相談役は，東京の大学の法科に入り，少年院で更生をやりたいと思っていたという。合格したものの東京に出してもらえず，その思いは叶わなかったのだが，学生当時から「非行の原因は何か？」が気になっていたという。この思いが地域に根差す子ども育成につながっているとご自分で分析されていた。戦争中は隣組で監視体制があったということで，戦後，自治会が任意団体になった。佐藤相談役は戦前のスタイルに戻すわけではないが，「住民の声をきく」「人を大事にする」という基本を守ることが重要であると考えている。

　現在は相談役として，「いつでも誰でも気軽に」をモットーに生きている上で出てくる自治会で解決できない相談を受けている。実際，お話を伺っている最中にも，佐藤相談役にはひっきりなしに電話がかかってきていた。110番の次は自治会に連絡というような，身近でニーズに合ったまちづくりを行い，日常生活の違和感，全てに対応することで，「困らない街を作る」「自分に合う街を作る」という思いでやっているとのことである。

　会長職とその引継ぎについて伺ったところ，「会長職はおごってはいけない。『皆と同じ目線／立場』を示す必要がある。えらいそぶりを見せず，敷居が高いという感じを出さないことが大事。年齢ではなく人間性である。」

　「バトンタッチは責任だと思っている。自分の場合，会長職は2015年から後任の自営の建設業の男性（現在58歳）にお願いしている。自治会で8年一緒にやってきた人で，5年前ぐらいから地ならしをしてきた。後継者が作れないのは自分に自信がないからである。」という力強い言葉があった。**（常盤　理紗子）**

【参考文献】
・佐藤良子，2012『命を守る東京都立川市の自治会』廣済堂出版

家を探すだけでなく生活全般の難問にも応える
外国人支援のコーディネーター

神奈川県横浜市

NPO法人　かながわ外国人すまいサポートセンター

① 入居拒否の経験がある日本に住む外国人は約4割

　日本に住む外国人を対象に初めて実施した差別や偏見に関する法務省の調査によると，過去5年間に日本で住居を探した2,044人のうち外国人であることや日本人の保証人がいないことを理由に入居を断られた経験がある人は，それぞれ約4割に上るという結果が出た。物件に「外国人お断り」と書かれているのを見て諦めた人も約27％おり，あからさまに外国人の入居を拒否している賃貸物件の大家や不動産店が相当数存在している実態が明らかになった（「外国人『入居断られた』4割　法務省調査，就職拒否も25％「日経電子版」2017年4月5日）。

　外国人が住まいを見つけ，円滑に入居し，安心して生活するには相当なハードルがある。そこで今回は，2001年から外国人の民間賃貸住宅入居のサポートや住まいに関するトラブルについてアドバイスなどに取り組んでいる，NPO法人かながわ外国人すまいサポートセンター（以下，すまセンと言う）理事長の裴安（ぺいあん）さんへお話を伺い，外国人の住まい探しや居住に伴う課題，それらの解決方法，すまセンの成り立ちなどについてお聴きしてきた。

　外国人の入居拒否は単なる悪意からだけではない所から起こっているということが問題だ。外国人がどういう人なのか，どういう習慣を持つのか，身元はどうなんだろうとか，そういうことを確認できる手段がない。だったら面倒くさいからできれば部屋は貸したくないということになる。ごくわずかだがあからさまな差別意識をもつ人もいるが，外国人に対する漠然とした恐怖がある大家さんや不動産店が多い。「すまセンの活動を16年取り組んできてそう感じる」と裴さんは言う。

　物件を貸す大家さんや不動産店にとっては言葉の壁，滞納，踏み倒し，夜逃

げ，又貸し，ごみ，騒音，匂い，部屋の使い方などが懸案事項としてよく挙げられる。しかし，実は多くの外国人は真面目に働き，学び，暮らしているということを確認，共有することがとても大事になってくる。

② きっかけは神奈川県が1998年に設置した「外国籍県民かながわ会議」

すまセンが始まったきっかけは，神奈川県内に住む外国籍住民がさまざまな立場・視点から施策や地域づくりについて協議し，知事に報告・提言する「外国籍かながわ会議」が1998年に設置されたことだ。この会議の委員の中に，外国人という理由で賃貸住宅への入居が難しいという方がいた。この問題提起をきっかけに神奈川県国際課が全日本不動産協会，日本賃貸住宅管理協会，宅建協会などの不動産業界団体，民族団体，NGO，国際交流団体などに呼びかけ，外国籍住民の住まいの現状について意見交換する場を設けた。その後議論を進めていき，外国人も不動産事業者の方も相談できる場所があると望ましいということで2001年3月，すまセンが設立された（『月刊不動産』全日本不動産協会　2017年1月号）。

すまセンの当初の業務は大きく2つあった。まずは外国人の住まいに関するサポートである。神奈川県内の不動産店の中から，外国人の賃貸住宅への入居を仲介していただける「外国人すまいサポート店（以下，サポート店と言う）」として神奈川県国際課に登録してもらう。そのリストをすまセンに提供してもらい，部屋探しなどの相談に来た外国人にサポート店を紹介するという流れだ。もう一つは言葉や生活習慣の違いから起こるトラブルの解消である。土・日祝日を除く平日（10時〜17時）に，5か国語（スペイン語，中国語，英語，ポルトガル語，韓国・朝鮮語）に対応した相談窓口をオープンしている。外国人が抱えるトラブルを他言語でサポートし，弁護士や行政など，解決できると思われる専門機関へ的確につなげている。

③ 住まいだけではなく生活全般の問題解決を目指す

当初は以上の2つの業務を行おうとしていたが，いざスタートしてみると，より幅広い生活全般に関するさまざまな相談が持ち込まれた。「家もないし仕事もない」「家を買ったけど，どうやら騙されて建ててはいけない場所に建て

ていた」「手付金を支払ったが，やっぱり他の物件に変更したい」「公営住宅入居のための書類を書いてほしい」「解雇されて収入がなくなって家賃が払えない」「クレジットカードの使い過ぎで督促が来ている」など，住宅以外に教育や労働，離婚，DV，貧困などの相談である。相談内容は多岐にわたるため，スタッフが一人で抱え込まないように関係機関と連携しながら問題解消に向けて取り組んでいる。例えば，DVの相談の場合はまず女性相談員を案内して相談の形跡を作り，一時保護できればしてもらう。一時保護してくれればDVの支援団体に対応していただく。そうではないときは法テラスに連れて行って，離婚の手続きをするための弁護士を紹介してもらう。他にも，不当解雇を受けた外国人にスタッフが同行して労働基準監督署に相談へ行ったり，生活に困窮している外国人へは生活保護の申請にも立ち会ったりもしている。このように，弁護士や司法書士，さまざまな団体，質の高い外国人支援のNPO，行政，それぞれと連携し，情報交換しながら問題解決を目指している。

4 外国人がトラブルを起こすのは「知らないから」が多い

　実際に外国人が入居した場合のトラブル内容やその対応についてだが，例えばあるブラジル人入居者の場合だと，仕事が終わって帰宅して，家族や友達と一緒にご飯を食べ，歌ったり踊ったり，毎晩賑やかに過ごしていた結果，「うるさい」という近隣住民からの苦情があった。ブラジル人入居者からするとこういった生活の仕方は日常である。日本ではそうした習慣はなく迷惑行為にあたると説明すると，「初めから知っていれば，迷惑になるようなことはしなかったのに」と言う。

　他にも中国人入居者の場合がある。ある分譲マンションで毎晩，夜中にドタン，バタンとすごい音が響く騒音に悩まされた住民たちは，その中国人入居者に注意しようとしたが，日本語も通じず困った結果，すまセンに相談があった。中国語のスタッフによると，どうやら中国北部の一部の地域では「主食の麺を打つ」文化があるのだと言う。夜中にマンションで麺を打つのは近隣住民に迷惑になると伝えると，「迷惑をかけるつもりはなかった」と理解してくれた。

　つまり，外国人がトラブルを起こす理由は「知らないから」が多い。そこで，

すまセンでは住宅を借りるときの言葉，住宅の借り方マニュアル，住まい方の
ルール，住宅の引っ越しルール，入居申込書，重要事項説明書，契約書を9か
国語（英語，ハングル，中国語，スペイン語，ポルトガル語，ベトナム語，ラ
オス語，カンボジア語，タイ語）に翻訳し配布している。入居の段階でこうし
たマニュアルを活用しつつ時間をかけてしっかり説明し，理解してもらうこと
が重要である。また，意外と盲点でトラブルにつながることが多い退去の際の
手続きについても最初に念入りに理解してもらうことも大事なポイントだ。

⑤ 生活全般の相談に応えるコーディネーター

どの国からの相談が多いかというと順に中国（16%），ペルー（12%），フィ
リピン（10%），ブラジル（7%），その他（24%）だ（2016年度）。そして，
実は一番多いのは日本（31%）である。この場合は，外国人の代理または，ト
ラブルに巻き込まれた住民，不動産店，大家さんたちからは相談，依頼及び営
業の問い合わせ，一般の人たちからの翻訳や通訳の依頼などだ。生活，住まい，
経済的困窮，家族，心身などにさまざまな課題を抱え，孤立や社会的排除など
困難な状況にある人たちに，包括的・継続的な支援を行っている一般社団法人
インクルージョンねっとかながわ，神奈川県居住支援協議会，川崎市居住支
援協議会との連携が深まっていることで日本人からの相談が増加している。課
題としては相談者のほとんどが貧困問題を抱えており，民間賃貸住宅に入居を
求めるも，ほとんどが公営住宅を選択せざるを得ない状況にあることがある。

すまセンでは住まいに限らずさまざまな生活課題にも対応しており，外国人
が日本で生活する上でさまざまな障壁があることを実感した。「もはや困窮者
支援」という裵さんの言葉が印象的で，住まいという分野に捕らわれず柔軟に
外国人や日本人の生活全般の相談に応えているということは，実際にお話を伺
わないとわからないことだった。住まいしかり生活課題は多様だからこそ，分
野ごとに存在する専門機関へスムーズに橋渡しするコーディネーターの役割が
重要になってくる。すまセンは，相談者が抱える多様な課題に対し適材適所な
専門機関へ導く役割を果たしている。　　　　　　　　　　　　（舟橋　拓）

自分たちの街は自分たちで守る
―愛犬とともに

東京都・武蔵野市

武蔵野ワンワンパトロール隊

1 自治会や町内会が存在しない街・武蔵野市

　東京都のほぼ中央に位置する武蔵野市。新宿から約12キロメートル，電車で約20分の距離にあり，東京23区と多摩地区を結ぶ東京の『芯』となっている。人口約14万人であるこの武蔵野市は，「公式的には」自治会や町内会が存在しないという大変珍しい自治体である。1971年，武蔵野市は，全国に先駆けてコミュニティ構想を策定し，市民によるコミュニティづくりを進めてきた。このコミュニティ構想において，コミュニティを市民生活の基礎単位として位置づけ，市民自身の自主的活動を尊重するとともに最大限の支援を行うことを市政課題としている。そのことも影響しているのか，それぞれの市民団体の活動は活発である。自治会や町内会が自主的に組織され，防災訓練，防犯活動，清掃活動，お祭りなどの親睦事業を行っている地域も一部には存在している。この武蔵野ワンワンパトロール隊は，こうした市民活動の一つである。

2 結成のきっかけは愛犬の散歩から

　都内でペットの同伴が可能な公園は数少ない。また，散歩の時間帯も似たり寄ったりとなることから，定期的に何度も犬の散歩者同士が会うようになると，まずは犬同士が仲良くなり，自然と飼い主同士も親しくなる。単なる井戸端会議から，土日にはお弁当等を持ち寄り，ランチ会を開催するまでに発展。飲み会やカラオケ，ゴルフと集まっているうちに，自然と「何かを活動するグループを作ろう」となっていった。当時の結成に際して2代目代表を務めた森安裕氏は，「せっかく集まっているのに，ただ飲み食いをしているだけではもったいない。せっかくだから，社会に役立つ何かをしたいと思った。」と当時を振り返る。

　では，一体何をしたらいいのか。集まった皆も「社会のために何かしたい」

という強い志と社会問題への関心が高いものの,「何か」というのが分かりかねていた。そんな中,折しも武蔵野市の方針として,市内各地に市民ボランティアによる自主的な防犯グループを作ろうという動きがあったこと,警察署でも,全国的に防犯活動を支援していこうという流れができていたことが功を奏し,愛犬の散歩と防犯パトロールが結びついたのである。散歩で公園に集う愛犬家たちにはいくつかの友人グループがあり,それぞれが直接呼びかけあうことで,防犯パトロールの着想から非常に短期の間に80人近いメンバーを集めることができた。さらに警察署からは,防犯活動団体支援の一環で,防犯腕章のほか,防犯の幟や旗なども全て貸与が可能となった。こうして,「武蔵野ワンワンパトロール隊（以下「ワンパト隊」と言う。）は,2005年4月10日第1回総会が開かれ,発足したのである。その1か月後の5月8日には,武蔵野市役所隣接の公園で出陣式を行い,当時の武蔵野市長や武蔵野警察署長の挨拶後,愛犬家とその飼い犬たちが500mほどのパレードを行った。『自分たちの街は自分たちで守る』を設立趣意に掲げ,地域住民一人ひとりの自主防犯が街の安全の第一歩になると愛犬家たちに呼びかけて,日々のパトロール活動を行っている。

　解決しなければならない社会課題に対し組織的集団が出来たのではない。趣味を介して発展したコミュニティが,自ら地域課題を発見し,地域を巻き込んだコミュニティ活動を行うようになったのである。

③ 「防犯パトロール」を超えてまちづくり活動に発展

　ワンパト隊には,年会費1,000円を支払うと入会でき,防犯パトロールの腕章が貸与され,入会記念品としてオリジナルバンダナがプレゼントされる。このバンダナは,結成当時のメンバーの1人がデザインした犬専用のものだが,「どの毛色の犬にも似合う」と,会員たちからは好評である。各会員は,腕章をはじめ,このバンダナを着けた愛犬と散歩する。このことが,イコール防犯パトロールになっている。会員の住まいが広範囲に渡っているため,会員一堂に会してのパトロールは難しいが,街全体を見渡せば,早朝から深夜まで散歩（パトロール活動）していることになる。街中に『防犯』の文字が動き回ることに意義があり,自転車や車のようにさっと走り去るのではなく,歩いて回ること

により，より大きい効果が期待できる。

「ワンワンパトロール隊」と呼ばれる団体は，2003年以降世田谷区を皮切りに全国的な広がりを見せているが，その中には，全ての活動を各個人に委ね，集団としての活動がいっさいないものも存在している。しかし，この武蔵野市のワンパト隊は，親しい友人同士から生まれたという経緯もあり，そういう集団とは異なる。春先の総会に始まり，クリーンキャンペーン，しつけ教室，年末に吉祥寺駅付近で行う防犯パトロールなど，会員同士が交流できる活動が数多くあるのである。特に興味深いのは，クリーンキャンペーンという，清掃ボランティア活動である。1週間の期間を設け，各人が散歩のついでにゴミ拾いを行い，最終日には，皆が拾ったゴミを溜めた袋を持ち寄り，互いの成果を褒め称え合いながら懇親会を行う，というものだ。会場は公園であり，懇親会には会員の差し入れとして，大量の果物などが並ぶ。ワンパト隊の幟を掲げ，公園での交流を楽しみつつ，他の通りすがりの散歩者たちにもお裾分けを行うことで，会の宣伝もしっかり行っている。会員には毎年好評のイベントである。

また，愛犬家同士が集まると，愛犬の話題を介して解決すべき社会問題が浮き彫りにされる。公園で犬を放し飼いするノーリード問題，公園でのドッグランの開設問題，災害避難時におけるペット同伴の規制問題などである。愛犬家としては，公園で犬のリードを外したい，それが叶わないならドッグランを作ってほしい，という願望がある。実はこのワンパト隊は，設立後に，「公園にドッグランを作るように」と署名活動や市議会への請願を行い，見事公園にドッグランの開設を勝ち取った実績がある。だが武蔵野市民約13万5,000人に対し，犬は5,000頭弱程度であり（両者の数字は平成22年時点），犬を飼っている人口は，市全体の5％未満であり，行政側からすれば少数派である。とはいえ，公園のようなさまざまな人が集まる場では，ペットに関するトラブルやそれに伴う苦情も多く，それらの対応で行政側の業務も増えている。そのため，武蔵野市側にも，「ペットをしっかりコントロールするとともに，そういう指導も行ってくれる市民グループがほしい」という思いもある。実際，市内の公園で，ペットを放し飼いにする人と入園者の間でのトラブルが絶えなかった際，その解決

に一役買ったのは，市から依頼を受けたワンパト隊である。彼らが，メンバー内に「犬を必ずリードに繋ぐように」と呼びかけたことで，公園内のマナーが守られるようになったのである。行政とボランティア団体の利害が一致し，相互に良い距離感が保たれている。

4 大切なのは，「活動を継続していくこと」

こうした活動は，一過性のものでは意味がない。継続し，認知度を高めていくことで，団体の存在意義と社会活動への成果が可視化される。

しかし，犬を介した集団の核となるのは，やはり犬である。ここでワンパト隊が抱える独特の問題は「愛犬が亡くなると同時に会員が退会する」ということにある。ペットは家族同然であり，心の拠り所となる存在であるため，愛犬が亡くなると，すぐに次の犬を飼う，ということにはならない。さらに飼い主が高齢の場合には，犬を最期まで面倒見きれない可能性が高いと判断されることが多く，次の犬を飼うこと自体が難しい。

現在，ワンパト隊は，会員の減少と会員の高齢化問題を抱えている。会を継続していくためにも，若い会員を増やすことは必須課題である。調査で伺った

写真Ⅱ-7

総会時には，会員の勧誘策としてさまざまなアイディアが出され，活発な意見交換が行われた。例えば，会の認知度をより高めるためにバンダナは小型犬用の物も作成する，犬種ごとの部会を作る，災害時に被災者の犬を預かる制度を確立する，などである。元々，会員一人ひとりの社会問題意識が高いこともあり，会議の場で犬に関わる社会問題が多方面に渡り次々とあぶり出されていくさまは，大変興味深かった。これからもワンパト隊の活動が継続し，さまざまな犬に纏わる問題を一つずつ解決していくことで，より良いまちづくりにつながっていくことを願う。

(日置　紫乃)

地域資源（ヒト，モノ，カネ，情報）を融合した公園経営

東京都・八王子市

NPO法人　エヌピーオー・フュージョン長池

1　エヌピーオー・フュージョン長池

　エヌピーオー・フュージョン長池（以下，「フュージョン長池」と言う。）は，1998年の特定非営利活動促進法（NPO法）の成立を受け，1999年に設立された。2001年7月から八王子市立長池公園自然館の管理運営業務を受託し，2006年4月からは，長池公園の指定管理者「フュージョン長池公園（構成団体：株式会社富士植木，株式会社プレイス，フュージョン長池）」の代表団体として，公園管理業務を開始した。

　2017年4月からは，長池公園の指定管理者「ひとまちみどり由木（構成団体：株式会社桂造園，株式会社斎藤造園，株式会社日本タスクス，フュージョン長池）」の代表団体として，八王子市東由木地区81か所の公園管理に取り組み，成果をあげるよう懸命に努力している。

　一般的に，公園管理業務とは，樹木の剪定や伐採，草刈り，遊歩道の修繕や安全柵の設置などの整備業務が想定される。しかしフュージョン長池では，そうしたハード面の整備に留まらず，「地域と公園の密着した関わり」といった，ソフト面を重視した公園管理業務にも取り組んでいる。

2　地域の人が主体になる──徹底的に黒子に徹する──

　長池公園では，「自然観察会」「竹クラフト教室」「ヨガ教室」「ナイトハイク」等，幅広いテーマでイベントやワークショップが定期的に開催されている。しかし，これらの企画提案者は基本的に地域住民である。フュージョン長池では，施設の貸し出しや，企画運営のサポートを行うものの，過度には踏み込まない。あくまで企画者が主体的に自分で考え，満足してくれるようにサポートしている。こうして，公園の多様な環境を活かして地域の人たちとさまざまな活動を

第Ⅱ部　福祉コミュニティの事例を読み解くと　**109**

生み出すことで，現在では年間約16万人の来園者数を誇っている（2016年度・推計）。

このフュージョン長池の取組理念を表す象徴的な例の一つとして，長池公園の一角で行われる毎年恒例の「長池ぽんぽこ祭り」がある。これは，見附ヶ丘周辺（祭りの開催場所周辺）の各団地が主催する祭りで，例年5,000人近い人が集まって賑わいを見せており，2017年8月で22回目となった。この祭りは，各団地組合・地域住民が主体となり，お金をあまり掛けず，各々が責任をもって手作りで行っている。この土台を作ったのが，フュージョン長池の元理事長（創業者）である富永一夫氏である。現在は，祭り自体が大変盛り上がっており，初期の世話人である富永氏やフュージョン長池の存在が，全く表に出てこない。このことについて富永氏は，「地域活動が日常化するとは，そういうことなのではないか。"NPOのあるべき姿"などということが地元で議論されている間は，実はNPOが本物になっていない証拠かもしれない。」と語る（富永・中庭，2012，31）。

あくまでサポータ役として黒子に徹し，そして地域の人と人とを繋ぐことで，コミュニティ活動を地域のまちづくりに繋げていく。フュージョン長池は，これらの手法を公園の管理運営に活かしており，公園と地域住民の橋渡し役，両者を繋げるコーディネートを実現する"地域融合型の公園経営"をポリシーに掲げている。

3 ボランティアという地域資源―ボランティアの「やりたい」想いを活かす―

長池公園には，いくつかのボランティア団体が存在する。NPO法人の運営において，ボランティアとの協働は欠かせないものである。以前は公園から直接ボランティアを募集することはなかったが，近年樹林等が成長してきたこともあり，樹林管理を行うボランティアを募集し始めた。現在は，園内雑木林で，林床の笹刈りや竹管理，落ち葉管理，剪定等を毎週月曜日の午後に行う「里山保全隊」，これに参加できない人のために隔週土曜日に行う「サタデーパークボランティア」を募集している。その他，市で登録された公園アドプト団体（八

王子市が行う，市民による公園の維持活動を支援する公園アドプト制度の登録団体）である「長池里山クラブ」や「長池ガーデニングクラブ」，「NPO法人ポケットパーク」「NPO法人アート多摩」などの団体が，里山の維持活動やイベントの開催，草刈や清掃等を行ってくれている。

　また，このように登録されたボランティア団体以外にも，長池公園に関わりの深い企業からの協力もある。その一つの例が，長池公園内にある「姿池」の清掃だ。「姿池」の近くに，ある民間企業のグラウンドがあるのだが，そこで練習に取り組んでいるアメフトチームの選手達が自主的に申し出て，共にこの池の清掃に取り組んでくれている。もちろん，その背景には，会社のCSR活動の一環として地域貢献をPRしたい企業側の思惑もあるであろう。しかし，自分たちの利用する公園を自分たちで清掃するという公園管理のあり方は，確実により良い公園利用に繋がっている。

　こうしたボランティアに維持管理業務の協力を仰ぐことは，経費削減にも一役買っている。しかし，フュージョン長池では，単に経費削減のためになるという理由でボランティアの協力を仰いでいる訳では，決してない。それよりも，ボランティアの「○○を行いたい」という想いを大切にしている。実際，ある日突然訪問してきた高齢の男性が，公園内の一角だけを一人で維持管理していると伺った。

　「ボランティアの人とは距離感が難しい。就労と違い，お金で繋がっていないので，仕事を頼みづらい。彼らは，自分の興味があることを自発的にやりたいのであって，こちらからの依頼，例えば，草が伸びてきたので草刈りをお願いしたいと思っていても，それが彼らのやりたいことでなければ，仕事は頼めない。彼らと関わるには人間力が大切だ。」と，フュージョン長池の現理事長・田所喬氏は語る。時には仕事やコストが増えることになったとしても，ボランティアの「やりたい」を応援しサポートしていくことで，継続的に活動をしてもらえることに繋がっていく。これこそが，NPO法人自身にとっても，活動の付加価値を高めることにつながるのである。

第Ⅱ部 福祉コミュニティの事例を読み解くと **111**

④ 現在の課題と今後の展望

　公園の管理運営は，特にNPO法人にとっては容易ではない。市から支払われる指定管理料は年々減少しており，財源確保が重要課題となっている。そこでフュージョン長池では，里山をテーマにしたオリジナル商品を販売するネットショップ事業，離れた場所にいる現場作業と管理作業を繋ぐICT事業，NPO法人や公園経営に関する教育研修事業等，幅広く自主財源の確保にも取り組んでいる。また，市の柔軟な対応により，長池公園では，福祉作業所の製品の展示や販売，自動販売機の設置や（株）スタジオジブリのグッズ販売への許可が認められており，外部視察などから謝礼金を受け取ることもできる。より良い公園管理のためには，市からの指定管理料以外にもこうした財源確保が不可欠である。公園は，単に「維持管理」を行うだけではなく「経営する」という発想の転換が必要なのである。田所氏は，「長池公園におけるコミュニティ形成の実践成果を，他の公園にもどんどん広げたい。0歳から100歳まで，誰でも入れるユニバーサルな空間が公園であり，まさに公園は "地域の縮図" "公園づくりは地域づくり" だ。」と夢を語る。現在，地域住民が主役となって主体的に関われる公園は少ない。フュージョン長池のこうした理念や取り組みの成果が，全国の大小さまざまな公園に広がれば，確かに日本の至るところで，さまざまなコミュニティ活動が盛んに行われるようになるだろう。そのためには，活動を持続可能にするための仕組みづくりが重要であり，フュージョン長池に課せられている使命は大変大きい。

（日置　紫乃）

【引用・参考文献】

・富永一夫・中庭光彦，2012『市民ベンチャーNPOの底力—まちを変えた「ぽんぽこ」の挑戦—』水曜社
・富永一夫・永井祐子，2015『NPOの後継者—僕らが主役になれる場所—』水曜社

「個々に暮らす」と「共に住まう」の調和

東京都荒川区
コレクティブハウスかんかん森

1 日本初の「コレクティブハウス」

東京都荒川区にある賃貸型集合住宅。荒川区立中学校跡地に建設された12階建ての複合居住施設「日暮里コミュニティ」の２・３階部分が，日本初のコレクティブハウスであり，多世代型共同住宅である「コレクティブハウスかんかん森」となっている。

2001年に，コレクティブハウス発祥のスウェーデンを参考に，我が国初の本格的な多世代型コレクティブハウスの創設をめざした住民有志たちが，およそ２年に渡るワークショップを行い，日本でも実践可能なコレクティブハウスのスタイルを企画・検討した。そして2003年に入居が始まり，10年以上に渡って多世代による暮らしの「シェア」が行われている。

当初，「日暮里コミュニティ」は，株式会社生活科学運営（東京都中央区）が事業主体となり，NPO法人コレクティブハウジング社（東京都豊島区）が「かんかん森」の入居者コーディネートを行っていた。同建物は，高齢者向け介護住宅や，保育園・診療所なども併設されている。2006年には，「かんかん森」の居住者有志によって「株式会社コレクティブハウス」が設立され，株式会社生活科学運営とサブリース契約による方式で運営し，入居者募集をしている。

2 「かんかん森」での暮らし振り

「かんかん森」では，ワンルームや２LDKなどプライバシーが確保された28の独立した住戸が用意されている。それに加え，居住者共用のダイニング・キッチンや菜園テラスなどの共用スペースがあり，居住者が共同で管理・運営を行っている。例えば，生活の一部である「食事」を共同化する「コモンミール」と呼ばれる取り組みがある。居住者２〜３人がチームとなって夕食をつくり，週に２〜３回みんなで食事の時間を共にする。

第Ⅱ部　福祉コミュニティの事例を読み解くと　**113**

「独り暮らしの場合，食事は毎日料理しなければならないし，独りで食べなければならない。でも，食事という生活の一部をシェアすれば，料理するという手間は省ける一方，みんなで食事を楽しむことができる。しかも，みんなで料理している時間は楽しい」（居住者談）。発想の転換で，コストはメリットに，メリットはさらに増大するとのことである。

その他，コモンスペースとしては，コモンリビング，キッズスペース，ランドリールーム，ゲストルームなどで，いつでもこれらのコモンスペースを利用することができる。コレクティブハウスは，居住者による「自主管理・自主運営」であるため。いわゆる「大家さん」や「管理人さん」はいない。このため，コモンスペースの管理・運営・掃除などは全て居住者の役割分担で行っている。

このように，「かんかん森」では，居住者のプライバシーは確保されつつ，居住者同士で空間と時間を適度にシェアする暮らしが展開されている。2013年には，0歳から88歳までの，単身者から子どもがいる家族まで，総勢50名が暮らしており，子守や買い物，趣味などを共有して，ちょっとしたことでも助けあい楽しむ暮らしが展開されている「コレクティブハウス10年の試み—共助で縁強めて安心」（『日本経済新聞』2013）。

2017年7月時点では，子どもが11人，大人が31人（うち65歳以上が8名）の総勢42人が暮らしている。「多世代コレクティブハウスとして，今後の課題は，20代の人が少ないので，こういうライフスタイルに興味のある20代の若い人に入居してもらいたい」（居住者談）。

③　育児と仕事のために北欧で始まったスタイル

コレクティブハウスの発祥はスウェーデン。北欧を中心に普及している参加・共生型の居住スタイルである。もともとは1960年代に，働く女性たちが，働きながら子育てをすることへの不安を，食事の準備や子育てを居住者同士でシェアすることで軽減することから始まった。「シェアハウス」と似ているが，建築的には，各戸にリビングやキッチンがあるのみならず，共用の広々としたリビングとキッチンがあるのがコレクティブハウスである。一方，共用のリビングやキッチンはあるが，各戸にはそれらがないのがシェアハウスである。

我が国へのコレクティブハウスの導入に関わったのが，日本女子大学の小谷部育子教授（当時）である。2008年に小谷部は，我が国における従来の「集住」を踏まえながら，「一般に，集合住宅や住宅団地には，集会所があることが多いですが，それは日常生活の場にはなっていません，コレクティブハウジングにおけるコモンスペースは，私のもう一つの『生活の場』なのです，『生活の場』といっても，"共同生活のための場"ではなく，"日常生活を補完する場を共有している"と考えてください。『かんかん森』にあるコモンスペースは，そのような位置付けにあります」と語っている（三菱総研 2008）。

④ 「定例会」を通じた暮らしのマネジメント─「両立」ではなく「調和」

空間と時間の一部をシェアすることによって，個人が緩やかに繋がることができるが，他人同士が一緒に暮らすことの不都合はないのか。「かんかん森」の創設に携わり，現在も居住者である坂元良江さんの話を聞くと，その不安は解消していく。

「『かんかん森』では，居住者による自主組合『森の風』が共有スペースの管理やコモンミール（食事の共有）などを通じて，より絆が深まるという効果がある」（坂元さん談）。団地やマンションのように，「隣はどんな人が住んでいるのか」も分からない「集住」では，独り善がりな態度や排他的な雰囲気があるのかもしれない。

しかし，「かんかん森」では，このように，コレクティブハウスでの暮らしを豊かにするためのマネジメント作用が──それは時に大家族における親，きょうだいとの会話のように──機能しているように思えた。特に，注目したのが，各係などからの報告，相談等が，月に一度の「定例会」で議題となって話し合われる点である。基本的に居住者が全員参加し，どんなに小さなことでも，定例会でとことん話し合うスタイルは，「かんかん森」創設当時から変わっていないとのことである。みんなが豊かに暮らしていく上でのルール作りや日常生活で起こった問題の相談等は，この場で対話することとなっている 定例会の運営も居住者の持ち回りである。

子育てと仕事や，個人生活と集団生活などは「両立」という言葉で語られ，

第Ⅱ部　福祉コミュニティの事例を読み解くと　**115**

目標とされることが多い。しかし，「かんかん森」での暮らしは，目指すべき価値観としての―やや肩肘を張った―「両立」という概念ではなく，状態としての「調和」という概念が最もマッチすると考えた。多世代が（どうにかして）「共生」しているというより，個々人の暮らしが「調和」している。この集住のスタイルを日本文化に根付かせた功績は大きいと考える。

「森の風」では，居住者たちの規範である，5つの「森の風憲章」がある。

「個々のくらしと共に住まう暮らしを大切にする」「いろいろな人達とふれあい，育ち，学び会える」「1人暮らしも大家族もいきいきできる」「外との交流がある，開かれた暮らし」「合理的でエコロジカルな生活」。

特に「外との交流がある，開かれた暮らし」については，地元町内会の対応も，「地区対応」という係として役割分担があるとのこと。「コレクティブハウス」という，インハウスでの住まい方から始まった我が国での先駆的な取り組みは，ハウスの域を超え，地域コミュニティとしても，新たな動きがありそうだ。

（平松　優太）

【引用・参考文献】

・『コレクティブハウス10年の試み―共助で縁強めて安心』『日本経済新聞』2013年12月11日夕刊
・三菱総合研究所，2008『自治チャンネル＋』9月・10月合併号，p.18

「まちのお茶の間」を次世代に

東京都世田谷区
岡さんのいえTOMO

1 「地域共生のいえ」のはじまり

　東京都世田谷区では，一般財団法人せたがやトラストまちづくりによる「地域共生のいえづくり支援事業」を展開していている。この事業は，区内の家屋等のオーナーによる自己所有の建物の一部又は全部を活用し，地域共生のまちづくりを推進することで，区民の暮らしやすい環境と地域の絆を深めることを目的として，2005年から取り組まれている。

　この事業を始めた契機は2000年に遡る。区内のある地主から，自身が所有する土地に相続が発生し，自宅の庭実に700㎡を売却せざるを得なくなったという相談があった。単に土地を売却すれば済むところ，相談者の地主曰く，逝去した肉親の思い出の品を自宅の庭で焚火で焼いているうちに，自分の過去の記憶と繋がったという。「ここを売らないとどうしても相続税は払えない。ただこのまま売ると，ミニ戸建てや敷地いっぱいのマンションが建ってしまう。何か第3の道は考えられないか」という相談だった（世田谷トラストまちづくり浅海義治 2012）。

　相談を受けた世田谷トラストまちづくりが，地元NPOに協力を呼びかけた。その結果，その土地には新しく環境共生型の住宅が建てられ，ケヤキや庭の風情がそのまま残された。また，空き家となっていた築150年の古民家はシェアハウスとして再整備された（国土交通省土地・水資源局 2008：73）。

　この経験から世田谷トラストまちづくりは，「地主さんはお金儲けだけを考えているのではなくて，どうせ自分の土地を何かに使うならば，何か地域に役立ちたいと考えている人は，少なからずいるんじゃないか」と考えるようになり（浅海義治 2012），このプロジェクトを事業化したのが「地域共生のいえづくり支援事業」である。

第Ⅱ部　福祉コミュニティの事例を読み解くと　**117**

現在は，世田谷区内に20か所以上の「地域共生のいえ」がある。

② 「岡さんのいえTOMO」今昔物語

今回フィールドワークを行ったのは，「岡さんのいえTOMO」と呼ばれる築70年の昭和の面影を残す木造二階建て家屋である。戦後まもなく建築された住宅で，当時の家主で地域の子どもたちに英語やピアノを教えていた「岡ちとせ」さんという女性の意志を受け継ぎ，今は亡き「岡さん」の原風景にあった子どもたちの声が響く地域のたまり場にしようと考えた親族の小池良実さん（現「岡さんのいえTOMO」代表）が，畳替えなど建物を一部改修し，地域活用の取り組みを始めた。

小池さんの大叔母にあたる岡さんは，仙台市出身の明治40年代の生まれ。生まれ育った環境にキリスト教徒が多かったため，近所にあった教会に熱心に通うクリスチャンになった。学生時代は主に英語を勉強し，卒業後は秋田県内の女学校で英語教師として務めた後に上京した。一緒に暮らすことになる諫山イ子さんと出会い，四谷のバプテスト女子学寮で寮母として勤務。終戦後は外務省勤務となるなど，キャリアウーマンとしても活躍した。

1949年に，現在「岡さんのいえTOMO」がある世田谷区上北沢に転居。地域の子どもたちに対し，諫山さんはピアノを，岡さんは英語を教えるなどの取組をしていた。外務省退職後，昭和50年頃まで諫山さんと二人一緒に英語・ピアノ教室を始め，地域の子どもたちへの活動をワークライフとしていた。

しかし，2006年に二人が共に逝去。「岡さんのいえ」は空き家となってしまい，相続が発生。岡さんは未婚で実子もいなかったため，2000年頃から介護を引き受けた小池さんに，「この家を私の子どもだと思って，地域や子ども達に役立ててほしい」との遺言を伝えた。小池さんは，親族といっても岡さんとは縁戚の関係にある。しかし，岡さんの晩年，介護を通じて「遠くの親戚より近くの他人」ならぬ「近くの親戚」となっていた小池さんは「もう一度，大叔母（＝岡さん）が暮らしていた時代と同様，この場所を子どもたちの声が響く家にしたいと思った」と語る。

その思いで，2007年7月，一般財団法人世田谷トラストまちづくりの「地域

共生のいえ」に参画した。

③　現在の「岡さんのいえ」と運営

　2007年8月，世田谷トラストまちづくり大学の受講生が一堂に会して「岡さんのいえTOMO」を視察した。その時，「とにかくこの場所で，定期的に何かやろう」との受講生のアイディアから，コミュニティカフェが始まった。このとき，まちづくり大学の受講生で，大手ディスプレイデザイン会社での勤務経験があるデザイナー・小塚秀忠さん（「岡さんのいえTOMO」見守り隊員）も参画し，10年以上，小池さんと一緒に活動を続けてきている。

　小塚さんは，主に「岡さんのいえTOMO」の広報誌をデザインしている。「まちづくり大学を受講したとき，リタイア後の自分に『何かできることはないか』と思い，参加した」という小塚さんのデザイン力は圧巻であり，小池さんは「小塚さんがいなかったらここまで『岡さんのいえ』はできなかった」と話す。

　フィールドワークで我々が訪れた2017年4月26日，「岡さんのいえTOMO」では，日本大学文理学部の大学生が主催の「たからばこ」という中高生の居場所づくりの企画で，地域の中高生に開放スペースを提供していた。地元の小・中学生の勉強を大学生が面倒を見，学校生活での相談に応じたりする等，学年を越えた交流を行っていた。大学生の一人は，「自分自身が畳敷きの空間で育った経験がないが，とても和みやすい空間。もっと下の世代の中高生は，おそらく『岡さんのいえTOMO』での畳が唯一の経験だと思う」と話す。レトロな空間は，若者にとって懐かしむ対象ではなく，物珍しいものとして映っているようであったが，いずれにせよ，かつての日本ではどこにでも広がっていた庶民文化が，新しい形で次世代に引き継がれていることを実感した。

　他の取組としては，水彩クラブ，囲碁クラブ，駄菓子屋など，さまざまなイベントを，曜日変わりで定期的に開催して，年間2,000人以上が「岡さんのいえ」を訪れている。

　このように，大学生をはじめとして，多くのボランティアにより「岡さんのいえ」の運営は支えられている。「NPO法人や一般社団法人など，法人化の話もあったが，それぞれの『できること』や『やりたいこと』を実現するには，

今は任意団体の形があっている気がしている。法人化も視野には入れているが手続き等を考えると機動的な運営が難しくなるような気がしている」(小池談)。ボランティアベースとはいえ，総会や定例会で各担当から報告・議論は真剣そのもの，現在，「岡さんのいえTOMO」では，① イベント企画（趣味や特技・経験を活かしたイベントの企画・実行），② 広報・デザイン（地域への情報発信のためのPR企画や広報誌などのデザイン），③ コミュニケーション（地域の方々とのお話し相手ともなる活動の見守り），④ 活動管理（会計・連絡などにより活動を裏から支える活動）の4グループに別れてボランティアたちが運営を切り盛りしている。

④ 「まちのお茶の間」としての今後の展開

2011年の東日本大震災以降，テレビ局や新聞等マスメディアの見学や研究機関の視察等が大幅に増加したとのこと。その際「なぜこの取組をしようと思ったのか」や「空き家再生の事例としてどのようにお考えか」等と聞かれることも増えたが，小池さん曰く「よくそういう質問を受けるが，大叔母の遺志を受け，無我夢中でやってきたというのが正直なところ。なぜと聞かれても…強いて言うなら，大叔母の遺志を果たす。その思いでやってきただけです」。地域リーダーとしての強い思いに触れることができた。

今後の課題としては，「岡さんのいえTOMO」もオープンから10年以上が経ったため，「そろそろ，次の10年を考えるときに来ている」と話す小池さんの思いとしては，新たな企画や組織の新陳代謝などが必要と考え，運営体制の見直しについてチームを組んで進めている。

2007年7月に定めた「岡さんのいえTOMO　地域共生のいえ憲章」は，次のとおりとなっている。

「子ども時代によく立ち寄った大叔母の懐かしい昭和のいえが空きました。

思い出の詰まったこの家を取り壊すのはしのびなく，きれいに改装し

地域のみなさんに使っていただけるように準備しました。

たくさんの子どもたちが集っていたこのいえが

また，かっての賑わいを取り戻し生き返るようにゆっくりと育てていきたい

と思います。」

小池さんや小塚さんを中心としたボランティアの輪は今後も広がっていく。

(平松　優太)

【引用・参考文献】

・浅海義治（世田谷トラストまちづくり），2012「平成24年度京都市共同連続講座・第4回『京都からはじまる新しい場づくり』」講演録（2月9日）
・国土交通省・水資源局，2008「信託法の改正等を踏まえた新たな土地・利用・管理手法に関する研究会報告書」

強力な地縁による下町の地域活動
―イベントから防災まで

東京都・台東区

台東区柳橋町会

① 「粋な心を無くさない」――下町ゆえの結束力――

　台東区柳橋地区は，JRと都営浅草線の浅草橋駅から隅田川に向かって広がっており，東京駅を含めた都心はもちろんのこと，羽田にも成田にもアクセスしやすい立地にある。柳橋地区は，江戸時代から花街として有名であり，大川端通り（隅田川沿いの通り）には，昔から多くの料亭が立ち並んでいた。時代が進むに連れ，料亭が廃業し，芸姑数が減少。とうとう花柳界もなくなり，現在，料亭の跡地はマンション街になっている。しかし，全体としては昔ながらの店舗や住居が立ち並び，いまだ大正や昭和初期の風情を感じさせる街並みが残っている。この柳橋は，いわゆる「下町」と呼ばれる地域なのである。

　柳橋町会は，1953年に地区内のいくつかの町内会が統合されて誕生し，「下町」ゆえの強力な結束力をもっている。全国的に町内会への加入率が低下する中，この柳橋町会は，85％という高い加入率を誇り，加入世帯数は約1,250世帯，その予算規模は年間850万円にも達している。町内会の組織体制も確立されており，現在は，19人の役員と1人の事務局員で，総務部や会計，文化厚生部などの専門に分かれ，町内会の業務を担っている。住民参加型イベントの企画・運営以外にも，町内会名簿の作成や，苦情が多い捨て猫の面倒を見る「猫ボランティア」など，その活動は多岐に渡る。

　インタビューの際には，柳橋町会の役員同士の親密さに驚かされた。役員会が月1回の頻度で行われていることもあるが，全員が地元育ちであるということも大きな要因であろう。役員たちは皆高齢であり，「体力的にも業務量的にも，活動が多くて大変」と話しながらも，全員が楽しそうに語りあっているのが印象的であった。合言葉は「粋な心を無くさない」。柳橋の文化や伝統をしっか

りと継承していくことを目標にしている。

② 日常から行う防火防犯活動及び災害時に活躍する「防災団」

柳橋町会では，防災についても大変力を入れて取り組んでいる。まず，通常の役員業務の中にある「防災防火部」部門が，日常的に防災活動に取り組んでいる。「防災防火部」の他に「防犯部」があり，主な活動は，毎週木曜日に行う「青色パトロール」である。これは，青色の回転灯を装備した自動車を用いて行われ，警察署から貸与された車に2人1組で乗り，町内をパトロールするものである。

一方，「防災防火部」の主な活動としては，年末の3日間（例年12月27日～29日）に行われる年末特別警戒だ。拍子木をもち，「火の用心」と大きな声で唱えながら町内を練り歩く。この夜警活動に際しては，町の消防署長や警察署長が激励に訪れ，町内巡回中には，地域住民が口々に「頑張って」などと言葉を掛ける。近年は，このような夜間警備は廃止されて存在しない，もしくは車等に乗って呼びかけを行うなどの簡易なものになっている町内会が多い。そのような中，柳橋町会が行うこの活動の認知度は高く，意義深い。

また，町会独自の防災訓練も実施していることも大変特徴的である。被災状況を想定し，身体障害者や要介護者役の人をアルミリヤカーに乗せ，町会事務所から近くの中学校（一時避難所）まで運ぶなど，実践的な訓練が行われる。さらに消防署の協力も仰ぎ，消防職員から直接AEDの使用方法等も学ぶ。これらの訓練は，大人だけでなく親子で参加している家庭もあり，幅広い世代の防災意識の向上に寄与している。

東日本大震災などでも明らかなように，発災時の初期段階において，自助や共助の重要性は，公助の比ではない。そのため，一人ひとりの防災意識を高めることが重要である。防災訓練をいくら実施していても，参加率が低ければ全く意味をなさない。加えて，訓練の内容も単なる形式的なものでは意味がない。そこで役員達は，防犯・防火についての講習を1年に6回ほど受講し，より実践的で有用な知識を地域住民に還元している。

さらに，これらの通常業務とはまた別に，災害発生時の組織として，「防災団」

第Ⅱ部　福祉コミュニティの事例を読み解くと　**123**

が組織されている。この防災団は，消防組織法に基づき設置される一般的な「消防団」とは異なり，町内会が自発的に結成した。

1982年に結成されていたが，2009年に再結成されたこの組織は，町会長と副町会長が，それぞれ団長と副団長を務めている。町会役員と町会員の住所ごとに，それぞれ「救出救護班」や「初期消化班」などの班に分かれ，系統的に組織されており，発災時の初動対応を円滑に行う工夫がなされている。こうした活動が評価され，柳橋町会防災団は，2012年には，東京消防庁から「第8回地域の防火防災功労賞」において優秀賞を受賞した。さらに2014年には，東京都から「東京防災隣組」の第1回認定団体として認定されており，今後も継続した活動が期待される。

③　**町内会の加入率の低下と役員の高齢化**

このように，精力的に活動している柳橋町会においても，現在2つの問題を抱えている。まず1つ目は，町内会の加入率の低下である。先述したとおり，柳橋町会の町内会への加入率は，全国平均と比較して高水準ではある。しかしその一方で，年々，会員の加入率が減少していく傾向に歯止めをかけられてはいない。1999年以降，旧料亭の跡地などに，分譲マンションの建築が進んだため，現在，柳橋の町内には40棟近いマンションが立ち並んでいる。このような新築マンションの住民の中には，「町内会には興味がない。入りたくない」という世帯も多い。現在未加入の約200世帯は，ほぼこのようなマンション住民である。町内会側は，区にも協力を依頼し，マンション建設時から，説明会等で町内会活動を宣伝し，マンション住民に町内会への加入を依頼している。しかし，明確な成果には繋がっていない。

そして2つ目は，町内会役員の高齢化である。現在，町会役員を担っているのは地元育ちの住民であり，その強力な地縁ゆえに，町内会の高い加入率が維持され，多岐に渡る活動を行っている。しかし，役員の高齢化が年々進むことに加え，マンション住民の町内会離れの流れもあり，組織の若返りが順調に進んでいるとは言い難い。さらに，現在の役員は会議で選出されているわけではなく，人づてに依頼されて就任する，というスタイルとなっている。このよう

な状態をいつまでも続けるわけにはいかない。早期の世代交代を行うためにも，どうにか若い人を新役員にしたいという現役員の思いがある。

4　鍵を握るのは子どもたち

　上記２つの課題解決の鍵となるのは，子どもたちの存在だ。子どもたちが興味のあるイベントを企画することで，子どもたちだけでなく，その保護者である親のイベントの参加率が上がることが見込まれる。それにより，互いに顔見知りになり，町内会に勧誘しやすい状況を作り出せるためだ。

　そこで夏休みのラジオ体操では，最終日には子どもたちにお菓子を配り，運動会でも景品や出店を用意する。子どもたちに喜んでもらえることを最優先に考えた結果である。特に運動会については，今年で34回を迎える長い歴史があり，町会に住む多くの子どもたちが参加する恒例イベントとなっている。その際，町内会に「加入している家の子」と「加入していない家の子」ということで区別せず，同様に扱う。そのあたりの寛容さは，さすが下町ゆえ，である。また，広報担当のおかげで，町内会のHPは大変充実したものとなっている。HPには，イベントの様子が動画や写真で即座にアップされており，会員たちからも大変好評である。

　町内会に未加入であっても，町内会に加入しているのと同じ恩恵を受けられるという状態を作り出すことは，町内会役員側としては，腑に落ちない点もある。しかし，加入率の向上と役員の世代交代のためにも，現在の運営方針を変える訳にはいかない。柳橋の文化や伝統を継承していくためにも，子どもたちを通じて，町内会活動に関心の低いマンション住民との良好な関係を築いていくことが求められているのである。

（日置　紫乃）

クリエイティブな自治区をつくるMAD City

千葉県松戸市

株式会社　まちづクリエイティブ

1 かつての宿場町エリアで行われているまちづくりプロジェクト

　千葉県松戸市。都心から20km圏に位置し，JR常磐線沿線を中心に東京のベッドタウンとして発展してきた。特に松戸駅西口エリアは江戸時代，水戸街道千住宿から2つ目の宿場町・松戸宿として栄えた。提灯屋や呉服屋，和菓子屋などの老舗が今も残り，宿場町だった頃の歴史や文化が色濃く残っている。そんな松戸駅西口を中心に，エリア半径500mで民間企業によるまちづくりのプロジェクトが進められている。その名も「MAD City」だ。株式会社まちづクリエイティブ(以下，まちづ社)が取り組むMAD Cityの軸は不動産事業である。「改装可能・原状回復不要」といった変わった賃貸物件を取り扱っており，入居者もアーティストやクリエイターといったクリエイティブな人たちが多い。2010年のプロジェクト開始から7年で，移住者は延べ220人超，物件の紹介数は80件にも及ぶ（CREATIVE PLATFORM OITA2017.4.27)。

2 まちづくりというよりも自治区づくり

　「まちづくり」という言葉は，非常に多義的だ。町内会や自治会，商店街がお祭りを開催すること，地元の特産品を開発して他地域に売り込むこと，街の清掃活動をすること，防災訓練をすること，防犯パトロールをすること，歴史的建築物を守ること等，明確な定義は無いがこの場合，「まち」は既存の建物や道路，公園，学校といったもので，新たに「つくる」ことを指し示す例は少ない。なおかつ「まちづくり」というと「まちのため」，「みんなのため」に良いことをしようという活動が多い。MAD Cityの場合はそういった「まちづくり」というよりも，"自分たちのまちがほしい"，"自治区をつくるぞ"というまちづ社代表取締役・寺井元一さんの理念を具現化しようという狙いがある(福岡移住計画 2016年8月23日)。

寺井さんはMAD Cityを始める以前は，東京・渋谷を拠点に公共スペースで
アーティストやアスリートによる表現活動を支援する活動を行っていた。街の
ビル壁面をアート作品の場に変える「リーガルウォール」や，代々木公園の空
地をストリートバスケの大会会場に変える「ALLDAY」などだ（NPO法人
KOMPOSITION）。その活動のなかで，公共空間の利用に伴う規制やクレーム
も多く，都会での活動における課題を実感することがあったという。例えば，
公園の使い方一つとっても禁止事項が多すぎる，などである（LIFULL
HOME'S PRESS 2014.9.20）。そこで寺井さんは「活動のための理想の場所を探
すのではなく，自分の理想とする環境を自分自身で作らなければならない」と
感じるようになり，関東エリアの地方都市をリサーチしながらフィールドワー
クを重ね，松戸を活動拠点に決めた。「"できることが減る社会"を変えたい」
という寺井さんの思いが，MAD Cityのビジョンである「クリエイティブな自
治区構想」につながっていく（LAYOUT 2016.10.24）。

③ クリエイティブな自治区をつくる実験的な試み

「クリエイティブな自治区構想」は，アメリカの都市社会経済学者であるリ
チャード・フロリダが提唱する「クリエイティブ・クラス」の考え方がベース
にある。すなわち，グローバル化，情報化が進んだ現代において科学，エンジ
ニアリング，建築，デザイン，芸術などに関わる「価値を新しく作り出す人」
の存在が都市の経済成長につながること。クリエイティブ・クラスが惹きつけ
られハイテク産業が興り，都市が豊かになっていく構造を分析する中で「3つ
のT」（T1：Technology，T2：Talent，T3：Tolerance）が重要であること。
3つのTの中でも，T3（寛容）がある都市にT2（才能），つまりクリエイティブ・
クラスが集まってくる，という理論だ（リクルートワークス研究所）。そして，
この理論に独自の解釈を加え，実践しているのがMAD Cityである。具体的に
は，空き家など地価の安い場所にアーティストが住み始め，その周りにデザイ
ナーなど周辺の職能が集まり，次にカフェやショップ，最後に代理店やスター
トアップの企業が集積してくるというモデルを想定している（YADOKARI）。

空き家は，その増加が社会問題化して久しい。負の財産と捉えがちな空き家

を活用することで新しく人を誘致し，まちの価値向上へとつなげる。そのために MAD City がもう一つ応用したのが，欧米において空き家をアーティストが勝手に占拠してしまい自由に使用する事例であるスクワット（不法占拠）である。日本ではもちろん違法行為だが，このように不法占拠された建物はその自由度ゆえにアーティストを惹きつけ，また彼ら彼女らの自由な改装・改造により独特の魅力を周囲にもたらすことがある。

　そして採用したのが，不動産物件をオーナーから直接借り上げて，転貸することで入居者を誘致する，サブリースの手法だ。この手法はまちづ社がリスクを取ることで普通の賃貸物件を改装可能・現状回復不要な賃貸物件に変え，まるでスクワットのように入居者は自分好みの DIY 改装が可能となり，自由に暮らしや活動を創造することができるようになるというわけである。

④　古民家スタジオ 旧・原田米店，MADマンション，PARADISE AIR

　MAD City の物件は，入居者の個性が色濃く反映されている。例えば，築100年強の古民家や昭和期の一軒家，ガレージなどからなる「古民家スタジオ 旧・原田米店」は建築家の工房，現代アーティストのアトリエ，民間観光案内所，最近は松戸エリアで民泊を運営するベンチャー企業が入居している。こちらの物件は，周りを高層マンションに囲まれた中で奇跡的に残り続け，宿場町の歴史を直に感じる MAD City のランドマーク的な存在だ。入居者のひとりにより，中庭・裏庭などで定期的に開催されているハンドメイドマーケット「おこめのいえ手創り市」は，布小物や鞄，アクセサリー，雑貨，有機野菜，菓子，カレー，珈琲など所狭しと出店され，毎回大勢の人で賑わっている。

　松戸駅にほど近い賃貸マンションの20戸のうち，空室だった15戸を MAD City が借り上げて運営しているのが築40年超の「MADマンション」だ。入居者は，デザイナー，フードコーディネーター，バリスタ，ダンサーなど。全ての部屋が改装可能であり，押入れや壁を取り払う工事寄りのものから，壁にビスを打てることで内装を変える軽微な改装まで，いろいろな部屋が生まれている。MADマンションの特徴は入居者同士の交流が盛んなことだ。屋上スペースを活用して入居者主催によるビアガーデンが不定期で行われたり，ヨガやダンス，

石鹸カービングのワークショップなどで賑わう文化祭が開かれたりしている。

　かつて宿場町として栄えた松戸駅前は，江戸と水戸をつなぐ拠点として多くの旅人が行き交った。地元住民の邸宅には，過去に訪れた文人画人が宿泊料代わりに残した作品が今も残ると言う。アーティスト・イン・レジデンスである「PARADISE AIR」は松戸宿の歴史伝統を踏まえた「一宿一芸」をコンセプトとし，現代の芸術文化のトランジットポイントとなるべく2013年に始動した。PARADISE AIRという名称は元ラブホテルだったビルを2005年に買い取ったパチンコホールの名称「楽園」に由来する。パチンコホールとしての営業は3階までで，4階より上は空き室となっていたところMAD Cityが借り上げ，音楽家やパフォーマンス集団，ものづくり・アパレルの工房などとして活用されている。

5　地域コミュニティの理解と後押し

　こうした自由で創造的な活動が許されるまちこそクリエイティブな自治区といえる。しかし，こうした活動は商店街や町内会を中心とした地域コミュニティの理解と後押しがあってこそだ。MAD Cityでは松戸市，および松戸駅周辺の11の町内会とともに「松戸まちづくり会議」を設置し，2013年度まで団体立ち上げの核となる事務局として参画してきた。松戸神社の祭礼の際には交通誘導の仕切り役も任されるなど，地域コミュニティと連携を取りながら事業展開している。

（舟橋　拓）

【引用・参考文献】

・創造的なまちづくりのモデルケース『MAD City』（CREATIVE PLATFORM OITA 2017年4月27日）
・【Rethink Booksイベントレポートvol.2】空き家を活用！ MAD City寺井さんに聞く「あたらしいまちづくり」（福岡移住計画 2016年8月23日）
・半径500mのクリエイティブな自治区《MAD City》を科学する——解体新所#01レポート——（LAYOUT 2016年10月24日）

障害者を身近に感じてほしい
―障害者アートを通したまちづくり

東京都豊島区

染井銀座商店街

1 ソメイヨシノ発祥の地・染井銀座商店街

　染井銀座商店街（豊島区駒込3・6・7丁目）は，桜・ソメイヨシノの発祥の地，旧染井村にある商店街である。近接する染井吉野桜記念公園には，発祥の碑が建てられており，六義園や旧古河庭園，染井霊園といった桜の名所も近い。

　同商店街は，JR駒込駅から北へ5分程度歩いた先にある霜降銀座商店街（北区西ヶ原1丁目）を抜けたそのすぐ先に続いており，400mほどの商店街に80店舗ほどの店が連なっている。さらに，この商店街を抜けた先には西ヶ原銀座商店街（北区西ヶ原3・4丁目）が続いており，霜降・染井・西ヶ原と連続する銀座商店街のうち，唯一豊島区に所在する商店街である。霜降銀座商店街と完全につながっているものの，両者は，街路灯やフラッグ，タイルの貼り方において違いを見せている。

　全国にソメイヨシノを広めたのは染井村の植木職人であるが，このことは全国的にもあまり知られていない。そこで，染井銀座商店街では，「ソメイヨシノ発祥の地」であることを積極的にPRしている。オリジナル酒「染井櫻」の開発に加え，商店街に桜の鉢植えを並べるなど，桜を核としたブランドイメージの確立にも努めている。しかし，染井銀座商店街が力を入れているのは，この桜のイメージ戦略だけではない。それが，障害者が作成した絵画を，趣旨に賛同した商店街の各店頭に展示する「ふれあいアートストリート事業」である。商店街の中心部には，障害者の絵画を展示したアートギャラリー兼喫茶店「Bakery Café あうる」があり，実はこの喫茶店の開店こそが，まったく新しいアート事業を生み出したのである。

2 きっかけは，豊島区の行う「空き店舗対策事業」

　2009年，駒込生活実習所・駒込福祉作業所（以下「駒込施設」という）の施設長・齊藤一紀氏から「障害者の素敵な絵画を鑑賞できる喫茶店を作りたい」という想いが染井銀座商店街に届いた。そのことに「商店街をもっと活性化させたい」という強い想いをもっていた当時の染井銀座商店街振興組合理事長・高埜秀典氏が応えたことが，すべての始まりである。当時，商店街には，買い物の途中に立ち寄れるような休憩所がなく，「Bakery Café あうる」が開店する前は，10年近くもの間，空き店舗であった。喫茶店の開店は，商店街活性化の鍵となり得るアイディアだったのである。しかし，事業資金がなければ実現は難しい。そこで高埜氏は，豊島区が行っている空き店舗対策事業に目を付けた。これは，空き店舗を活用した事業に対し，区が店舗改装費や家賃，人件費等の経費の一部を補助するというものである。

　とはいえ，空き店舗で何を行うか。ハコがあっても中身が重要であり，それが区の補助対象の条件に沿うものでなければならない。その一方で，駒込施設では，「ベーカリーあうる」というパン屋を運営しており，その地下では「ふれあいアートギャラリー駒込」というギャラリースペースを設けていた。こうした土台と，高埜氏の「商店街を活性化させたい」という想い，齊藤氏の「障害者アートをより多くの人に知ってもらいたい」という想いがすべて重なり，障害者が運営する喫茶店兼アートギャラリーという着想に至ったのである。

　商店街を活性化させるためとはいえ，商店街の資金を持ち出してまで企画を通すことは難しい。区からの補助限度額が限られていることを踏まえ，まず高埜氏は，所有者に家賃の値下げ交渉を行い，交渉の末，家賃を当初の半額とした。また，駒込施設とのスキームを確立し，さらに店内の改装費用も，すべて区からの補助金で補うことができた。しかし，高埜氏と齊藤氏の熱い想いは，これだけでは満足しない。「障害者アートを喫茶店だけに飾っているのはもったいない。もっと障害者アートを知ってもらうために，そしてもっと商店街を盛り上げるために，商店街の店頭にも絵画を飾ったらどうだろうか。」

　こうして，2010年6月から「ふれあいアートストリート」事業がスタートし，

同年10月に，アートストリート事業の拠点として喫茶店が開店したのである。

③ ふれあいアートストリートとBakery Café あうる

　商店街の店頭に展示する絵画は，すべて複写であり，公益財団法人日本チャリティ協会の協力によって許可を得た作品である。同協会が行う事業の一環にパラアートスクールという障害者向けの芸術文化スクールがあり，その受講生から許可を得ている。絵画のサイズや飾る場所等の確認を行い，了承を得られた人からデータを頂く。

　「カフェに単に絵画を飾るだけでは安っぽくなる」として，統一した木製イーゼルに絵画を飾ることで，芸術として鑑賞してもらえるように工夫がされている。このオリジナルのイーゼルのアイディアも，高埜氏と齊藤氏に寄るものである。高埜氏は，理事会を通さずに独断でこのイーゼルの採用を決定した。「理事会で揉めていたらイーゼルは作れない。絵画も飾れない。商店街のためだ」と当時を振り返る。確かにこのイーゼルに絵画を設置すると，単なる絵画から，高級感が溢れ，芸術的な絵画に見違える。訪れた買い物客からも「買い物をしながらアート鑑賞もできる」と好評である。

　事業拠点となる喫茶店は，駒込施設の職員と利用者（障害者），そしてボランティアスタッフで運営されており，人々は，アート鑑賞と喫茶を同時に楽しむことができる。職員は毎朝，利用者に「今日はどんな仕事を頑張るのか」を確認し，それを踏まえて，ボランティアスタッフと協力しながら，業務のサポートをする。それにより，利用者は，ステップアップしながら楽しく働くことができる。

　また，店内にはアート作品（原画）の展示のほか，障害者が作製したトートバッグや写真立てといった雑貨なども販売している。トイレはバリアフリー化された使いやすいものであり，店の窓には折り紙や色画用紙などを使った飾り付け「ウインドーアート」がなされている。

　開店当時のコンセプトは，「障害者を身近に知ってもらう」「障害者の社会参加を増やす」「地域を活性化させる」といったものであった。最初は，障害者が喫茶店で働いている様に驚かれることもあったが，徐々に地域の人々に受け

入れられ，常連客も増えてきているという。またボランティアスタッフは，近隣大学のボランティアサークルの学生から高齢者に至るまで幅広い。地元民だけでなく，遠方の三鷹市から通う人もいる。この喫茶店は，新たなコミュニケーションを生み出す場にもなっているのである。

このようなさまざまな取り組みが「福祉と文化が融合し，ノーマライゼーションが実施された貴重な事例である」と評価され，翌2011年の「第7回東京商店街グランプリ」では，当商店街が準グランプリを受賞し話題にもなった。同年8月には，「ふれあいアートストリート」に注目した吉本興業による「WONDER CAMP TOKYO」という企画で，ふれあいアート祭りも開催された。また，2012年6月，ふれあいアートストリート2周年の特別企画「青空個展」では，商店街を個展会場に見立てた展示会が話題となり，としまテレビやNHKなどで取り上げられた。

4 障害者アートをより多くの人に知ってもらうために

障害者アートは，今，さらなる展開を見せている。それは，駒込施設が力を入れている「絵画名刺」だ。通常の名刺面に，障害者アートをデザインした名刺のことであり，売上は利用者の工賃アップにもつながっている。この名刺を使用して自己紹介することで，自分をより印象付けられるとともに，障害者アートの話題に触れることで，啓蒙活動にもつなげることができるという。

また「Bakery Café あうる」でも，店内の改装や新メニューの開発，宣伝に力を入れ始めており，来客数増加を目指している。さらに最近は，隣接の霜降銀座商店街からも「絵を飾りたい」という要望を受け，2つの商店街にふれあいアートが広がっている。ふれあいアート事業を通して，障害者アートの認知度がますます広がるとともに，商店街がより活性化するように，今後の取り組みが期待される。

(日置　紫乃)

【参考文献】

・大南英明他監修，全国特別支援学級設置学校長協会他編『障害のある子どものための図画工作・美術』東洋館出版社

法人後見による永続的な権利擁護

神奈川県横浜市保土ヶ谷区
NPO法人　よこはま成年後見つばさ

1　NPO法人としての成り立ち

　横浜駅から相模鉄道線で10分ほど，星川駅から徒歩数分の住宅街に，特定非営利活動法人よこはま成年後見つばさ（以下「つばさ」と称する）の事務所はある。

　つばさは，横浜市の社会福祉職職員として長年，市の福祉事務所等でソーシャルワーカーの経験をしてきたメンバーが中心になって設立された。横浜市の社会福祉職OBによる運営という高い専門性に加え，2015年12月1日付で認定NPO法人になるなど，組織運営基盤の整備を着実に進めてきた。

　法人設立のきっかけは，2011年3月11日に起きた東日本大震災にある。震災当時，横浜市が設置した一時避難所に，横浜市社会福祉職OBが生活相談のために結集した。このことを契機として，今度は本人意思の尊重や身上監護を重視した法人後見を実施するために，社会福祉士として個人後見に従事していたOBたちがNPO法人設立に動き，2011年10月12日に横浜市により法人設立が認証された。

　2012年2月15日には，横浜においてはNPO法人として初となる成年後見人を受任し，法人後見をスタートさせている。

　つばさの代表理事である須田幸隆氏は，横浜市中福祉事務所長を務められた経歴の持ち主である。定年後も，大学・専門学校の講師や社会福祉協議会で理事を務められるなど，精力的に活動されている。つばさは，常勤の事務局スタッフ1名と代表理事を含めた非常勤理事9名の10名を中心に組織運営を行っている。なお，10人全てが社会福祉士・社会福祉主事の有資格者である。

2　成年後見制度の現状

　成年後見制度は，2000年に介護保険制度の施行とともに設けられた制度であ

る。これは，介護保険制度により高齢者福祉サービスが措置から契約へ移行するなか，契約当事者となる高齢者の判断能力の低下を補い，本人の意思決定支援と保護を実現していく仕組みが求められていたことによる。

社会の高齢化の進展に伴い，認知症高齢者や単独世帯の高齢者の増加が見込まれる中，成年後見制度の利用の必要性が高まっている。しかし，介護保険制度が広く普及した一方，成年後見制度の利用者は近年増加傾向にあるものの，その利用者数は認知症高齢者等の数と比較して著しく少ない。

政府が2017年３月に策定した「成年後見制度利用促進基本計画」によれば，① 社会生活上の大きな支障が生じない限り，成年後見制度があまり利用されていない，② 後見人による本人の財産の不正横領を防ぐ観点から，親族よりも法律専門職等の第三者が後見人に選任されることが多くなっているが，第三者が後見人になるケースの中には，意思決定支援や身上保護等の福祉的な視点に乏しい運用がなされているものもある，③ 後見等の開始後に，本人やその親族，さらには後見人を支援する体制が十分に整備されていないため，これらの人からの相談については，後見人を監督する家庭裁判所が事実上対応しているが，裁判所では福祉的な観点から本人の最善の利益を図るために必要な助言を行うことは困難である，といった課題が指摘されている。

つばさでは上記の課題に加え，障害者の場合の成年後見制度の利用阻害要因として，① そもそも制度について権利擁護の制度であるという理解が進んでいないといった意識の問題，② 申立て手続き，それにかかる費用や第三者後見人にかかる費用の問題，③ 制度にたどりつくための手続き過程の問題，④ 欠格条項や類型変更が難しいことなど本人の意思決定や権利が侵害される恐れがあることへの懸念等，成年後見制度自体の問題，⑤ 担い手の選任方法，質の担保に関する不信感，選択肢の狭さ，信頼関係を構築できるか不安等，運用上の問題があると分析している。

③ 成年後見人等の法人受任に関する事業

以上の課題認識の下，つばさでは大きく分けて３種の事業，成年後見人等の法人受任に関する事業，成年後見の利用相談・申立支援に関する事業及び成年

後見制度など権利擁護に関する事業を行っている。

まず，法人後見事業であるが，つばさでは，法人組織だからできることとして，① 後見業務の継続性，永続性の確保，② 難しい事例への組織的対応，③ 組織内で，経験上のスキルや情報共有，業務の一定水準の確保，④ 組織内のスーパーバイズやチェック，監督機能で適正な身上監護や財産管理の確保，⑤ 組織として，地域のネットワークとの連携，という点を挙げている。

つばさの事業の最大の柱である法人後見の実施状況についてみると，2011年度から2016年度までに通算46件の法人後見を受任している。理由別の内訳では，認知症高齢者25件，知的障害13件，精神障害7件，その他1件となっており，高齢を理由とする割合が全体の54.3％に留まる点に特徴がある。最高裁判所が公表している全国の成年後見関係事件における本人の年齢割合（2016年1月～12月）をみると，男性で69.2％，女性は86.8％が65歳以上であることから，単純に比較はできないが，全国の状況と比較すると，つばさが知的障害や精神障害による事例に注力していると言える。実際，つばさには行政や施設，病院等からの比較的難しい事例の相談・申立・受任依頼が続いており，相談の経路は60％近くが行政からとなっている。また，受任件数のうち18件は引き受け手の少ない生活保護受給者とのことである。

これまでの財産管理に重きを置いた成年後見制度の運用では，生活保護受給者のような資力の乏しい人が成年後見制度を利用することは難しい。親族と専門職による個人後見では，困難事例への対応ノウハウが個人の経験に依存してしまうし，被後見人が若ければ後見人が先に亡くなり後見業務継続の問題が発生する。こうした問題に法人後見なら容易に対応できるといえる。

4　成年後見の相談・支援に関する事業

次に，相談事業であるが，つばさでは成年後見制度の利用に関する相談を無料で行っている。無料相談室は予約制となっており，毎週火・水・木曜日の午後1時から2時に事務所において実施している。相談実績は，2016年度だけで年間248件に達する。相談者の内訳は，認知症高齢者50件，知的障害者62件，精神障害者25件，その他77件となっている。さらに，相談の結果本人ないし親

族による家裁への申立が必要となった場合，つばさでは申立者及びその支援関係者（施設，病院等）に対し，無料で申立後方支援を行っている。

⑤ 成年後見制度など権利擁護に関する事業

つばさでは，成年後見制度のみならず，さまざまな権利擁護に関する事業も行っている。講談師：神田織音さんとタイアップした成年後見制度の普及・啓発，法人後見実施団体立ち上げ支援，申立支援を行う人材の育成，親族後見人・市民後見人への支援などである。2016年の活動報告書によれば，講演会17件，研修会・勉強会29件，視察 8 件となっており，例年，同様の活動実績がある。また，これら研修会やつばさの業務検討会のほかにも，行政機関からのヒアリング対応などで75件の活動実績がある。

⑥ 「つばさ方式」の普及への期待

政府の「成年後見制度利用促進基本計画」では，地域連携ネットワークに係る中核機関を市町村単位で設置することを目指しているが，つばさは中央集権的に行うこれらに疑問を呈している。つばさによる提言では，地域で真に成年後見制度利用促進を図るためには，後見における小規模多機能機関—相談機能（Consultation），申立機能（Application），受任機能（Contractor），教育機能（Education）などを備えた機関が，ワンストップで一体的に行うことが求められているということ，そして，地方分権の視点からも，利用者が選択できるくらいの「後見の小規模多機能機関（CACE）」を地域に育てていくことこそが，時代要請，社会要請と言えるのではないかと訴えている。

つばさの取り組みには，成年後見制度に係る利用相談，申立支援，普及啓発や調査研究活動など，いわゆる中間支援組織としての活動が多くある。須田理事長に伺うと，こうした活動を現状，行政や社会福祉協議会が十分にできていないからこそやっているというお話であった。つばさが税金に依存せず後見人報酬や会費及び寄附で事業費の 8 割以上を賄いつつ，こうした中間支援組織としての活動を続けているのも，社会福祉職OBという高度な知識・経験をもった人材が揃っているところにある。

2016年に制定された成年後見制度利用促進法には基礎的自治体の市町村の責

務のみならず，都道府県には人材育成等の援助に努めることが明記された。つばさのような後見の多機能機関が広く普及していくことを期待したい。

（工藤　聡）

【引用文献】

・厚生労働省　平成28年度障害者総合福祉推進事業指定課題研究18「成年後見制度の理解促進及び適切な後見類型の選択につなげることを目的とした研修の開発及び，法人後見における利益相反に関する研究」（つばさ　2017年3月）

地域活性化のコツとしての経営感覚
―コミュニティカフェ「メサ・グランデ」

神奈川県川崎市中原区

NPO法人　ぐらすかわさき

① 川崎市内の市民活動をサポートしたい

（1）「ぐらす・かわさき」に込めた思い

「NPO法人ぐらすかわさき」（通称「ぐらす・かわさき」）の設立の契機は1999年に遡る。長年，川崎市内でPTA活動や市民館活動を通じ，教育問題や女性問題などの解決に取り組んできた女性が，「夫の遺産を，このまま持っていて，子どもに不労所得として残すのは，子どもをだめにする道かもしれない。そうではなく，地域で市民自治の力が育つようなことに使いたい」と思い立った。その遺産を基金にして活動がスタートした。2001年に市民活動を支援する団体としてNPO法人化し，現在まで活動が続いている。

「ぐらす・かわさき」という名前には，3つの意味が込められている。第一に，「草の根」（グラスルーツ）の活動として，川崎に深く根を張ること。第二に，「透明」（ガラス）な活動として，ガラス張りのオープンな川崎を目指すこと。第三に，「汗して暮らす」ことを，平仮名の「くらす」に「゛」（汗をイメージ）を付して「ぐらす」と表現している。誰もが暮らしやすい地域社会をつくるため，地域の人々が日々の暮らしの中で気付いた問題を持ち寄り，語り合い，経験や情報を共有する。こうした場が大切との認識の下，「ぐらす・かわさき」はさまざまな活動を支援している。

（2）「食と農」を通じた拠点として始まった「メサ・グランデ」

法人設立から10年が経った2012年，「ぐらす・かわさき」では「みんなのテーブル」を意味する「メサ・グランデ」（スペイン語で『大きな食卓』）というコミュニティカフェを開設した。

開設にあたっては，川崎市経済労働局や川崎商工会議所と協働し，「かわさき・

第Ⅱ部　福祉コミュニティの事例を読み解くと　139

みんなのキッチン推進協議会」を立ち上げた。「食と農」という切り口で、地域の課題を見つめなおす機会を提供することを目的に、地域の人がつながり合い、地域が抱える課題をビジネス手法により解決する起業家を生み出す場として運営を始めた。地域交流拠点であると同時に、地域の問題点を解決するビジネスの起業を支援し、誰もが住みやすい地域社会に近づけるため、女性や若者の就業支援機能も発揮できる場になることを目的としている。

　ここでは、開設当初から一貫して、「食」をキーワードにした取り組みが行われている。

　「ぐらす・かわさき」としては、「地産地消」の理念を具現化する、地元農家による季節の旬野菜や、その地元野菜を用いたランチや手作り弁当を販売している。「かわさき・みんなのキッチン推進協議会」としては、女性や若者の就業支援の場として飲食店を開業したい人が実際に開店をチャレンジする「ワンデイシェフ」や、地域の誰もが気軽に活用できるレンタルスペースなどを展開していた。

　この「メサ・グランデ」の取り組みは、2011年度から2年間、「神奈川県新しい公共の場づくりのためのモデル事業」に選定され、その後は「ぐらす・かわさき」が単独で事業を運営している。「ぐらす・かわさき」理事・事務局長の田代美香さん曰く、「こうやってお店を広げていると、地域の人達などから（過度に）繁盛していると思われがち。しかし、NPOの経営を考えると、常に地域のニーズを踏まえ、新しいことを考えていく必要がある」と話す。

2 百貨店で培ったノウハウを生かして

　田代さんは、かつて百貨店で勤務していた経験があり、経営分析などに携わっていた。青年海外協力隊の経験もあり、産品の生産者の生活再建やフェア

写真Ⅱ-8　メサ・グランデ外観

レード等も手掛けたことがある。こうした彼女の経験とノウハウが，現在の「ぐらす・かわさき」の活動を底支えしていると筆者は感じた。

2003年に川崎商工会議所のチャレンジショップ事業の1期生として初めて起業し，翌2004年川崎市多摩区の新たなコミュニティスペース「遊友ひろば」の立ち上げに携わったことを契機として，「ぐらす・かわさき」のスタッフとなった。

その後も，2009年から，橘樹地域（川崎市高津区・宮前区の一部）の地域ブランドを高める「たちばなブランド創出推進事業」として，川崎の農業資源を生かしたコミュニティビジネスを展開するなど，ビジネス手法による地域活性に取り組んでいる。「企業で働いていたときの経営分析の感覚が今でも活かせている」（田代さん談）。「メサ・グランデ」を始める時も「川崎は意外と，今でも近所に畑が多く，自然が豊か。素敵な農家さんや食材が，自分達の身近にある」（同）との思いがあったと話す。

③ 障害のある人の居場所としても

2016年4月からは，「メサ・グランデ」では，障害者総合支援法に定める「地域活動支援センター」として，障害のある人たちの居場所事業にも取り組んでいる。川崎市内には，2016年7月時点で60を超える「地域活動支援センター」が存在する。原則，市内に居住する在宅障害者を対象として，障害者の日中活動の場や社会参加の場として，生産活動や創作活動を行っている。「地域活動支援センター」としてスタートする以前から，「メサ・グランデ」では，近隣の障害者就労支援事業所や若者就労自立支援事業所などから，就労体験の現場研修として実習生の受け入れを日常的に行ってきた。「食と農」をテーマとしたコミュニティカフェは，地域のニーズに応え，「地域活動支援センター」として再出発した。

「メサ・グランデ」では，3障害（身体，知的，精神障害）のうち，主に精神障害がある方を対象としている。「メサ・グランデ」がもつ「食と農」を切り口としたこれまでの活動を基に，利用者とスタッフによるまかない作り，カフェや八百屋の手伝い，手芸，農作業などの就労経験や，彼らが創った作品等を店内で展示している。特に，まかない作りについては，献立を作成するとこ

ろから一緒になって行うので，単なる作業ではない，働き甲斐も感じることができる。調理，盛りつけ，配膳，洗い物，片付けといったチームワークを通じ，仕事を行う上で必要となるコミュニケーションも涵養していく。

④ 相乗効果の地域活性

フィールドワーク当日は，施設利用者の方々にもお話を伺った。以前，アルバイト等で生計を立てていた男性は，現在，「メサ・グランデ」を利用しながら，自身の描いた絵にポエムを添えた作品を展示している。拝見すると，とても感受性豊かなスケッチに，社会問題の本質を示唆する—しかし，平易な語り口による—フレーズが書き込まれていた。男性曰く，自分の考えを社会に対し表現する手段であると話していた。また，当日はランチを頂いた。体に良さそうなメニューで，しかも川崎市内で採れた野菜を使っていた。それを，女性の施設利用者が配膳してくださった。

地元の野菜を使い—しかも採れたての新鮮さもある食材であり—それを使って障害をもった人たちが協同して献立を作成し，調理し，配膳をする。そして，その場には，感性溢れる彼ら・彼女らの作品が並び，来店した私たちを和ませる。ランチもおいしく，しかも健康的なメニューであることは一目で分かった。

経営分析では，レバレッジ（＝テコの作用）を働かせ，相乗効果を働かせることが求められる。あらゆる地域資源を効果的に組み合わせ，自己資本の価値を倍加させるコツは，田代さんがかつて経験した経営分析のノウハウが効いていると感じた。一石二鳥が三鳥にも四鳥にもなる地域活性化の事例に触れることができた。

「ぐらす・かわさき」は，1989年のNPO法の制定間もない頃に設立されたNPO法人である。地域活性化を10年以上持続させるためには，法人運営の持続性と，変容し続ける地域課題に対応できる活動の機敏性，柔軟性が兼ね備わっている必要がある。その意味で，「ぐらす・かわさき」は，ベースラインの運営を堅持しつつ，可変的な課題への対応力をもっていると感じた。

「ぐらす・かわさき」の次の10年，20年の動向には，今後も目が離せられない。

（平松　優太）

【コラム②】 大学と地域で創る多世代交流プロジェクト—みなみおおさまカフェ

東京都八王子市
&TMU・みなみおおさまカフェ

1 みなみおうさまコミュニティカフェとは

　毎月第2火曜日午前10時から12時まで，首都大学東京南大沢キャンパスの国際会館喫茶コーナーで，「みなみおおさまカフェ」が開設される。9時半を過ぎる頃から，地域の高齢者が，ひとりで，あるいは夫婦で，あるいは仲間どおしでやってくる。近所のグループホームや高齢者施設からも車椅子でやってくる。受付を済ませテーブルに着くと，飲み物が配られ，会の始まりまでおしゃべりに花が咲く。

　10時になると，首都大学東京の学生たちによるパフォーマンス—手品，ジャグリング，クラシックギター，ピアノ，管弦楽団，競技ダンスなど—が始まる。あるいは作品展示（美術部など），留学生による話題提供（例：中国と台湾のお正月，修士論文の内容など），講師を招いた講演やレクチャー（認知症講座，鹿児島沖永良部島の歴史など）など，毎回工夫を凝らしたプログラムが用意される。また，参加高齢者から出演意向があり，「詩吟」が披露されたこともある。学生との懇談や参加者間の懇談が随時盛り込まれ，会の最後は，参加者全員の合唱で締めくくられる。

　ある月のプログラムを紹介すると，オープニングは競技部ダンス有志によるダンスのパフォーマンス。会場は大いに盛り上がった。終わると，大ホールに移動し，鹿児島沖永良部島の歴史や生活についての講演を聞き，その後講演者からのお土産である沖永良部島特産のお茶とお菓子でカフェタイムに。しばらく懇談し，会は終了した。この日の参加者は60名を超え，運営スタッフや訪問者を入れると，100名近くになった。

第Ⅱ部　福祉コミュニティの事例を読み解くと　　143

2　カフェの企画・運営

「みなみおおさまコミュニティカフェ」は，大学と地域で創る多世代交流プロジェクトとして，「首都大学東京」と「八王子市高齢者あんしん相談センター南大沢」とが共催している事業である。2016（平成28）年4月から半年間の準備会を経て，同年11月にオープンした。月1回のペースで開催され，2017年7月で9回実施されてきた。毎回60～70人前後の高齢者が集まる。

カフェの実施にあたっては，企画・運営のための「コア会議」が月1回開かれる。「コア会議」は，首都大学東京の教員，学生，院生，首都大学東京ボランティアセンター職員，高齢者安心相談センターの職員，民生・児童委員，地域ボランティア，市民活動協議会メンバー，社会福祉協議会職員，八王子市職員の総勢30人を超える人々から構成される。企画・運営の検討は，カフェ班，プログラム・企画班，設営・誘導班，広報班に分かれて行われ，決定される。

3　大学の内外に拡がる地域交流の輪

カフェが開設されて1年にも満たないが，口コミで拡がったのか，回を重ねる毎に，地域の高齢者施設や市民団体の参加がみられるようになっている。また，&TMUの学生メンバーは，月1回のカフェの開催だけでなく，首都大学主催の「サマボラ2017」や「認知症サポーター養成講座&懇親会」など学内のイベントに参加する一方，学外で開催される地域のイベントに積極的に参加している。これまでに「オトパ南大沢」「八王子市合同学園祭　学生天国」「NPO八王子会議」，他のイベントに参加している。

写真Ⅱ－9　&TMU・みなみおおさまカフェのお出迎え

出所）&TMU・みなみおおさまカフェより提供

仕掛け人のひとりである高齢者あんしん相談センター南大沢所長の森島さんは，カフェの設立への思いを，「大学生の若いパワーを街の中にもっともっと出して欲しいとの思いから，首都大学東京の学生さん達と一緒

に活動を始めました。『みなみおおさまカフェ』が大学と地域のつながりの拠点となっていくことを期待しています」と述べている。カフェ開設から一周年をこの11月に迎え，筆者には，この目的に一歩一歩近づいているように見える。しかし，森島所長は，「カフェを重ねていく中で，高齢者の皆さんの参加が増え，カフェの存在が広まっていることをとてもうれしく思っていますが，収容人数の問題や運営のあり方など，新たな課題が出てきています」と語ってくれた。

（和田　清美）

【参考文献】

・http://minamioosama-cafe.jp/index.html（2017年11月 1 日閲覧）

認知症になっても自分らしく生きる
―「次世代型デイサービス」DAYS BLG！

東京都町田市

NPO法人　町田市つながりの開

１　DAYS BLG！とはなにか

　DAYS BLG！は，主に認知症の人を対象にした通所介護施設（デイサービス）である。その運営主体であるNPO法人町田市つながりの開は，2012年6月に理事長の前田隆行さんによって設立され，8月からDAYS BLG！がスタートした。DAYS BLG！のBLGとは，「Barriers」「Life」「Gathering」の頭文字で，障害があろうがなかろうが，皆が集まって豊かな生活，毎日を（Days），という意味が込められている。最後の感嘆符！は，感動的な毎日をという意味，そしてそれを「発信」するという意味もあるという。DAYS BLG！のデイサービスは，よくある場所とは一味も二味も違っている。そこから「発信」されるメッセージは多くの人の共感を呼び，全国のみならず海外からの視察もあるほどである。

　では何が違うのか。前田さんはDAYS BLG！の活動を「next（future）generation」，すなわち「次世代型デイサービス」と称している。現在の一般的なデイサービスの先を行く，新しいデイサービスを目指しているのだ。DAYS BLG！では，一般的なデイサービスで行われているような体操やレクリエーションといったプログラムは行わない。DAYS BLG！のメンバーは，比較的若い人，すなわち団塊世代の人が多い。団塊世代，例えば若年性認知症の人にとって，一般的なプログラムは子どもじみたものに映りがちであり，その場になじめないことも多い。また，特に働き盛りで認知症を発症してしまった男性には「働きたい」という想いも強い。そこで，DAYS BLG！では，一人ひとりの「想いを実現できる場所」を目指し，今日，自分は何をやりたいか，どのような活動をしたいかを自分自身で決定し，それに沿った一日の過ごし方をす

るのである。

　なかでも重視しているのが「働きたい」という想いを実現することである。大学卒業後，医療ソーシャルワーカーを経て認知症のデイサービスに勤務していた前田さんは，認知症の人ができること，やりたいことを当たり前に実現できることを目指し，さまざまな試みをしてきたという。「働きたい」人には，施設のペンキ塗りや庭木の剪定に始まり，地域での仕事を見つけ出し，その人たちと一緒に働いてきた。もちろん働くといっても，①働く＝労働として捉え，対価としての謝礼や報酬を得る，②はたらく＝日常の家事や地域交流，③ハタラク＝ボランティア活動やオタガイサマの行動，などそこには多様な意味や内容がある。「働きたい」人の中には，①のように少額であっても対価も得たいという想いをもっている人もいる。前田さんはそうした想いも実現させたいと，デイサービス内での有償ボランティアを認めてもらうように行政にかけあい，2011年には厚生労働省が最低賃金を下回るという条件でそれを認めるという実を勝ち取った。DAYS BLG !は，こうした長年の前田さんの試みを思い切り実現するために設立された施設であると言えるだろう。現在DAYS BLG !には，地域や企業から依頼された対価を得ることのできる仕事や，地域や施設で必要とされる活動など，多様な働き方のバリエーションがある。それを，毎日，自身の体調や希望によって選択することができるのだ。

　また，一般的なデイサービスでは，スタッフによって決められたプログラムに，利用者が参加するというスタイルがとられている。スタッフは利用者を「支援」する，という関係性である。しかし，DAYS BLG !では，スタッフは利用者の想いを聴き，一緒に考え，やりたいことを実現できるように一緒に活動する「仲間」である。そのため，DAYS BLG !では利用者と呼ばずに一人ひとりを「メンバー」と呼んでいる。こうした関係性もまた，新たなケアの考えの提起と言えるかもしれない。

　このようにDAYS BLG !では，これまでとは違う「次世代型デイサービス」としての活動を行っている。と同時に，DAYS BLG !に集うメンバー自身が，デイサービスという場を飛び出して，全国各地で認知症である自分たちの声を

「発信」している点も重要であろう。認知症になったら何もできないというイメージや，だから認知症になりたくないという思いをもっている人は多いだろう。また，そうした恐れもあり，認知症を自分事として考えることなどとんでもない，と思っている人もいるだろう。そうした人たちに対して，認知症の当事者であるメンバーたちは，認知症であっても出来る事はたくさんあること，それを阻んでいる現在の環境や社会のあり方を変えていくことこそが重要であることを伝えている。DAYS BLG !の活動は社会的チャレンジを目指す活動でもある。認知症になっても，環境や社会が整備されていれば自身の想いを実現することは可能なのだというメッセージを「発信」することで，認知症のイメージも変わり，自分事としてより良い社会や環境づくりに取り組めるようになるのかもしれない。メンバーたちは前田さんと共に，全国各地で行われる講演会で語ることを通して，また書籍を通して，当事者としての想いを語り，社会に呼びかけているのである。

② DAYS BLG !での一日

　以上のような特色もあることから，現在23名いるメンバーのうち，女性は2名のみ，ほとんどが男性である。50代の若年性認知症の人から80代まで，最高齢では91歳のメンバーが，月曜日から土曜日までここに通う。毎日の定員は10名で，それぞれの介護度や状況に合わせて集う頻度は異なるが，週5回ここに通う人もいる。

　ここである日のDAYS BLG !での過ごし方を見てみよう。朝9時半くらいまでに，メンバーたちが閑静な住宅街にある一軒家を改築したDAYS BLG !にやってくる。広いテラスがあり，そこが出入り口になっている。小さな看板がかかっているが，ここが認知症の人のデイサービスであるとは分からない。それよりも，後述する「駄菓子屋さん」の看板が目立ち，ちょっと入ってみようかなと思わせるつくりになっている。

　メンバーたちがリビングにある広いテーブルに座ると，スタッフが血圧を測ってその日の体調を確認する。また，別のスタッフやメンバーたちが協力しあってお茶を出しあったところで，朝の会が始まる。「今日の午前は何をする

のか」を３つ程のグループに分けて決めるのだ。その日の仕事は，自動車販売店ホンダの自動車の洗車，DAYS BLG !内に併設された駄菓子屋のポイントカードづくり，DAYS BLG !での運営などに必要なものを購入した領収書の整理である。リビングに続く部屋の一角にあるラックには駄菓子が綺麗に並べられている。午後になると学校帰りの子どもたちにも人気の駄菓子屋が開店し，メンバーが対応する。来店ごとにスタンプを押すポイントカードは，常連さんへのサービスにもなる。地域と関わる工夫であると言えるだろう。こうした仕事以外に，地元のコミュニティ新聞に広告の折り込みを入れる，それをポスティングする，といった仕事もあるという。その日の仕事がスタッフから発表された後，それぞれが「今日は洗車に行けるよ」「じゃあ領収書をやるからね」などと意思表明をする。体調によっては何もやらないという選択肢をしてもいいらしい。

　また，朝の会では，昼食を外で食べたいか，DAYS BLG !内で食べたいかも決める。その日は全員がカラオケボックスでの昼食を希望した。DAYS BLG !内で昼食の場合は，お弁当を頼むのだが，お味噌汁は自分たちで作る。それも仕事の一つとなる。このように午前の仕事と昼食の予定を決め終わると，それぞれが仕事に向かうのだ。昼食後にはまたリビングのテーブルに集まり，午後の予定を決める。こうして16時前まで過ごし，最後に一日の振り返りをして，16時半くらいには解散となる。

3 DAYS BLG !の使命とこれから

　DAYS BLG !には現在，常勤スタッフが３名，非常勤スタッフが４名いる。看護師資格をもつ非常勤スタッフは，ボランティアとしてここに通ううちに，DAYS BLG !の他にはない自由で明るい雰囲気に惹かれてスタッフになったそうだ。しかし，自由である分，メンバーの想いを引き出すような関わりは実はとても難しく，理事長である前田さんを始めとする設立以来のスタッフから学ぶことは多いという。

　前述したようにDAYS BLG !は「次世代型サービス」を目指している。次世代型には，単に新しいというだけではなく，「利用者から生活者へ」という思

写真Ⅱ-10　DAYS BLG！リビング　　写真Ⅱ-11　DAYS BLG！外観

いも込めている。認知症の人はケアを受けるだけの存在ではない。再び生活者＝消費者となって人生の主人公としていきいきと生活するために，「仲間」としてサポートする場こそがDAYS BLG！なのである。DAYS BLG！での多様な働き方を通して，認知症であっても社会とつながり，地域での役割を得ることができる。DAYS BLG！はそうした使命をもち，これからも地域や社会を変革するチャレンジをし続けていくだろう。

（黒岩　亮子）

【参考文献】

・「現代の肖像　前田隆行　DAYS BLG！　理事長　認知症でも働ける『まちなか改革』」『AERA』29（36）2016年8月22日号，朝日新聞出版
・認知症の私たち著，NHK取材班協力，2017『認知症になっても人生は終わらない 認知症の私が，認知症のあなたに贈ることば』harunosora

「映画の街」と地域コミュニティの再生
―キネマフューチャーセンター

東京都大田区
NPO法人　ワップフィルム

1　映画の街・蒲田の栄枯盛衰

　2013年7月，シャッター通りとなってしまった商店街の空き家を活用して，映画の街・蒲田の再生を目的とした地域交流拠点を創ろうという掛け声の下，京急蒲田駅から徒歩5分程にあるキネマ通り商店街に「キネマフューチャーセンター」が開設された。元フトン店をリノベーションした同拠点を活用し，映画による街おこしを展開するNPO法人ワップフィルム（高橋和勧理事長）が企画・運営を担っている。ここでは，映画の街の再生というテーマをはじめ，さまざまな取り組みが行われている。

　東京都大田区蒲田は，大正から昭和にかけて「映画の街」として名を馳せた。大正期の1920年に「松竹キネマ」の蒲田撮影所が現在のJR蒲田駅近くに設立され，多くの映画が制作・上映され，多くの俳優や女優が住み，モダンな商店が建ち並んでいた。しかし，昭和期の1936年に撮影所が神奈川県鎌倉市大船に移転したことを契機に「映画の街」としての栄華は急速に衰え，かつては多くの映画館が立ち並んでいた「キネマ通り商店街」も，500m程の通りに約70店舗が軒を連ねていたが，今や約6割が空き店舗となっている。

　現在では，JR蒲田駅の発車メロディに，つかこうへいの「蒲田行進曲」が採用されていることや，京急蒲田駅近くの商店街の名前が「キネマ通り商店街」であることを除けば，かつて蒲田が「映画の街」であったことを窺い知ることは難しくなってしまった。

　この現状を打開するため，地元の若者が中心に集まり，NPO法人ワップフィルムが主体となって同センターを開設した。

2 キネマフューチャーセンターのさまざまな顔

写真Ⅱ-12 キネマフューチャーセンター外観

　当初，「映画の街」の復興を主な目的として，地元の人たちと地域や社会の未来を描きながら，さまざまな課題を解決していくための「フューチャーセンター」として開設されたセンターであった。

　しかし，地域課題の解決に資する起業支援（レンタルオフィス）や，主に地元の人たちを中心とした地域活動拠点の場（レンタルスペース）など，さまざまな機能を併せもっており，民設民営のインキュベーション機能をもった創業支援・起業支援の場としては，大田区では初の事例となった。センター内は，Wi-Fi，プリンタ，ウォーターサーバーが完備され，誰でも気軽に利用することができる空間になっており，商店会の会合や町内会のイベントなど地元地域の活動拠点の他，遠方からの利用客も多く，区内外を問わずさまざまな人たちがこのセンターを利用している。

　無論，「映画の街」としての活動も続いている。このセンターを映画制作の拠点として，地元有志により実現した対話型映画「未来シャッター」の上映会は，2年を超える記録的ロングランとなっている。「映画の街」の拠点に相応しい音響・スクリーン・プロジェクター等を完備したセンターの上映環境は好評で，この作品以外の上映も開催されている。「キネマ」を冠しているにもかかわらず，映画館が一つもなくなってしまった商店街にとって，新たな灯火として地元の人たちも多くの期待を寄せている。このように，事業展開の裾野は幅広く，地域ニーズに応えていく様がうかがえる。

3 フューチャーセンターと地域社会

　そもそも「フューチャーセンター」は北欧が発祥であり，本来的には「企業」

が抱える課題解決のための対話の場が発端であった。堀内（2012）によれば，国土が狭く天然資源が乏しい北欧において，知的資本経営について先験的な研究が行われ，1990年代にスウェーデンのルンド大学・レイフ＝エドビンソン教授が，「フューチャーセンター」という概念を提唱した。世界初のフューチャーセンターも，当時彼が所属していたスカンディア保険会社の内部に設置したものである。欧州では，大企業と同じく，アイディアや発想が硬直しがちなオランダ，デンマーク，イタリアなど「政府機関」を中心に広がっていった。我が国でも最初に導入されたのは富士ゼロックス（2007年）であり，その後も東京海上日動，コクヨなどで設置されている。

　我が国では，「地域コミュニティ」を中心にしたフューチャーセンターが多く展開され，発祥の北欧と同様，「企業」や「政府機関」にも広がりつつある。これは，日本社会の伝統的・文化的背景があるのではないかと筆者は考える。近代以前より，ムラを基礎とした地域集団（惣村）には，慣習・成文問わずコモン・ルールとなっているオキテ（村法，掟）があり，そのオキテそのものや，オキテに基づいたムラとしての意思は，ヨリアイという決定機関（惣百姓寄合）で行われていた（深谷 2005）。これにより，我が国においては前近代より，現代的な意味での「市民社会」に移行する前段としての「民間社会」が醸成されていたと言えよう（山本ら 2013）。

　これらを踏まえると，キネマフューチャーセンターは，新しいコミュニティが，地域の課題に応じて，全方位的なものとなっていく好例であると言えるであろう。「企業」は自社の課題を解決しないと，利益に直結しない。「政府機関」も税収や国民生活などに影響がある。一方，「地域社会」はそこまで課題を解決しなければならない切迫した理由はない。しかし，「地域社会」が抱える課題は，緩やかに，でも確実に深刻化していくとするならば，それに的確に応え得る器を整える必要がある。

④　地域課題に対応して未来を切り拓く「キネマ」のまち

　映画の街の復興→対話の場の必要性→地域課題の解決，そしてその一環として，さまざまな活動が展開されている。NPO法人ワップフィルムは，「映画は

目的ではなく手段」を理念としている。映画を通じた地域の活性化により，地域の居場所が生まれた。キネマフューチャーセンターは，今後も多様な地域課題に対応していく機能を発揮していくことだろう。 （平松　優太）

【引用・参考文献】

・「映画の街に交流拠点～キネマ通り商店会，NPOと運営や相殺活動」『商店街新聞』（2013年 8 月 5 日）
・「『キネマ通り商店街』空き店舗に交流拠点～蒲田，映画の街 復興狙い」『朝日新聞』（2013年 8 月20日朝刊）
・「ワップフィルム，中小製造業の社長ら出演『未来シャッター』 2 周年」『日刊工業新聞』（2017年 7 月17日）
・堀内一永，2012「フューチャーセンター『未来を創造する対話の場』」横浜市調査季報（2012年 3 月号：Vol.170）
・深谷克己，2005『江戸時代』岩波書店
・山本和興・平松優太，2013「無縁社会と地域コミュニティ─大都市・東京の現状と課題からの考察─」『都市政策研究』（7）首都大学東京都市教養学部都市政策コース

シェアハウスのキッチンを活用して始めた
こども食堂

東京都墨田区
ことといこども食堂

1 全国的に広がるこども食堂

　厚生労働省（以下，厚労省と言う）が2017年6月に発表した「国民生活基礎調査」によると，標準的な収入の半分に満たない家庭で暮らす子ども（17歳以下）の相対的貧困率（2015年時点）は13.9％となり，前回（2012年時点）より2.4ポイント低下し12年ぶりに，若干ではあるが改善した（『毎日新聞』2017年6月27日）。その要因として厚労省は「景気が回復し，子育て世帯の雇用や収入が上向いたため」とみている。一方で，経済協力開発機構（OECD）に加盟している36ヵ国の子どもの貧困率の平均は13.2％（2013年）であり，日本はこれを上回っている（『朝日新聞』2017年6月27日）。

　こうした中，「こども食堂」が全国に広がっている。朝日新聞社の調査によれば2016年5月時点で全国に319箇所ある（『朝日新聞』2016年7月1日）。こども食堂が広がっている背景には，子どもの貧困率が2012年に16.3％と過去最悪を更新したことや，2013年に子どもの貧困対策推進法が制定されたことなどがある。しかし，そもそもこども食堂とは何なのか，目指すところはどこなのか，といった疑問や戸惑いを感じる人も多くなってきている。

　そもそもこども食堂は，2012年に東京都大田区にある八百屋の店主・近藤博子さんが，子どもがひとりで食事をしなければならない孤食を防ぎ，さまざまな人たちの多様な価値観に触れながら「だんらん」を提供することを目的にスタートされたことにある。こども食堂と聞くと，子どもだけ，しかも貧困家庭の子だけが参加するところと捉えられなくもない。しかし近藤さんの定義によると「こども食堂とは，こどもが一人でも安心して来られる無料または定額の食堂」。子どもだけでもなければ，貧困家庭限定というわけでもない。

第Ⅱ部　福祉コミュニティの事例を読み解くと　**155**

各地に広がるこども食堂はそれぞれビジョン，ターゲットが多様化している。必ずしもこども食堂と名乗らない活動も出てきた。一方で「こども食堂ネットワーク」という，こども食堂同士の横のつながりも生まれている。今回はこども食堂の現場の様子を調査するため全国でも珍しい，空き家を活用したシェアハウスで開かれるこども食堂である「ことといこども食堂」へお邪魔させていただいた。

② 「市民の力でセーフティネットのほころびを修繕しよう！」

ことといこども食堂を運営している一般社団法人つくろい東京ファンド（以下，つくろい東京ファンドと言う）は，2014年6月に「市民の力でセーフティネットのほころびを修繕しよう！」を合言葉に，東京都内で生活困窮者の支援活動を行ってきた複数の団体のメンバーが集まり設立された組織だ。住居を喪失した生活困窮者の支援において，「まずは安定した住まいを提供することを最優先に行うべき」という考え方である「ハウジングファースト」を具現化するために，空き家・空き室活用による低所得者支援事業に取り組んでいる。つくろい東京ファンドの代表理事・稲葉剛さんは過去20年間，東京・新宿を中心に路上生活者や幅広い生活困窮者の相談・支援を行ってきた。社会活動家として知られる湯浅誠さんとともに2001年，自立生活サポートセンター・もやい（以下，もやいと言う）を設立し2014年まで理事長を務められている。今回はそんな稲葉さんに，つくろい東京ファンドの事業やことといこども食堂がスタートした経緯，運営面における課題などについてお聴きしてきた。

路上生活者やネットカフェ難民といった生活困窮者を支援する際に，住宅を確保するのは非常に大変だ。そういった方々が生活再建するために生活保護制度がある。しかし，役所に相談に来た生活困窮者を窓口で追い返す，いわゆる「水際作戦」が1990年代は頻発していた。近年は比較的役所の対応も改善されてきて，生活保護自体は受給できるようにはなってきている。だが福祉事務所が紹介する宿泊所の中には，居住環境や衛生環境が劣悪だったり宿泊費と食費という名目で生活保護費の大部分を徴収されてしまうという，いわゆる「貧困ビジネス」の施設も実は数多く含まれているという問題がある。さらに，全体

的に路上生活者は減ってはいるものの，なかには精神疾患や知的障がいを持っている方がかなりおり，そういった方々が施設の集団生活に馴染めずにまた路上に出て戻ってしまうというケースがたくさんある。こういった「東京のセーフティネットの穴」とでも言うべき状況をなんとかできないかと稲葉さんは考えていた。

③ ビルのオーナーから居室提供の申し出が

そんな中，もやいの活動を以前から知っていた中野区のビルのオーナーさんから，ビルの3階部分が空いているので困っている人のために使ってほしいというお話があり，オーナーの協力によりワンフロアを改修してシェルター事業をスタートさせた。それが2014年7月に開設された，住まいの無い生活困窮者のための個室シェルター「つくろいハウス」である。運営費の確保のためにクラウドファンディングも活用した。

つくろいハウスが新聞などいくつかのメディアに取り上げられ，そういった記事を見たオーナーから「私のところも空いています」と，お話をいただくなどして物件が増えていった。現在は中野区，新宿区，豊島区，墨田区の都内4区に23部屋の物件を確保している。オーナーからお話をいただいた物件もあれば，自分たちで不動産屋を回って法人契約できる物件を探したりもした。アパート一棟を借り上げているところもあれば，アパートの中の一，二室を借りているところもある。形態も物件によって違って，一時的な宿泊施設であるシェルター（3，4か月くらいで回転）だったり普通の賃貸だったり，物件の状況に応じて使い方を変えている。

④ 2016年3月「ことといこども食堂」がスタート

ことといこども食堂は，もともとファミリー世帯が暮らしていた物件を活用して東京の高家賃に悩む若者向けのシェアハウスで，月2回第2・第4木曜日に開催されている。まだ築10年くらいと比較的新しい物件だ。こちらの物件のご家庭が，お子さんの教育の都合上4年間だけ別の場所に住まないといけないということで，空き家になるこの間だけ使ってほしいとお話をいただいた。

どう活用しようか考えた時に，色々な人が出入りすると正直，物件が傷みや

すいことや戸建住宅であること，東京は家賃が高くて住まいの確保に苦労している若者が多いことを踏まえ，シェルターではなく20～30代の方向けのシェアハウスにしようということになった。現在3部屋全て満室だ。こちらの物件の特徴として広いキッチンスペースがあったので，何か活用できないかと考えた。調べてみると墨田区にはこども食堂が無かったということもあり，2016年3月からことといこども食堂をスタートさせた。ことといこども食堂へお邪魔させていただいた当日は，小学生らしき2人の男の子とお母さんと思われる女性が参加していた。とても元気におしゃべりをしながら食事をしていたのが印象的だった。

5　スタッフ，運営費，食材，利用者，PR

　スタッフは以前からもやいでまかないを手伝ったり，学校給食の調理の仕事をしていた碓氷さんである。メニューをどう決めているのか伺うと，最初は栄養バランスを考えて，野菜を大きめに切ったり，凝ったメニューを出していたが，食べられずに残されてしまうこともあったという。その後は月1でカレーにするなど，定番メニューを織り交ぜるようにしている。作るほうは栄養バランスが考えられたものを出したいが，ニーズとしては定番メニューというのが悩ましいところだ。この日のメニューは麻婆豆腐，青菜の炒め物，ミネストローネスープだった。

　運営費は，最初の1年間は生協のパルシステムの助成金を活用して冷蔵庫や食器などを購入した。今は特に助成金はもらっていない。

　食材は，「おてらおやつクラブ」という，ひとり親家庭へお菓子や果物，食品などを提供してくれる活動を利用するなどしている。当日も押上駅付近のお寺から果物をいただいたそうである。「果物は高価なのでとても喜ばれます」と稲葉さんはおっしゃった。他には知り合いの農家の方から野菜を送ってもらったりもするという。

　利用者は毎回2世帯くらいで，だいたい親子で来られる。

　PRについては，墨田区の福祉課の窓口や近隣の小学校，児童館にチラシを配布したり，ポスティングしたりしている。他にもこども食堂ネットワークに

入り，ウェブサイトや書籍などに情報掲載している。 （舟橋　拓）

【引用・参考文献】

・国民生活調査 子どもの貧困13.9％，12年ぶり改善『デジタル毎日』2017年 6 月27日
・子どもの貧困率，12年ぶり改善 主要36カ国で24位『朝日新聞デジタル』2017年 6 月27日
・「子ども食堂」全国に300カ所 開設急増，半数が無料『朝日新聞デジタル』2016年 7 月 1 日

【コラム③】 トーコーキッチンはリアルSNS

神奈川県相模原市

有限会社　東郊住宅社

1　トーコーキッチンへ行ってきた

　桜美林ガーデンヒルズへの調査の帰り，以前から注目していたJR横浜線・淵野辺駅から徒歩2分の場所にある「トーコーキッチン」へ行ってきた。といっても，トーコーキッチンは淵野辺駅周辺で賃貸住宅1,600室を管理している有限会社東郊住宅社（以下，東郊住宅社という）が，入居者サービスの一貫として運営している"入居者専用食堂"。そのことは知っていたので外観だけでも写真に撮ろうと思ったのだ。窓ガラスが大きくて中の様子がよくわかる。打ちっぱなしの壁や暖色の照明，おしゃれなデザインの内装。そう思って入り口ドア付近でしばらく立ち止まっていると，スタッフさんが扉を開けて「お茶でもどうぞ」と言ってくださった。お邪魔してお茶をごちそうになった。

2　学生の街，栄養バランスの整った安い食堂は入居者サービスの一貫

　トーコーキッチンのことは以前からインターネットで，地域密着型の"街の不動産屋さん"が直営する食堂であること，朝8時から夜8時まで毎日，朝食100円，昼食・夕食500円という格安価格で栄養バランスの良い食事を提供していることを知っていた。淵野辺駅周辺は青山学院大学，桜美林大学，麻布大学などが密集する学生の街であることから，安くて栄養がある食事ができる場所があることの意義は大きい。しかし，東郊住宅社の管理物件の入居者専用（厳密には，入居者とその家族や知人，物件オーナー，そして東郊住宅社の社員と協力関係業者が利用可）ということで，誰でも利用できるわけではない。

3　トーコーキッチンの仕掛け人・池田峰さん現わる

　しばしお茶をご馳走になっていると，トーコーキッチンの発案者でありプロデューサーである東郊住宅社取締役（当時）の池田峰さんとお会いできた。なんという偶然（！）と思いつつ，トーコーキッチンを始めた経緯や狙いを直接

伺った。

　トーコーキッチン誕生にいたった理由は大きく３つあると池田さんはおっしゃる。東郷住宅社では淵野辺駅周辺の賃貸住宅1,600室を管理していて，約3,000人の入居者がいる。東郷住宅社の管理物件の入居者は約６割が学生であることから，学生にとっても，またその親御さんにとっても食事付きの物件へのニーズがあることを普段の賃貸管理の業務を通して感じていたことが一つ目。すべての管理物件の資産価値を一気にアップさせる裏技を思案していたことが二つ目。これまでにも24時間緊急対応サービスや10年ほど前から「礼金・敷金ゼロ，退出時の修繕義務なし」といった取組を進めてきたが，それに続く東郷住宅社の柱となるサービスを模索していたことが三つ目。

　以上三つの賃貸管理業務の中から見えてきたニーズ，管理物件の資産価値をアップさせる方法，東郷住宅社の新たな柱となるサービス，これらを踏まえて2015年12月にトーコーキッチンはスタートした。

④ 「リアルSNS」としてのトーコーキッチン

　「食」は毎日のことで，生きる上で必要不可欠だ。それに加えて，他者とのコミュニケーションを促すツールにもなる。トーコーキッチンでは，池田さんが頻繁に顔を出して「味どう？」「部屋で困っていることはない？」と，利用者に話しかける（お話を伺ったこの日もひとりでふらっと定食を食べに来ていた男子学生と話していた）。そうすると利用者も自然と色々話すようになり何気ない会話が生まれる。そうやって関係性ができれば，いざ鍵を失くしてしまったときや，困った時に相談しやすくなる。

　池田さんとのお話の中で印象的だったのは，「トーコーキッチンの空間は『リアルSNS』」という言葉だ。トーコーキッチンは入居者や物件オーナーなど，限られた人だけがもっている専用のカードキーで入ることができる。利用者はトーコーキッチンという場を共有することで，なんとなくのつながりが生まれている。弱いつながりでも自然と顔見知りが増えていく空間は，まさにリアルSNSといえる。トーコーキッチンは学生だけでなく，シングルマザーや高齢者にも好評だ。食堂を媒介に多様な人たちがゆるやかに連帯する，そんな居心地

第Ⅱ部　福祉コミュニティの事例を読み解くと　**161**

写真Ⅱ-13　トーコーキッチンの風景

出所）筆者撮影
2016年度グッドデザイン・ベスト100および特別賞（地域づくり）を受賞したトーコーキッチン。

の良さがある。

（舟橋　拓）

多世代共生コミュニティを育む多摩版CCRC

東京都町田市

桜美林ガーデンヒルズ

① 「生涯活躍のまち（日本版CCRC）」構想

「CCRC」は，Continuing Care Retirement Communityの略で，高齢者が健康なうちから移り住み，継続的なケアや生活支援サービス等を受けながら生涯学習や社会活動等に参加するアメリカで普及している共同体のことだ。アメリカ全体で2,000か所，居住者約70万人，約３兆円という市場規模を誇っている（三菱総合研究所）。日本でも現在，地方創生の施策の一つとして「生涯活躍のまち（日本版CCRC）」構想の実現・普及に向けた取り組みがスタートしている。

「生涯活躍のまち」構想は入居する高齢者像が，従来の高齢者向け施設・住宅とは大きく違っている。第一に，要介護状態になってからの入所・入居ではなく健康な段階から入居するということ。第二に，一方的にサービスの受け手という存在ではなく，地域の仕事や生涯学習などにも参加する主体的な存在として位置付けられていること。第三に，高齢者だけの閉じた地域社会ではなく，地元住民や子ども・若者などとの交流や協働がある居住が基本となることである。

② 桜美林大学の敷地約7,300㎡に大学連携型CCRCがオープン

2017年４月，東京都町田市小山ヶ丘で全国初といわれる大学連携型CCRCがオープンした（タウンニュース町田版 2017年４月６日号）。桜美林大学のクラブハウスがかつてあった敷地約7,300㎡にサービス付き高齢者向け住宅（以下，サ高住という），学生向け住宅，一般向け住宅，デイサービス，訪問看護ステーション，レストラン，学生住民交流棟などからなる多世代，多機能住宅の空間が誕生した。

60歳以上から入居できるサ高住が60戸，桜美林大学の学生以外でも借りられる学生向け住宅が32戸，子育て世帯を想定した一般向け住宅が８戸，合計100

戸の住居が用意されている。事業主体は桜美林大学が100％出資している株式会社ナルドである。今回，2017年5月に桜美林ガーデンヒルズオープン記念ランチ付き見学会が開かれるとのことで参加してきた。

　見学会当日はあいにくの雨だったが，JR淵野辺駅からバスで10数分揺られ「見晴らしの丘」バス停で下車。かなり雨足が強いにもかかわらずバス停でスタッフさんが待っていてくださり，桜美林ガーデンヒルズの敷地内へ案内していただいた。

　まずはスタッフの方から桜美林ガーデンヒルズがつくられた経緯をご説明があった。桜美林ガーデンヒルズは，桜美林学園の理事長・学園長が以前からCCRCに興味があり，2014年頃から桜美林大学の敷地を活用して作ろうと計画されていた。2010年頃にアメリカのCCRCを見学に行くなど，日本におけるCCRCのあり方を調査していた。その中で自立型高齢者向け住宅「ゆいま～るシリーズ」を手掛ける株式会社コミュニティネット（以下，コミュニティネットという）とつながりができる。ちょうどこの時期，東京都による「一般住宅を併設したサービス付き高齢者向け住宅整備事業」の募集もあった。そこで，桜美林大学の子会社である株式会社ナルド（以下，ナルドという）を事業主体としてコミュニティネットによる協力のもと，CCRCをつくろうということで合意した。2014年10月27日に第1期事業者としてナルドとコミュニティネットが決定されると，その後「町田小山ヶ丘で暮らし続けるしくみをつくる会（以下，つくる会という）」が発足する。つくる会では大学，設計者，施工に携わる事業者のみならず，入居希望者，地域住民などが定期的に話し合い，多くの関係者の意見を取り入れながら日本初ともいわれる大学連携型CCRCの実現に向けて準備を進めた。

③　安心，学び，交流の多世代共生コミュニティ

　桜美林ガーデンヒルズの特徴といえばシニア，学生，ファミリーがともに暮らす「多世代共生コミュニティ」である。具体的には安心，学び，交流という3つの切り口から説明できる。

(1) 安 心

24時間365日スタッフ常駐，日中は看護師が常駐しており，日常のちょっとした困りごとや健康に関することなどを気軽に相談できる。室内には転倒やベッドからの転落などを感知する見守りセンサーを標準装備。また，同じ敷地内には訪問看護ステーションとデイサービスが併設（A棟1階）。近くには徒歩7分の場所にふれあい町田ホスピタルがあり，介護や医療が必要になっても継続してサポートを受けられる。

(2) 学 び

桜美林大学には多摩地域における教育・研究・文化振興の拠点として，多摩アカデミーヒルズという施設があり，各種講義やシンポジウムなどが定期的に開催されている。専用のシャトルバスが運行しており移動も便利。また，桜美林大学大学院には全国的にも珍しい老年学研究科がある。こちらの学科では日本で唯一，老年学の修士号・博士号を取得できる。

(3) 交 流

学生やファミリーが同じ敷地内で生活していることに加え，随所に多世代がゆるやかに交流を生み出すような仕掛けがある。緑豊かな敷地内にある菜園や

写真Ⅱ-14　桜美林ガーデンヒルズ内のレストラン

出所）筆者撮影
誰でも利用できる気軽に食事や喫茶ができるレストランは栄養満点な定食などメニューも豊富である。

花壇，一般客も利用可能なレストランなどは同じ空間で生活していることを実感させてくれるし，防火訓練やAED体験の他，交流イベントやサークル活動など今後企画されるとのことである。また，10分270円で学生にちょっとした仕事をお願いできたりもする。例えば部屋の掃除，買い物の付き添いなどである。

4 サ高住としての特徴

サ高住はバリアフリー構造だったり，一定の面積や設備を備えているというハード面の特徴に加え，ソフト面の特徴として「安否確認」と「生活支援サポート」という2つのサービスが挙げられる（サ高住の事業開発から開設までは，コミュニティネットが事業パートナーとして参画している）。まず安否確認はというと，各棟1階のエントランスに安否確認ボードが掲示されていて，入居者が自分で毎朝9時までにマグネットで印を付けてご自身の健康状態をスタッフに知らせるという仕組みになっている。自分で毎朝エントランスまで行って印をつけることで生活のリズムが生まれ，入居者同士が言葉を交わすきっかけにもなるという狙いがあるそうだ。

生活支援サポートについてはひとり入居で46,280円，2人入居で74,570円が月々かかる。これは生活支援サポートにかかる人件費，運営費，事務費，管理費などにあてるため必要な費用になる。この費用について高いと捉えるか賛否が分かれそうだが（当日一緒に参加した見学者の方はこの費用について気にされていた），シニアが安心して生活するための必要経費ということだと思う。

桜美林ガーデンヒルズのサ高住は，居室の広さが30㎡（29.37㎡）と50㎡（49.25㎡）の2つのタイプ，それぞれ間取りに3つと5つのバリエーションがある。30㎡タイプは主にお一人用，50㎡タイプはお二人で生活されるにも十分な広さだ。当日内見したのはC棟にある2LDKのお部屋（50㎡タイプ）。中央に浴室が設置されていること，個室は南側と北側に1室ずつ配置されているが引戸を開け放てば一体利用が可能なこと，インナーテラスであることなどが特徴だ。南向きで日当たり良好だが，このインナーテラス（ベランダがないため洗濯物は室内干し）は賛否が分かれそうに思う。

次に見学したのはD棟にある１Kのお部屋。キッチン，収納とも居室内にあるのが特徴だ。どの部屋もそうだが外廊下のため，部屋から廊下を歩く人が気になる，玄関から雨に濡れることがあるなど一見デメリットかと思うが，近隣住民とのコミュニケーションを誘発すること，部屋が明るくなりやすい，災害時に救難経路を確保しやすいなどメリットもたくさんある。

5 多世代共生コミュニティを育む

見学会にお邪魔したのは桜美林ガーデンヒルズがオープンして１か月ほどだったため，実際にどのような多世代交流コミュニティが生まれているのかはわからなかった。しかし，一般客も利用可能なレストラン，学生住民交流棟で今後随時開かれる交流イベント，10分270円の学生による御用聞き，住民向けのAEDや避難訓練など，多世代共生コミュニティを育むためのハード・ソフト両面のインフラは整っており，今後の展開が期待される。　　　　　（舟橋　拓）

【引用文献】

・地方創生のエンジン「日本版CCRC」の可能性（三菱総合研究所＞プラチナ社会研究会分科会からの提言）
・「桜美林ガーデンヒルズ」オープン（「タウンニュース町田版」2017年４月６日号）

第Ⅲ部

現代福祉コミュニティへのパースペクティブ
──福祉コミュニティをすすめるために

福祉コミュニティの組織化論
―現段階における到達点と課題―

和田　清美

1.　福祉コミュニティの今日的意義 ●●●

　第Ⅱ部の事例調査から，「福祉コミュニティ」の現在はどのように定義づけられえるのか。結論を言えば，「福祉コミュニティ」は，25年前の「構想」の段階から，「実態化」を経て，「深化」の段階にあるということである。言い換えれば，この間の「福祉コミュニティ」の到達点が，ここにある。

　25年前，奥田道大は，福祉コミュニティを，「共通の理解によれば，（1）「人」と「人」との基本的結びつき，（2）地域生活の新しい「質」を含んでいることは，確かである」とし，「そこでは，さまざま意味での異質・多様性を認め合って，相互に折り合いながら，自覚的に洗練された新しい共同生活の規範，様式をつくることが，求められる……福祉コミュニティの内実は，『洗練と成熟』にある」（奥田 1993：190）」と定義した。この定義は，最近ブームともなっている「多様性」や「共生」といったキーワードが含みこまれており，きわめて今日性がある。しかし，それ以上に，「コミュニティ（The Community）の定義と福祉コミュニティのそれとは，相互交替的」（奥田 1993：3），すなわち，「福祉コミュニティのあり方は，コミュニティ自体のあり方でもある。逆に言えば，福祉コミュニティの発想を欠くコミュニティは，コミュニティの内実に値しないことになる」（奥田，1993：ⅰ）との指摘こそ重要であり，筆者はここに今日的意義があると考える。

　現在国が進めている「地域共生社会」及び「我が事・丸ごと」政策の起点となる「誰もが支え合う地域の構築に向けた福祉サービスの実現―新たな時代に対応した福祉提供ビジョン」（2015年9月，以下「福祉の提供ビジョン」）の以下の文章は，奥田のこの福祉コミュニティ認識と重なる。

「いずれも『福祉』から発想するのではなく，『地域』から発想することが可能となる。このように，新しい地域包括支援体制は，地域をフィールドとした新しいまちづくりをめざすものである。」（9頁，下線は筆者）

「福祉サービスを総合的に提供する仕組みについては，既に各地において，様々なかたちの取組が行われている。その基本的理念は，いずれも，誰もが分け隔てなく支え合い，その人のニーズに応じた支援が受けられるという共生型社会の構築である。高齢者，障害者，児童，生活困窮者などが集まり，支援を受けながらできるだけその人らしい生き生きとした生活を継続するとともに，ときには支え手に回り，あるいはともに支え合うことが重要である。」（11頁，下線は筆者）

奥田は，こうした時代の到来を予見していたのであろうか。時代がようやく25年前の「福祉コミュニティ」の構想に追いついたとの思いを強くする。全体人口の減少と少子高齢化が重なる「都市成熟化時代」にある現在，改めて，「コミュニティ（The Community）の定義と福祉コミュニティのそれとは，相互交替的」との指摘こそは，今日的意義がある。

2. 福祉コミュニティの連続と新展開 ————————●●●

（1）福祉コミュニティの「深化」の実態

では，福祉コミュニティは，どのような「深化」の実態にあるのか。そこで，本書で取り上げた30の事例を，主要な活動の開始年順に年表化を試みた。図Ⅲ-1である。その結果，日本における福祉コミュニティの歴史と現状が浮き彫りとなった。それは，文字どおり，福祉コミュニティの「深化」の実態—連続と新展開—を示しているというのが，研究会メンバーの一致した意見である。では，具体的に見ていくこととしよう。

① 福祉コミュニティの前史—「セツルメント活動」からの展開

最も古い活動としては，日本の地域福祉の源流とも言われている「セツルメント活動」の一群である。本書では，第二次世界大戦前の1919年活動開始の「興望館」（東京都墨田区），1934年活動開始の「第一善隣館」（石川県金沢市），戦

後の1951年活動開始の，戦前の東京帝大セツルメント運動を系譜にもつ「セツルメント診療所」を取り上げた。筆者は，前著の調査において，「興望館」と「善隣館」を訪問し，その歴史と継続的活動に知り，福祉コミュニティの真髄にふれた。その後，わが国の大学セツルメント運動である「東大セツルメント運動」の戦後的展開ともいうべき「東大亀有セツルメント診療所」を調査する機会を得たことから，福祉コミュニティ形成における「セツルメント運動」の役割を教示された（和田 2003）。

　数年後には設立から100年，85年，70年という節目を迎えることとなり，その持続的活動は驚嘆に値する。また，少子高齢化社会の到来とともに，その存在が改めて評価されている。それぞれ社会福祉法人や医療法人財団の組織形態をとっているが，地域に根差し，地域に支えられている点は共通であり，地域の変化に対応した地域福祉・医療施設の運営に努力を重ねてきている。その根幹に「セツルメント」の理念があり，これがさまざまな困難を抱えつつも，現在まで活動が維持されていることの理由がここにある。

② 福祉コミュニティの起点―1960・70年代の住民運動，コミュニティ形成・
　　まちづくり運動

　第二は，前著において調査の起点に置かれた1960・70年代の住民運動やコミュニティ形成・まちづくり運動の系譜をもつ一群である。本書では，日本の「障害者運動」の先駆けであるゆたか福祉会の「みなみリサイクル作業所」や障害児自主訓練会の「さくらんぼ会」，「住民運動」から「コミュニティ形成・まちづくり運動」へと展開をみた「神戸市丸山地区住民自治協議会」，高齢者支援に主眼を置いた地域防災・福祉活動の先駆けとして知られる「京都市春日住民福祉協議会」の事例がこれにあたる。

　いずれの団体も，コミュニティ形成・まちづくりの長い運動・活動歴をもち，傑出したリーダーが切り開いた活動を，「地域の変化」に対応させながら運営体制を工夫して展開していた。と同時に，いずれの事例も，それぞれの分野で常に，そして現在も先頭を走っていることに，その存在の重さを読みとることができる。奥田が，1960・70年代の住民運動，コミュニティ形成・まちづくり

運動を福祉コミュニティの起点に置いたことの意味を再確認する。あらためて「運動」「活動」の蓄積の重みを知ることになった。

③ 福祉コミュニティの構想へ──1980・90年代福祉ボランティア活動の新展開

　第三は，前著において調査の主軸におかれた，1980年代後半以降新たな福祉課題として登場する「家事援助・生活サービス」（高齢者，障害者）などの住民参加型在宅福祉活動や「外国人，女性，子ども支援」などを始めとする福祉ボランティア活動の一連の取り組みである。

　1985年立ち上げの「グループ助け合い」は家事援助サービスから始まり，介護保険法施行以降はNPO法人を取得し高齢者介護を中心に事業を展開している。「すずの会」は高齢者の介護・生活支援を中心としつつ，現在では多世代交流へとその活動を拡げている。1982年立ち上げの「町田ハンディキャブ友の会」は2000年11月にNPO法人の認証を受け，障害者・高齢者の移動支援ボランティア活動を持続的に取り組み，1983年立ち上げの「はぐるまの会」は，障害者の生活と雇用支援から始まり，事例報告に示されるように現在では農福連携という事業展開が試みられている。「外国人支援」活動では，1980年代後半団塊状に増加した外国人流入を背景に，1986年日本キリスト教矯風会が設立100周年事業として立ち上げた外国人・女性のためのシェルターの「ヘルプ」の事例，社会福祉法人青丘社が1988年に立ち上げた在日朝鮮・韓国人の拠点としての「ふれあい館」の事例が紹介されている。両事例ともに，現代では多様な国籍をもち外国人の支援の拠点として機能している。また，1990年代後半以降政策課題として登場する「少子化支援」への先取りとも言える事例として，唐松町会（後にNPO法人化）の「自主学童保育」があり，社会福祉法人「江東園」は養老院開設から無認可保育所の開設をへて，1987年高齢者施設と保育施設の合築をはたし，以来世代間交流を実践している。80年代段階ではボランティア団体であったものが，NPO法施行後，NPO法人を取得する事例も中にはある。

　こうした多様な福祉ボランティア，住民活動を背景として，「福祉コミュニティ」が構想されたのであった。

④ 福祉コミュニティの実態化─2000年代の新たな福祉課題の登場と制度化

2000年の「介護保険法」の施行，2004年の「高齢者住まい法」の制定など，高齢者をめぐる諸制度の制度化が進む（和田 2003）。その背景には，1990年代後半から2000年代の高齢者をめぐるさまざま問題の顕在化がある。その一つに「孤独死」問題がある。「孤独死」は，2000年代になって社会問題化する。2005年9月に放送されたNHKスペシャル「一人団地の一室で」は大きな反響を呼び，「孤独死」対策が取り組まれるようになっていく。「見守り」活動や「訪問」活動は，災害時の地域支援システムの構築と連動して全国的に拡がっていく。2004年の松戸市常盤平団地の「孤独死ゼロ作戦」の取り組みが夙に知られている。本書で取り上げた立川市の「大山自治会」では，1999年から孤独死対策・見守り活動が取り組まれ，その他多様な活動を展開していることは事例に詳しい。

高齢者の「孤独死」の顕在化を契機に，「社会的孤立」や「無縁」を解消するための「コミュニティカフェ」や「サロン」活動，「居場所づくり」の取り組みが展開するようになる。本書では，地域の住民の交流を目的とした「コミュニティカフェ」の事例としてNPO法人グラスかわさきの「メゾンドカフェ」や，子どもの「居場所」提供の事例として東京都世田谷区の「岡さんのいえTOMO」を紹介している。

また，2000年代に入って活発化するのが，地域の安心・安全活動である。本書では，防災活動としては台東区柳橋町会の「防災団」の事例，防犯活動としては「武蔵野わんわんパトロール隊」を紹介した。前掲の「大山自治会」においては，「防災活動」や「防犯活動」も活発である。このように地域の安心・安全活動の担い手は，町会・自治会といった地縁組織や犬の散歩をする集まりであるサークルのような任意団体など，実に多様になっていることがわかる（和田 2012）

また，「住宅基本法」（2006）や「住宅セーフティネット法」（2007）の制定により，あらためて「住まい」の重要性が再認識されるようになる。本書では，外国人を対象とした居住支援活動を行っている「外国人住まいサポートセン

ター」や，新しい住まいづくりを目指した「コレクティブハウスかんかん森」の事例を紹介した。「住まい」は住宅の問題だけでなく，住宅を取り巻く「環境」「まちづくり」の問題も含む。この視点から，本書では，公園管理やまちづくり活動を行っている「エヌピオーフュージョン長池」を紹介した。

このように，1990年代の転換期を経て，「福祉コミュニティ」は，2000年代これを取り巻く「制度化」を含めた「実態化」の段階に入っていく。

⑤ 福祉コミュニティの深化─2010年代の多様な組織の参入と新展開

2010年代に入ると，「住まい」について言えば，空き家活用やサービス付き高齢者住宅が頻繁に取り上げられるようになる。空き家活用は，「住宅セーフティネット法」の2017年の改正において明記されることになる。また，「サービス付き高齢者住宅」については，「高齢者住まい法」の改正により創設される。また，高齢者については，超高齢化の進展を背景とする「認知症」や「成年後見」の問題が，社会問題として深刻化する。また，待機児童問題や子どもの貧困問題が深刻化し，子どもの支援問題が急浮上するのも，2010年代に入っての問題である。障害者については「障害者総合支援法」が制定され，「障害者雇用」が政策課題として登場するなど，2010年代は，こうした新たな社会的課題への取り組みが始まっていく。

本書では，空き家・空き店舗活用の事例として，「株式会社まちづくりクリエィティブ」のまちづくり活動，商店街の空き店舗の活用から始まった「染井銀座商店街」の福祉のまちづくり活動，NPOワップフィルムの「キネマフューチャーセンター」は，大田区蒲田キネマ通り商店街の旧空き店舗を活用して拠点を置いている。また，「こととい子ども食堂」は，家主からの建物活用の申し出により始まった事業である。「桜美林ガーデンヒルズ」は，「サービス付高齢者住宅」を核に大学がまちづくり開発を行った事例である。

以上のように，2010年代顕在化する，全体人口の減少と少子化，超高齢化が生み出した社会的課題への最先端の取り組みを，本書では紹介している。

（2）「福祉コミュニティ」の現段階における到達点

以上のように，「福祉コミュニティ」は，第二次世界大戦前・後のセツルメ

174

図Ⅲ-1　調査団体の主要活動年数

【施設名・団体名】	【本書で取り上げた活動】	【活動開始年から現在】						
		1910~1945	1945~70年代	1980年代	1990年代	2000年代	2010	現在
①社会福祉法人　興望館	セツルメント活動，保育園1919~							
②社会福祉法人　第一善隣館	セツルメント活動，保育園1934~							
③医療法人財団　ひこばえ会	セツルメント活動，医療，1951~							
⑤神戸市丸山地区住民自治協議会	コミュニティ形成1965~							
④社会福祉法人　ゆたか福祉会	障害者雇用1969~							
⑥自主訓練会　さくらんぼ会	障害児訓練1973~							
⑦京都市春日住民福祉協議会	寝たきり・単身高齢者支援1973~							
⑧NPO法人　ハンディキャプ友の会	障害者・高齢者移動支援1982~							
⑨社会福祉法人　はぐるまの会	障害者雇用1983~							
⑩NPO法人　グループたすけあい	生活支援（介護）1985~							
⑪公益財団　日本キリスト教婦人矯風会「ヘルプ」	女性・外国人支援1986~							
⑫唐松町会・NPO法人　からまつ	学童保育1987~							
⑬社会福祉法人　江東園	保育園　1987~							
⑭社会福祉法人　青丘社「ふれあい館」	外国人支援1988~							
⑮すずの会	生活支援（介護）1995~							
⑯大山自治会	孤独死，見守り活動，1999~							
⑰NPO法人　外国人住まいサポートセンター	外国人居住支援2001~							
⑱武蔵野わんわんパトロール隊	地域防犯活動2005~							
⑲NPO法人　エヌピーオフュージョン長池	公園管理・まちづくり2006~							
⑳コレクティブハウス　かんかん森	住まい・コミュニティ形成2006~							
㉑岡さんのいえ　TOMO	居場所づくり2007~							
㉒台東区柳橋町会	防災団（防火・防犯）2009~							
㉓株式会社　まちづくりクリエイティブ	空き家活用・まちづくり2010~							
㉔染井銀座商店街	障害者アートのまちづくり2010~							
㉕NPO法人　よこはま成年後見つばさ	成年後見2011~							
㉖NPO法人　グラスかわさき	カフェ，障害者雇用2012~							
㉗NPO法人　町田市つながりの開	認知症支援2012~							
㉘NPO法人　ワップフィルム	こども食堂・居場所2013~							
㉙ことといこども食堂	こども食堂2016~							
㉚桜美林ガーデンヒルズ	多摩版CCRC〈さ高住＋大学〉2017~							
【コラム】有限会社　東郷住宅社	居住者専用食堂2015~							
【コラム】&TMUみなみおおさまカフェ	コミュニティカフェ（域学連携）2016~							
【コラム】台北市吉慶社区発展協会	台湾の地域福祉活動2005~							

＊上記の年は，本書で取り上げた主たる活動の開始年である。

ント活動を前史として，1960年代・70年代の住民運動，コミュニティ形成・ま
ちづくり運動を起点に，1980・90年代の住民の自発的な地域福祉活動の多様化
と拡がりを根拠として「構想」された。深刻化する少子高齢化を背景とする
1990年代の転換期を経て，2000年代に入り，「福祉コミュニティ」は実態化し，
2010年代の現在は「深化」の段階にあると言えよう。つまり，2017年現在の「福
祉コミュニティ」の内実は，上述のような系譜をもつ福祉コミュニティ活動の
持続的展開と，2000年代に入っての新たな活動が出揃っているところにある。

　筆者は，ここに現段階における日本の「福祉コミュニティ」の到達点＝深化
の実態を見出す。あらためて，「コミュニティ」と「福祉コミュニティ」は相
互交代的概念であることを主張したい。つまり，「福祉コミュニティ」は，「コ
ミュニティ」の洗練と成熟した状態を指し，「福祉コミュニティ」の課題と「コ
ミュニティ」の課題が重なる状態がより深まっている段階が現在であると言え
る。

3. 福祉コミュティを支える組織，人，施設・装置・情報 ─●●●

　前述の福祉コミュニティの「深化」の実態を踏まえて，以下では，福祉コミュ
ニティの組織化について，福祉コミュニティを支える組織，人，施設・装置・
情報の視点から論じたい。

（1）福祉コミュニティを支える「組織」

　まず，福祉コミュニティを支える組織について，筆者は次のような整理を試
みた。それは，①コミュニティ形成・まちづくり系，②ボランティア・NPO
系（地縁型NPO含む），③セツルメント系（＝地域福祉施設系），④民間支援
団体・事業系（社会福祉法人，大学法人，株式会社，有限会社等）である。こ
のような多様な組織形態によって担われているのが，「福祉コミュニティ」の
担う組織の実態である。これをひとまず「多元参加型福祉コミュニティ」と呼
んでおこう。では，以下，具体的にみていくこととしよう。

① コミュニティ形成・まちづくり系

　「コミュニティ形成・まちづくり系」とは，地縁＝地域を基盤とする組織形

態を指し，本書では，住民協議会，町内会・自治会，商店街などを取り上げ，具体的には，丸山地区住民自治協議会，春日住民福祉協議会，大山自治会，柳橋町会，染井銀座商店街の5つを事例として取り上げている。

　しかし，それぞれの組織の成り立ちや展開をみると，単に地縁を組織原理とするのではなく，地域の課題に主体的に取り組んでいるところに特徴がある。このことがいわゆる「町内会体制」と異なっている点である（奥田，1993）。前掲の年表を，組織の設立年ではなく，本書で取り上げた主たる活動の開始年から作成した理由が，ここにある。つまり，福祉コミュニティの内実にふれる主体的な住民活動の開始年としている。例えば，丸山地区住民自治協議会は，組織の前身である丸山防犯協力会が1949年に設立されているが，コミュニティ形成運動に展開する契機となった住民運動に取り組むようになったのは，「丸山文化防犯振興会」として新たな組織として設立されて以降のことである。それ故，この1965年を，活動開始年として年表に表示している。これは，奥田の言うように，「コミュニティ」の洗練と成熟した段階であり，これこそ福祉コミュニティの内実として捉えることができる。この点は，春日住民福祉協議会や大山自治会，柳橋町会，染井銀座商店街も同様である。とくに，春日住民福祉協議会，大山自治会については，丸山学区住民自治協議会と同様に，組織の再編，役員体制の刷新などを含んでいる。

② ボランティア・NPO法人系

　第二は，「ボランティア・NPO法人系」である。すでに総論で紹介したように，NPO法人は，2017年7月末現在，51,704（認定法人数1026含む）に達するまでに定着化している。2011年には，所轄庁による認定制度の創設や仮認定（2017年度より特例認定）の内容をもつ法改正がなされている。本書で取り上げた30事例のうち，9事例はNPO法人を取得している。このうちNPO法制定以前に設立された団体でNPO法人を取得したのは3団体で，それを除く団体は，NPO法制定以後設立された団体である。一方，任意のボランティア団体が6団体あることも注目しておきたい。この中には，あえてNPO法人を取得しない選択をしている団体もある。なお，NPO法人の事務手続きの煩雑さや管理

の面などの問題については、第Ⅳ部の平松論文がくわしいので参考にされたい。

ところで、近年筆者は、「地縁型NPO」の概念を提起している。これは、地縁＝地域に根差したNPO（法人）を指している（和田 2014）。この存在形態は、町内会・自治会を母体とするもの、特定地域の住民によって結成されるものがあるが、ともに地域に根差していることは共通している。前掲の「春日住民福祉協議会」では、まちづくりを活動目的とした「NPO法人春日住民福祉協議会」を立ち上げている。また、「NPO法人からまつ」は、「唐松町会」が運営していた自主学童保育を継続させるために、NPO法人を取得した経緯がある。町会・自治会を母体とするNPO法人の設立は、町内会・自治会の進化系ともいえる組織形態とも言えるのではないだろうか。

③ 社会福祉法人系（セツルメント系含む）

第三は、いわゆる社会福祉法人系である。この中には、先に福祉コミュニティの前史として区分した「セツルメント系」（地域福祉施設系）の「興望館」と「第一善隣館」を含んでいる。両施設は第二次世界大戦後、保育園事業を主たる事業として社会福祉法人を取得し、現在に至っている。

また、「ゆたか福祉会」及び「はぐるまの会」が障害系、「江東園」は高齢及保育系、「青丘社」はもともと保育園事業を目的に設立され、その後多様な活動を展開していることは事例報告にくわしい。これらの組織はいずれも1980年代までに設立されている。事例に示されているようにいずれの団体も、社会福祉法人として組織基盤が整い、多様な事業展開がみられ発展・拡大している団体である。

④ 民間事業系（財団法人、大学法人、株式会社、有限会社等）

最後に、前述の社会福祉法人を除くその他の法人として、「セツルメント診療所」を運営する「医療法人財団ひこばえ会」や「ヘルプ」を運営する「公益財団日本キリスト教婦人矯風会」がある。また、近年の特徴としてコラムで紹介した「南おおさまカフェ」や「桜美林ガーデンヒルズ」は、大学が参入している事例である。民間の事業所の参入としては、MAD Cityのまちづくりエイティブは「株式会社」であり、コラムで取り上げた「トーコーキッチン」の運

営は「有限会社」であった。

　このように福祉コミュニティの現在は，実に多様な組織形態をもつ団体によって担われているのである。とりわけ，「大学」や「株式会社」「有限会社」などの民間事業所の参入は，これまでの「地縁系」と「テーマ系」という二元的に把握されていた福祉コミュニティ組織化論は実態からずれていると判断せざるを得ない。ここから筆者は，多元論的参加の視点からの「福祉コミュニティ」の組織化を提案したい。

（2）福祉コミュニティを支える「人」

　次に，今回の事例調査を，福祉コミュニティ・リーダーの視点から見ると，どのようなことが言えるのか。前著で奥田は，コミュニティ形成・まちづくり運動，地域活動のリーダーには，魅力あるパーソナリティをもつ象徴的リーダーの面と，調整能力をもつ調整型リーダー，いわゆるコーディネーター型リーダーあるいはコミュニティ・オルガナイザーとしての面を併せもっていること，また，調整型リーダーの周辺には，それぞれの部分役割を担うサブ・リーダーが複層していることを指摘した（奥田 1993）。今回の事例では，丸山地区住民自治協議会の今井仙三さんや春日住民福祉協議会の高瀬博章さんは，すでに故人となっているが，両者ともにコミュニティ形成・まちづくり運動，地域活動の「カリスマ的リーダー」として知られる。今回丸山地区住民自治協議会や春日住民福祉協議会の訪問の折，筆者らを迎えてくれたのは，両団体ともに会長，副会長といった複数の執行部であった。彼らは，前掲のカリスマ的リーダーの薫陶を受けたかつてのサブ・リーダーたちであり，前リーダーが切り開いた事業を引き継ぎ，分業体制で事業をつつがなく執行し継続しているところに共通性がある。彼らは調整能力に長けており，事例報告にあるように新たな事業を興してもいる。ここから筆者は，「象徴的リーダー」から「調整型リーダー」への全面的移行を読み取った。

　その一方，今回の調査では，「カリスマ的リーダー」に何人も出会った。例えば，「NPO法人グループ助け合い」の清水会長，「自主訓練会さくらんぼ」の辻会長，「大山自治会」の佐藤前会長，「染井銀座商店街」の高埜元会長，な

ど，象徴性と調整能力をもち，周辺にはサブ・リーダーたちがしっかりと活動を支えていた。もちろん，こうした「カリスマ的リーダー」は，2000年以降にNPO法人や事業を立ち上げたリーダー，とくに30代・40代の世代の中にも存在する。

　しかし，現代の「カリスマ的リーダー」には，奥田にいう「象徴性」と「調整能力」に加えて，「ビジネス感覚」と「ミッション性」が共通に備わっており，新しい事業を次々と生み出す能力を合わせもっているところに特徴がある。これを，「プロデューサー型リーダー」とも表現しておこう。例えば，「大山自治会」の佐藤元会長は，「市能工商」を自治会活動の基本としているという。「市」とは，行政に依存するのではなく，市民が主人公であること。「能」とは，市民の能力の活用すること。そのために「人材バンク」をリスト化している。「工」とは，自分たちの知恵と工夫で解決すること，「商」とは，コミュニティビジネスを作り出し，自主財源をつくること（佐藤 2012）。詳しくは事例報告をお読みいただきたいが，佐藤元会長の魅力ある人柄と，こうしたビジネス感覚をもつ「発想」の豊かさに，現代のコミュニティ・リーダー像を見た。まさに彼女は，さまざまな人，資源，情報をつなぎ，新たな事業やイベントを産み出すプロデューサー型リーダーと言うことができよう。

　最後に，担い手の高齢化の問題，担い手不足の問題を指摘しておきたい。筆者の研究室で実施した「町内会・自治会リーダー・アンケート調査」（東京都墨田区，世田谷区，八王子市の町内会・自治会554団体，回収率：62.2％ 2008年11月実施）及び「NPO・ボランティア団体リーダー・アンケート調査」（東京都西東京市93団体，回収率：46.0％，2012年7〜9月実施）の結果によると，町内会・自治会会長の平均年齢は68.6歳，NPO・ボランティア団体の代表者の年齢は70歳代と60歳代で全体の60％を占めており，参加メンバーについても60代を中心とする高齢世代で構成されており，40歳代以下の中・若年世代の参加は少数となっていた。それ故，両組織共に，課題は，メンバーの固定化や高齢化，若者の人材確保があげられている（和田編 2009, 2013）。このことは，先述の「組織」において指摘したとおり，地縁型組織とテーマ型組織の二元的コミュニティ組

織化論では限界があることを示している。この二つの既成の組織枠組ではない多元的なコミュニティの組織化論＝多元参加型福祉コミュニティの構築が必要となる。

（3）福祉コミュニティを支える「施設・装置・情報」

　前著において奥田は，福祉コミュニティを支える「施設・装置」として，出張所➡コミュニティセンター➡まちづくりセンターへのモデル・シフトを述べた（奥田 1993, 199)。しかし，現代の施設・装置は，先述の多様な組織形態をもつ団体の参加による「多元参加型コミュニティ」に対応するように，コミュニティセンターを始めとして町会事務所，自治会館，保育園，病院，福祉作業所，カフェ，食堂，大学，公園，空き家，個人宅など，それが公的施設であれ，民間施設であれ，実に多様になっている。この中には，「武蔵野わんわんパトロール隊」や「染井銀座商店街」の事例のように，単体の施設・建物を超えた拡がりのある空間＝街を活動拠点としている。このような福祉コミュニティを支える施設・装置の新しい動向は，施設・装置のもつ「たまり場」「居場所」という「場所」の意味を再確認させる。と同時に，孤立している「個人」や「グループ・サークル」の「つながり」の結節点であり，情報の発信を含めたメディアとなっており，施設・装置それ自他が，コミュニティ組織化の役割・機能を果たしているのである。

　これまでに何回となくふれているように，「空き家」の活用は近年の特徴である。本書第Ⅳ部舟橋論文は，空き家活用の動向について詳<ruby>詳<rt>くわ</rt></ruby>しいので参照されたいが，本書で紹介した「株式会社まちづくりエイティブ」の事例は，単体の空き家の活用から，まちづくりまで拡<ruby>拡<rt>ひろ</rt></ruby>がりをもつ活動へと展開しているのは実に興味深い。また，空き家を含む個人宅の活用では，一般財団法人世田谷トラストまちづくりが推進している「地域共生のいえ」事業がよく知れている。この事業は，区内にある自己所有の家・建物を活かして，地域の公益的かつ非営利なまちづくり活動を支える場をつくろうと考えているオーナーを支援する事業である。本書で紹介した「岡さんのいえTOMO」をはじめ，区内には合計21の「地域共生のいえ」がオープンしている（2017年3月現在)。いえの名称

はさまざま，活動内容もさまざまである。例えば，子育て支援の場，子どもたちの居場所，高齢者や障害者の暮らしを支える場，地域の人たちの交流の場，まちづくりを支援する場など，実に多様である。このような活動拠点や居場所が，区内に点在しているところに面白さがある。ここにも，多元参加型福祉コミュニティの実態が読み取れる。

ところで，今回の調査では，こうした人々の「居場所」としての機能や「つながりの創出」の機能に加えて，川崎市桜本の「ふれあい館」の事例や「神奈川外国人すまいセンター」の事例から，住民にとって身近な「福祉相談窓口」として機能していることを教えられた。川崎市桜本の「ふれあい館」は，社会教育施設としての「川崎市ふれあい館」と児童館としての「子供文化施設」からなる統合施設である。子どもから大人までが利用する施設であり，居場所として機能しているが，同時に施設利用者が抱える問題の発見と解決に向けた活動も行っている。例えば，現在付帯事業として実施されて「翻訳・通訳事業」は，生活保護や就学支援の申請書類を書けない外国籍住民の存在の「気づき」から始まり，制度の説明，申請書類の記入，申請同行まで行っているという。職員にとってこのような活動は本館の業務外の活動とも言えるが，こうした「気づき」の実践から始まった付帯事業が「ふれあい館」にはいくつもある。インタビューからは，業務外からと言って「放ってはおけない」と言う。それは，外国人すまいセンターの事例も同様である。事例報告に詳しいが，「かながわ外国人すまいサポートセンター」では，訪れる外国人の相談内容は「すまい」の問題だけでなく，「生活全般」にわたっておりその課題に応えることが役割だという。住民に最も身近なコミュニティ施設は，福祉の最前線の施設でもあることを証左している。現在厚労省が進めようとしている住民な身近な圏域での「包括的相談支援体制」の実践がここにある。

4. 福祉コミュニティを支える「公」と「私」———●●●

すでに前節において，福祉コミュニティを支える「公」と「私」の連携・協働の問題について踏み込んでいるが，以下，この点について述べることにした

い。前著（2003）は，2000年の介護保険法の施行と「社会福祉法」（旧社会事業法）の改定に伴う市区町村ならびに都道府県の地域福祉計画の策定という制度化を背景として刊行された。今回の刊行においても，「社会福祉法」の一部改正が盛り込まれた「地域包括ケアシステムの強化のための介護保険等の一部を改正する法律」（通称「地域包括ケアシステム強化法」）が，2017年6月公布されたことと無縁ではない。

　では，ここに至る経過をみていくこととしよう。その出発点は，総論でふれた2015年9月の「福祉の提供ビジョン」にある。ここでは，包括的な相談支援体制づくりや高齢・障害・児童への総合的な支援の提供といった新しい地域包括支援体制の確立を目指すとの方針が示された。これを受け，翌2016年6月2日の「ニッポン一億総活躍プラン」において「地域共生社会」の理念，すなわち「子供・高齢者・障害者など全ての人々が地域，暮らし，生きがいを共に創り，高め合うことができる『地域共生社会』を実現する。このため，支え手側と受け手側に分かれるのではなく，地域のあらゆる住民が役割を持ち，支え合いながら，自分らしく活躍できる地域コミュニティを育成し，福祉などの地域の公的サービスと協働して助け合いながら仕組みを構築する」（4－（4）下線は筆者）が打ち出されたのである。具体的な施策として，小中学校区等の住民の身近な圏域で，住民が主体的に地域課題を把握し，解決するための体制づくり，市町村における相互的な支援体制づくり，等が盛り込まれた。

　この提言を受け，同年7月に「我が事・丸ごと」地域共生社会実現本部が設置され，同年12月には地域力検討部会による中間とりまとめ「地域における住民主体の課題解決強化・相談支援体制の在り方に関する検討会」が公表され，にわかに具体性をもった内容が示されることになる。この中間とりまとめのポイントは，第一に，「我が事・丸ごと」の地域福祉推進の理念の規定―地域福祉の推進の理念として，支援を必要とする住民（世帯）が抱える多様で複合的な生活課題について，住民や福祉関係者による①把握及び②関係機関との連携等による解決が図られることの明記―である。第二は，この理念を実現するため，市町村が包括的支援づくりに努める旨の明記―①地域住民の地域福祉課題

への参加を促進するための環境整備，②住民の身近な圏域において，分野を超えて地域生活課題について総合的に相談に応じ，関係機関と連絡調整等を行う体制，③主に市町村圏域において，生活困窮者自立相談支援機関等の関係機関が協働して，複合化した地域生活課題を解決するための体制―である。第三は，地域福祉計画の充実についてであり，①市町村の策定努力，②福祉の各分野における共通事項を定め，上位計画としての位置づけである（厚労省地域力検討部会 2016）。また，H29年度の事業として，「地域力強化推進事業」及び「他機関協働による支援体制構築事業」の2つが盛り込まれているが，これを通じて目指すべきものは，「福祉等の分野の枠を超えて地域の各分野が共に連携することにより，地域のさまざまな資源を最大限生かし，さらに人と人とのつながりを再構築することで，住民を主体とした豊かな地域づくりを実現すること」としている。

この中間とりまとめを踏まえた「社会福祉法」の一部改正を盛り込んだ「地域包括ケアシステムの強化のための介護保険等の一部を改正する法律案」（通称「地域包括ケアシステム強化法」）が，2017年2月の通常国会に提出され，5月26日可決，6月2日公布された。「社会福祉法の一部改正」をみると，第一は，生計困難者に対する介護医療院の利用事業の第二種社会福祉事業への追加（第3条関係），第二は，地域共生社会（我が事・丸ごと）の実現に向けた理念の明記（①複合的な地域生活課題の把握及び②関係機関との連携）（第4条関係），第三は，市町村による包括的支援体制づくの明記（①地域住民の参加促進のための基盤整備及び②包括的支援体制の整備）（106条の3関係），第四は，市町村及び都道府県による地域福祉計画並びに支援計画の策定努力及び共通して取り組む事項を定める（107条及び108条関係），その他となっている。

以上のように，地域力強化検討会の取りまとめに対応して「社会福祉法」が改正されたことがわかる。これにより，「我が事・丸ごと」の地域づくりを推進する体制づくりは市町村の役割とされ，市町村による地域住民と行政との協働による包括的支援体制づくりが進められることが明確になったのである。

5. 福祉コミュニティを支える「社会福祉協議会」────●●●

　社会福祉協議会は，2000年制定の「社会福祉法」において，地域福祉を推進する中心的団体として明確に位置づけられ，市区町村自治体が策定する「地域福祉計画」に協力するとともに，市区町村社会福祉協議会は「地域福祉活動計画」を策定することになったことは周知のとおりである。

　前掲の「地域力強化検討会」の中間とりまとめにおいても，社会福祉法人等の役割の記述において，「地域住民，福祉以外の分野に関わる団体や企業の幅広い活動につなげていくために，社会福祉協議会の役割は重要である。特に，ボランティアセンターは，ボランティアを通じたまちづくりのためのプラットホームとなる「まちづくりボランティアセンター」(仮称) の設置」との指摘が見られる。

　しかし，これ以上に注目されるには，「住民に身近な圏域」における①住民の主体的な課題の把握と解決する体制づくりと②それを支援する体制づくりにおける市区町村社会福祉協議会の役割についてである。とりわけ，後者②の機能として，第一は他人事を「我が事」に変えていくような働きかけをする機能 (ソーシャルワーク)，第二は「丸ごと」の相談を受け止める場の設置において，「地区社会福祉協議会」ならびに「市区町村社会福祉協議会の地区担当 (コミュニティ・ソーシャル・ワーカー)」の役割が明示されていることである。後者の「市区町村社会福祉協議会の地区担当(コミュニティ・ソーシャル・ワーカー)」は，前掲の「他人事を『我が事』に変えていくような働きかけをする機能 (ソーシャルワーク)」に関わって，極めて重要である。

　中間とりまとめにおいて「丸ごと」を受け止める場の例として紹介されている豊中市では，「市の福祉計画に基づき小学校区ごとに設置した『校区委員会(地域住民が活動の中心)』において『福祉相談窓口』(市委託事業) を設置し，ごみ屋敷など，把握した課題を地域住民とともに解決を図る。社会福祉協議会(生活困窮者自立支援制度の自立相談支援の委託設ける) のCSW (市内７圏域に２名づつ配置) が，ワンストップで専門的観点からサポート。公私協働を支え，

さらに解決の仕組みづくりを行う」（地域力強化検討会 2016, 22）。筆者は，豊中市社会福祉協議会に訪問しお話を伺う中で，「校区委員会」が1974年から住民主体の福祉活動を展開してきたこと，阪神淡路大震災の翌年の1996年から社協が小地域ネットワーク活動を進めてきた長い歴史があることを知った。2003年には地域福祉計画を市と協働で作成し，同年福祉相談窓口（各校区）を設置し，CSWを配置し，現在に至っているという。

　また，東京都社会福祉協議会では，2010年より「地域福祉コーディネーター養成等検討委員会」が設置され，研修と同時に区市町村において配置が始まっていく。検討委員会の定義によれば，地域福祉コーディネーターとは，「『住民生活に密着し，最初のサービスの配置，組織され，制度的サービスとインフォーマルサービス活動が協働する地域福祉圏域で，住民主体の地域福祉活動を推進する専門職であるコミュニティワーカー』」と整理し，その役割を①個別支援，②地域の生活支援システムづくり（現在は地区社協づくり等の基盤づくりを加えた），③地域で解決しえない問題を解決していく仕組みづくりの3つとした」（東京都社会福祉協議会 2017, 69）。東京都社会福祉協議会が実施した調査によれば，2015年度に地域福祉コーディネーターを設置している社会福祉協議会は，東京都内62市区町村社協のうち15社協であるという（東京都社会福祉協議会 2017）。

　東京都西東京市では，第2期地域福祉計画において，「地域福祉コーディネーター」の配置と「ほっとネット推進員」という地域のボランティアの発掘・育成が位置づけられた。地域福祉コーディネーターは，2010年度1名が配置されて以降，地域福祉計画に基づき計画的に配置され，2017年度現在市内の4圏域にそれぞれ1名が配置されている。また，西東京市では，豊中市と同様に，1998年より小地域福祉活動として，小学校区域を単位に，ふれあいまちづくり事業に取り組んできた蓄積がある。筆者は，前掲の2013年西東京市で実施した「NPO／市民活動調査」において，このふれあいまちづくり事業を知った。本事業は地域住民が主体的生活課題をみつけ解決することを目的としたものであるが，活動内容をみると，福祉課題というよりも地域課題であることに驚きを

覚えたことを記憶している。まさに福祉課題とコミュニティの課題は相互浸透し，それを福祉協議会の活動として事業展開している事実こそ，コミュニティの洗練と成熟した「福祉コミュニティ」の内実であることを証左している。

6. 福祉コミュニティ組織化の課題 ●●●

　以上，事例調査からの知見に基づいて，福祉コミュニティ組織化における主体（＝要件）として組織，人，施設・装置・情報，行政，社会福祉協議会をとりあげ，その現状と課題について述べてきた。これらを踏まえ，最後に，福祉コミュニティ形成，つまり福祉コミュニティ組織化の課題について述べることとしよう。

　まず，第一は，福祉コミュニティ組織化における組織の問題である。この点はすでにふれているが，これまでのコミュニティ組織化の課題として町内会・自治会といった地縁型組織と，NPOや市民活動組織といったテーマ型組織の連携や協働の仕組みが模索されてきた。その一つのモデルとして，1970年代に協議会方式が提案されてきたことは周知のとおりである。しかし，本書の事例調査から明らかになったことは，2010年代現在，この二元論的な組織化論は実態とずれており，むしろ民間の企業や大学等を含む多元的な団体の参加によるコミュニティへと変化しているのである。それ故，こうした多様な組織の参入に見合った福祉コミュニティ組織論を構築する必要がある。そうした視点から見ると，地域力強化検討会が提言した社会福祉協議会による「まちづくりボランティアセンター」の設置は，従来のボランティアセンターとどのような違いがあるのかは疑問である。

　第二は，福祉コミュニティのエリアの問題である。現在，国が地域共生社会の実現に向けて推進しようとしている「住民の身近な圏域」は「中学校区」を基礎として推進しようとしている。これは，1970年代のコミュニティ行政と同様のエリア設定であるが，現状は介護保険事業計画や障害者福祉計画，子ども計画等の圏域がそれぞれであることから，既存の行政計画との整理が必要になってくる。この点は，かなり時間を要する問題であろう。まさに縦割り行政

をこえた福祉コミュニティづくりが求められている。

【引用・参考文献】

・奥田道大，2003「福祉コミュニティをすすめるために」奥田道大・和田清美編著『第
　二版　福祉コミュニティ論』学文社
・厚生労働省，2015『誰もが支え合う地域の構築に向けた福祉サービスの実現―新
　たな時代に対応した福祉提供ビジョン』
・厚生労働省地域力強化検討部会中間とりまとめ，2016『地域における住民主体の
　課題解決強化・相談支援体制の在り方に関する検討会』
・国民生活審議会総合企画部会，2007『コミュニティの再興と市民活動の展開』
・高橋勇悦・内藤辰美編著，2014『地域社会の新しい「共同」とリーダー』恒星社
　厚生閣
・東京都社会福祉協議会，2017『地域福祉コーディネーターの役割と実践』
・和田清美，2003「発想としての福祉コミュニティ―コミュニティ論とセツルメン
　ト論の架け橋」渡戸一郎・広田康夫・田嶋淳子編著『都市的世界／コミュニティ
　／エスニシティ』明石書店
・和田清美，2003「21世紀につなぐ福祉コミュニティ―現実と構想―」奥田道大・
　和田清美編著，前掲書
・和田清美編，2009『大都市東京の町内会・自治会―東京都世田谷区・墨田区・八
　王子市の地域リーダー・アンケート調査報告書』首都大学都市教養学部和田清美
　研究室
・和田清美，2012「コミュニティ形成・まちづくりの系譜と現代的位相―地域，分権，
　自治，国家の21世紀的展開」水島司・和田清美編著『地域・生活・国家』日本経
　済評論社
・和田清美編，2013『NPO／ボランティア団体の実態と担い手に関する調査―東京
　都西東京市の社会調査実習報告』首都大学都市教養学部和田清美研究室
・和田清美，2014「地域コミュニティ―その都市的形態と課題」松本康編著『都市
　社会学・入門』有斐閣

「福祉コミュニティ」と地域福祉文化

黒岩　亮子

1. 「コミュニティ」「福祉コミュニティ」と「思想」「文化」→● ● ●

（1）「コミュニティ」とはなにか

　1990年代初頭，社会学者の奥田道大は「福祉コミュニティのありかたは，コミュニティ自体のありかたでもある」（東京都社会福祉協議会 1991：3，奥田，1993：ⅰ，奥田・和田 2003：ⅰ）と，「福祉コミュニティ」こそが「コミュニティ」そのものであり，それが「成熟」したものであると提起した。それでは，「コミュニティ」とは一体何だろうか。私たちはこの用語を日常生活で何気なく使っているだろう。また，世代によってこの用語の意味する内容を異なって捉えているかもしれない。地域社会と同義で使うこともあれば，SNS上のグループを指して「コミュニティ」と使うこともあるだろう。このように「日常生活用語としての『コミュニティ』は曖昧なままに多義的に用いられている」（浅川 2010：24）のが現状であろう。

　一方，第Ⅰ部で和田清美も述べているように，都市化が進展する1960年代後半から1970年代初頭には「コミュニティブーム」が生じ，特に社会学者たちによる「コミュニティ」の定義化が活発になった。さまざまな定義があるが，その多くが「人と人との間に相互作用があり，そこから生まれる相互依存性という意味での共同性や心のつながりを持つ地域社会」という意味をもつと浅川達人は述べている（浅川 2010：25）。奥田による「コミュニティ」の代表的な定義である「さまざまの意味での異質性・多様性を認め合って，相互に折り合いながら，ともに築く洗練された新しい共同生活のルール，様式」（奥田 1998）も，都市化が進展する中で変容していく地域社会の目指すべきあり方を提起したものであった。また奥田は，主体的行動と客体的行動からなる行動体系と普遍的価値と特殊的価値からなる価値意識という2つの軸から，地域社会の四類型を

試みた（奥田 1971，1983）。この四類型の一つである「コミュニティ」は，普遍的な価値意識をもって主体的に行動する「市民」が創る地域社会として捉えられている。

こうした定義からも分かるように，「コミュニティ」は，単なる空間としての地域社会を意味するものではない。それはある価値や行動様式をもった人びとが共に創り上げていくものである。1980年代には至るところで，地域の諸課題を解決するために，ある価値や行動様式をもった人びとが活動を活発化していた。こうした動きを奥田は，「コミュニティの洗練と成熟した状態」（奥田 1993：3）とし，それを「福祉コミュニティ」であると提起したのである。ところで奥田は，もう少し詳しく「福祉コミュニティ」を，①「ひと」と「ひと」とのより自覚的，人格的な結びつき，②地域生活の新しい「質」の構築，再構築を前提としているものであると説明している。奥田らが集めた「福祉コミュニティ」の諸事例は，活動主体や活動内容を異にするけれども，どれも「地域の重荷を喜んでともに担い合う住民諸活動」という共通点をもっていた[i]。すなわち，地域の諸課題に対して人びとが共同して立ち向かい，これまでの地域生活とは違う何かをそこに生み出したのであった。このことを奥田は，「福祉コミュニティがこれまでの地域生活，そして社会のあり方の根底にふれるという意味では，一つの『思想』運動としての側面をもつ。地域福祉文化の観点からしたら，福祉コミュニティは，一つの『文化変容』に他ならない」（奥田・和田 2003：3）と説明している。

（2）「福祉コミュニティ」と「思想」「文化」

ここから，ある価値や行動様式をもった人びとの「思想」が息づいている地域社会こそが「コミュニティ」であると言うことができるだろう。さらにそれが「成熟」したものである「福祉コミュニティ」とは，地域の諸課題を解決するという「思想」をもった人びとが長年活動を継続するによって，その地域社会に「文化」をも育んだところ，と言えるのではないだろうか。

社会学者である内藤辰美は「公共的市民文化」，すなわち「新しい都市と市民生活のあり方を目標とした場合形成が期待される都市住民＝市民の行動様

式」（内藤 2011：113）の構築を，「コミュニティ」との関連で捉えている。内藤は，現代の深刻な危機を生命の軽視と生命感覚の喪失に認め，危機克服を目指す生命化社会の構築（広義福祉社会の建設）には，生活のあり方を根底から見直す生活の再構造化と，公共的市民文化の構築が不可欠であり，コミュニティはそのための「実験室あるいは運動の拠点とならなければならない」と主張する（内藤 2011：18）。それは生活を守るコミュニティから生活を創るコミュニティへと転換させようという提言であった。

　公共的という点に関しては，阿部志郎もまた「コミュニティは，地域社会の中に，住民相互の "public" を意識化し，"common" を拡大することによって連帯を強め，corpus（注：体）を育て，共生形成能力を活性化する場と言うこともできる」（阿部 1986）と述べている。人びとが自覚的，人格的に結びつき，地域の諸課題の解決に向けて共に活動する中で，新たな生活の「質」を再構築する基礎となるような「公共的市民文化」が生まれ，単なる空間としての地域社会が「コミュニティ」へと転換するのではないだろうか。

　筆者は，「コミュニティ」，特に「福祉コミュニティ」には，「思想」「文化」が必要不可欠であると考える。もちろんこのことは，2003年度版『福祉コミュニティ論』の執筆者の多くが述べていることでもある。たとえば，林泰義は「この活動を支える思想や哲学の深さは，その活動が数十年も継続するためのベースである」（奥田・和田 2003：212）と「思想」が活動には重要であるとの知見を得ていた。さらに，「そこ（注：福祉コミュニティ）で注目されねばならないこと，それは『公共性』と『文化』であろう（奥田・和田 2003：219）」と述べているのは越智昇である。やや長くなるが越智による「福祉コミュニティ」の定義を引用してみよう。

　生活地域を意識した住民諸階層が，自発的創造的な連帯活動のなかから，共通しあるいは関連した福祉的生活課題を共有分担して，長期的展望にむけた学習と実践でとりくむ生活様式をつくり出す。この過程は単線的ではなく，自我を組みかえる試行錯誤の過程として自覚されねばならない。そうした文化の形

成とそれを基底にした人的物的ネットワークが，都市の経済的・政治的・行政的諸政策を組み変えて，人間的社会環境と「安心と情熱」を発展的に保たせ，グローバルな異質性をも吸収していく。そのような新しい共同社会をさす（奥田・和田 2003：214）

　越智のこの定義から，「福祉コミュニティ」の中心には「福祉的生活課題」があることを教えられる。また，越智は「学習と実践」「自我を組みかえる試行錯誤の過程」の先に「文化の形成」があるという立場をとる。「文化」は一朝一夕にして形成されるものではない。「福祉的生活課題」に継続して取り組む中で，課題の解決のみならず，課題の解決ができるような土壌，すなわち「文化」が生まれると言えるのではないだろうか。

（3）セツルメント活動にみる「文化」の重要性

　地域社会における「文化」の重要性が言われるのは，今に始まったことではない。地域課題を解決する活動の一つのルーツはセツルメント活動にあるだろう。日本における最初のセツルメント研究者である大林宗嗣は，セツルメントを「個人的接触を通じて労働者階級の物質的並に精神的要求を満たし且つ彼等に教育の機会を与へて自発的に自己の文化を創造し自己開発をなす人格を作らしむる事である」（大林 1926：15）と定義している。19世紀半ばにイギリスで始められたセツルメントの背景にあるのは，スラムなどに見られる労働者階級の悲惨な生活であり，その地域全体の改良が目指されていた。しかし，この定義を見ても分かるように，重要なのは地域課題の解決だけではない。セツルメントの意義は，そこに生活する人びとが教育を通して自己の「文化」を創造することにある。すなわち，人びとのもつ「文化」を通して地域全体の改良がされ，たとえ新たな地域課題が生じてもそれをまた解決することができると考えられたのである。そのために，当時は大学生など知識や教養のある人が彼等と「個人的接触」また「人格的接触」をはかることが重視された。

　先の奥田の「福祉コミュニティ」の定義にも，「人格的な結びつき」という言葉があった。単なる空間としての地域社会に生活する人が，「人格的接触」「人

格的な結びつき」を通して変えられ，そうした人たちが新しい「文化」をその地域社会で創造していく。セツルメントが目指した地域のあり方，地域に生きる人びとの在り方は，「福祉コミュニティ」が目指すものと何ら変わらないと言えるだろう。

2003年版『福祉コミュニティ論』でも，本著でも取り上げた東京都墨田区京島のセツルメント，興望館でのヒアリングでも「文化」という点が強調されていたのが印象的であった。100年近い歴史をもつ興望館は，地域の福祉の拠点として京島地域にしっかりと根を下ろしている。興望館がこれまでなしてきたこと，それは単に地域課題（例えば子どもの保育）をニーズとして受け止め，それに対応するサービス（例えば保育園）を提供してきた，というだけではない。子どもの保育ということについても，その背景として京島地域では2003年の半蔵門線の延伸とそれに伴う再開発によって高層マンションが建設され，子育て世帯が多く流入したということがある。こうした新住民たちを，いかに「住民化」していくか，これが興望館のミッションであると館長の野原健治さんは述べていた。「住民化」していくためには，新住民への働きかけと同様に，この地域に古くから住む人たちの意識を変えていく必要がある。実はこの地域はさまざまな人たちが集まってできたところであり，常に新しい人間関係を創り続けてきた地域であるという。そうした地域の精神，受け継がれてきた「文化」を一人ひとりが自覚することで，新住民の「住民化」という難しい課題を乗り越えていくことができるかもしれない。

それに先立ち，こうした地域の「文化」を興望館の職員自らがまず自覚し，地域住民に発信していくことも重要であり，野原さんは職員がミッションを共有しそれを継承していくことの大切さについても語ってくださった。また，興望館では，特に次世代の「文化」の担い手でもある青少年の「教育」に力を入れていた。興望館は，単なるサービスセンターではない。興望館が中心となって，「福祉コミュニティ」に必要不可欠な「文化」を創りあげてきたことを，筆者は京島の地で体感したのだった。

第Ⅲ部　現代福祉コミュニティへのパースペクティブ　**193**

2. 岡村重夫の「福祉コミュニティ」————————●●●

（1）1970年代に提起された「福祉コミュニティ」

　ここまで社会学的な視点から「福祉コミュニティ」について述べてきた。社会福祉学において1970年代に「福祉コミュニティ」を提起したのは，社会福祉学者の岡村重夫である。岡村は社会学者によるコミュニティ論に大いに関心を寄せ，「たとえば他人の生活困難に対して無関心な住民の多い地域社会，また住民が近代的な個人意識をもち，はっきりした人権意識をもつけれども，地域的な連帯活動には冷淡な地域社会，さらには多くの住民が明確な個人意識をもつけれども，同時に地域における生活環境や生活条件に関心をもって協同的解決のために連帯活動に参加するような地域社会等々，地域社会の類型は，社会福祉とって大きな影響をあたえずにはおかない。したがって社会福祉の立場から見た地域社会はいかにあるべきかについて，強い関心をもたざるをえない。これが社会福祉のための『コミュニティ』論」（岡村 1974：20-21）であると述べ，社会福祉学と社会学の接点を「コミュニティ」から探ったのである。

　岡村の「福祉コミュニティ」について内容を見る前に，それが社会福祉学においてどのような意義をもったのか確認しておこう。平川毅彦は「今日の福祉をめぐる一連の動きは，まさに1970年代の日本社会の構造的変動への対応を出発点としている。『福祉コミュニティ』という発想は，こうした変化のなかで，そこに対応するべく引き出された。なかでも，生活問題をかかえた当事者を中心として，彼／彼女らの自己決定・自己責任を前提とした支援，という理念は今日における『福祉改革』の原点と言っても過言ではない」（平川 2004：17）と説明している。平川が述べるように，岡村の「福祉コミュニティ」の特徴は，当事者がその中心にいることであり，活動者側に焦点をあてた奥田のそれと異なる部分であろう。岡村は，「問題の当事者みずから問題を解決することを援助すること」（岡村 1968：163）こそ，社会福祉であると考えた。筆者も強くこれに同意する。

（2）岡村による「福祉コミュニティ」の定義

岡村は「福祉コミュニティ」をどのように捉えていたのだろうか。岡村はまず，「こんにちの都市化状況のもとでは，一つの地域社会が一つの『コミュニティ』を形成しているのではなく，ひとびとの関心の多様性に応じて成立する各種の集団の成員がもつ『同一性の感情』にもとづいて，同じ地域社会のなかにも，多数の『コミュニティ』が成立する」（岡村 1974：22 - 23）と説明する。今日でいうところの「関心縁」「選択縁」「テーマ型コミュニティ」ということだろう。そして，「生活上の不利条件をもち，日常生活上の困難を現に持ち，またはもつおそれのある個人や家族，さらにはこれらのひとびとの利益に同調し，代弁する個人や機関・団体が，共通の福祉関心を中心として特別なコミュニティ集団を形成する」（岡村 1974：69）として，「福祉コミュニティ」を定義するのである。岡村は，「福祉コミュニティ」の第一の構成員を，日常生活上の困難をもつ当事者，第二の構成員を，当事者と同じ立場に立つ同調者や利害を代弁する代弁者，第三の構成員を，当事者に対して，各種のサービスを提供する機関・団体・施設であるとした。あくまでも中心は，さまざまな困難，問題を抱えた当事者であり，彼らに対して「同一性の感情」をもつ地域住民が専門職も巻き込んで創り上げるのが「福祉コミュニティ」なのである。

地域住民すべてがさまざまな困難，問題を抱えた当事者に対して「同一性の感情」をもつことは不可能であり，福祉に関心をもつわけではない。また，彼らに対して寛容ではなく，逆に排除することもあるかもしれない。しかし，「福祉コミュニティ」を創り上げている人びとは，共通の価値や行動様式をもっている。彼らは当事者の抱える困難，問題が待ったなしの状態であることをよく理解し，たとえそれが他の地域住民から批判される，すなわち奥田のいうような「コミュニティ」が創り上げられていない地域においても，速やかに「福祉コミュニティ」を創りあげる。こうして，地域社会の中に形成された「福祉コミュニティ」のもつ価値や行動様式は，次第に他の地域住民に影響を与え，誰も排除しない地域社会，すなわち「コミュニティ」が創りだされる可能性がある。こうした岡村の考え方について平川は，「個別的かつ具体的な個人への援

第Ⅲ部　現代福祉コミュニティへのパースペクティブ　**195**

助を中心としたネットワークからなる『福祉コミュニティ』がまず形成されなければならないのであり，この『福祉コミュニティ』が『地域社会』との良好な関係を持つことができるようになったとき，その『地域社会』もまた『コミュニティ』と呼ばれる存在になる（平川 2004：42）」と説明している。

　岡村が言うような「福祉コミュニティ」と一般的な「コミュニティ」との良好な関係はやや理想に過ぎるかもしれない。また，三浦文夫は「福祉コミュニティは，あくまでも地域住民の福祉の確保を目的としてつくられたコミュニティで，一般コミュニティに対して部分コミュニティの位置をもつ。しかし，それと同時にコミュニティ形成の基本を，コミュニティ構成員の意識・態度にあると考えるならば，福祉コミュニティは，その構成員の福祉についての意識・態度のあり方に関わってくることになる。すなわち福祉コミュニティの形成にとって，それぞれのコミュニティ（地域社会）に適合した福祉サービス・施設等が用意されることは必要条件であるが，しかしこれらのサービス・施設等は，コミュニティ構成員（住民）の意識・態度がそれなりに形成されないかぎりは十分なものとはならないということになる」（三浦 1988：402）と述べ，一般的な「コミュニティ」に「福祉コミュニティ」が影響される側面について指摘している。さらに現代においては，「伝統的な地理的コミュニティが崩壊・解体するなかで『福祉コミュニティ』を今後どのように性格づけ，新たに内実化していくかという課題」もある（牧里 2006：205）。

　このように，「コミュニティ」と「福祉コミュニティ」の関係性についてのさまざまな指摘はあるものの，岡村は当事者を中心とした「福祉コミュニティ」に当事者による主体的な問題解決の可能性を見出していると言えるだろう。

（3）奥田と岡村の「福祉コミュニティ」の相違点と共通点

　ここまで，主に奥田道大と岡村重夫の「福祉コミュニティ」について考えてきた。奥田は課題を解決する活動をしている人びとに，岡村は課題を抱える当事者に焦点をあてていることに違いはある。さらに奥田は，「コミュニティ」が「洗練と成熟」したものが「福祉コミュニティ」という立場をとる。和田が本著で整理しているように，「福祉コミュニティ」は「コミュニティ」におけ

る「発想」「構想」という段階から,「成熟化」を経て,現在「実態化」したのだというプロセスとして描かれる。一方,岡村は「福祉コミュニティ」は「コミュニティ」の中の一部分であり,「コミュニティ」に先立って創られる可能性もあるものだと主張している。こうした相違は,奥田が「福祉コミュニティ」を提起したのは1990年代,岡村は1970年代と,その時期が大きく異なることに由来するだろう。さらに,繰り返しになるが,岡村の社会福祉観,すなわち「問題の当事者みずから問題を解決することを援助すること」(岡村 1968：163)こそが社会福祉であるという考えから,「福祉コミュニティ」は当事者を中心に創られなくてはならないと岡村は主張したのであろう。そうした相違はあるものの,「福祉コミュニティ」には,共通の価値と行動様式があり,それが「思想」そして「文化」として地域社会に影響を与えているのだ,と筆者は改めて主張したい。

　ところで,岡村の言う当事者とは,いわゆる狭義の「福祉」の対象者,すなわち日常生活上の困難をもつ人として捉えられる。一方で奥田は,「福祉」を「地域生活の新しい『質』」,すなわち「より良い生活の状態」として捉え,「福祉」の対象者についてはあまり強調していない。本著は,奥田の定義にのっとり「福祉コミュニティ」の事例を収集していることから,狭義の「福祉」の対象者が含まれていないような集団や活動も取り上げている。また,岡村が「福祉コミュニティ」を提起した当時よりも,今日においては「福祉」の対象者がより広く捉えられる傾向もある。すなわち,日常生活上の困難をもつ人は,後述するように福祉三法や福祉六法の対象者に限定されているわけではない。さらに,これまでの『福祉コミュニティ論』でも「高齢化社会一つとっても,都市型社会にあっては,高齢者世代に特有の問題というよりも,地域社会全体の問題である。高齢者世代も,そうでない世代も,ハンディキャップのある人びとも,そうでない人びとも気脈を通じ合い,ともに生き,助け合うシステムづくりが,地域社会の課題となる」(東京都社会福祉協議会 1991：3,奥田 1993：ⅰ,奥田・和田 2003：ⅰ)と述べられているように,「福祉」の課題だと思われていたものが,地域社会全体の課題として影響を与えているのが現代社会の特徴である。

第Ⅲ部 現代福祉コミュニティへのパースペクティブ **197**

このように「福祉」の範囲は，定義する人によっても時代によっても異なり，明確に規定することは難しい。それでも「福祉」は人びとにとってまったく別世界の話ではなくなっていることは事実だろう。だからこそ「福祉コミュニティ」は現代においてこそ，多くの人に受け入れられるものとして「実態化」したと言えるのではないだろうか。

3. 「福祉」の範囲―「福祉」の対象者の変遷 ●●●

ここで，「福祉」の範囲という問題関心から，「福祉」の対象者の変遷について確認することにしたい。その意図は，「福祉」の対象者の広まりが，本著で取り上げた現代の「福祉コミュニティ」の広まり，多様性にもつながっていることを改めて確認するためである。さらには，複雑な課題を抱える今日の「福祉」の対象者像を明らかにし，彼らが主体的に問題を解決できるような土壌，すなわち地域におけるそうした「文化」を創り出すことが，現代の「福祉コミュニティ」のもつ大きな役割であると主張するためである。

（1）「対象者別福祉」として発展した戦後社会福祉―1960年代まで

我が国の社会福祉は，第二次世界大戦後に制度化され整備されていく。福祉三法，福祉六法という言葉が示すように，何らかの支援＝福祉サービスを必要とする対象者ごとに法律を制定し，福祉サービスを提供するという体制である。福祉三法と言われるのは，戦後すぐに制定された生活保護法（1946年，1950年改正），浮浪孤児を主な対象とした児童福祉法（1947年），傷痍軍人を主な対象とした身体障害者福祉法（1949年）の三つの法律である。高度経済成長期の1960年代には，精神薄弱者福祉法（1960年，1998年知的障害者福祉法に名称変更），老人福祉法（1963年），母子及び寡婦福祉法（1964年，2014年母子及び父子並びに寡婦福祉法に名称変更）の三法が加わり，福祉六法となった。福祉三法から六法への変化は，対象者の拡大とか「選別主義から普遍主義へ」として説明されることもある。こうした対象者ごとの福祉，分野ごとの福祉を「対象者別福祉」「分野別福祉」と呼び，これらを狭義の「福祉」の範囲として捉えることが多いだろう。

一方，広義の「福祉」の範囲は，「福祉」の何を見るのかによってかなり異なる。例えば，「福祉」をWelfare＝幸福という状態と捉えた場合，幸福を追求する人類のあらゆる活動はすべて「福祉」の範囲となってしまう。もちろん「福祉」といっても，制度的には社会福祉，すなわち「社会」の「福祉」であることから，社会の介入による幸福の追求として範囲を狭めることができよう。そこで，一般的には，社会保険（年金，医療，雇用，災害補償，介護等），公的扶助（社会扶助），公衆衛生に社会福祉を含めた社会保障が，広義の「福祉」として捉えられている。

岩田正美は，障害状態にある人びとへの介助や虐待された子どもたちへの支援といった，狭義の「福祉」として捉えられることが多い「福祉」のあり方を「区分された」福祉と呼んでいる（岩田 2016）。それに対して，年金や医療といった誰にでも起こりうる身近な「福祉」のあり方を「溶け込んだ」福祉と呼んでいる。多くの人にとって，障害や虐待といった出来事はどこか他人事であるだろう。また，年金や医療を「福祉」と考えている人はあまりいないかもしれない。すなわち，特にこの時代には，自分自身が福祉六法の対象にならない限り，「福祉」＝自分たちとは「区分された」人たちのもの，と捉えられていたのではないだろうか。

（2）地域生活への萌芽―1980年代半ば以降

「福祉」＝自分たちとは「区分された」人たちのもの，と捉えてしまうのは，そうした人たちが私たちとは生活の場を異にしているからである，とも言える。福祉サービスには，相談支援や現金給付，介助や介護などの具体的なサービスの供給などがある。それらの福祉サービスを受ける場として重視されてきたのが施設である。特に障害状態にある人や身寄りのない高齢者を保護するために，施設への収容保護が戦後，進められてきた。また，障害状態にある子どもの学びの場として，1979年には養護学校が義務化されたが，地域の学校から障害状態にある子どもの姿が消えていくことにもなった。また，養護学校の数が少なかったことから，家庭を離れ，寮生活を送ることになった子どもたちも多かった。福祉サービスとしての保護や学びの場の保障が，一方で「区分された」人

第Ⅲ部　現代福祉コミュニティへのパースペクティブ　**199**

たちとの距離をさらに広めてしまったと言えるかもしれない。

　しかし，高齢者分野では急激な高齢化に伴う対象者の拡大，低成長による財政難により，1970年代半ばを過ぎると施設への収容保護が物理的に困難であることが明らかになってきた。そこで，1979年に提起された「日本型福祉社会論」では，家族が介護をすることを「美徳」「含み資産」として奨励し，在宅福祉へと大きく舵を切っていくのである。1989年の「高齢者保健福祉10か年戦略」（ゴールドプラン）では，在宅三本柱（ホームヘルプ，ショートステイ，デイサービス）が数値目標として示された。このように，高齢者分野では「施設から在宅へ」の方向が明確となり，高齢者の在宅生活，地域生活に目が向けられていくことになる。

　障害者分野では，1960年代以降にアメリカで始まったと言われる自立生活運動の影響を受けた障害状態にある人たちが，1970年代初頭に「脱施設化」「脱家族」を掲げた運動を展開した（田中 2016ほか）。施設や家族による保護からの「自立」が大きなテーマであったと言えるだろう。1980年代になると，ノーマライゼーション理念の進展，国連による「国際障害者年」の制定などにより，諸外国では施設への収容保護の政策が転換されていった。日本でも施設を出て地域生活をする（＝自立生活運動）人たちが少数ではあるが登場するようになった。しかし，我が国における本格的な「脱施設化」が政策として進展するのは2000年代に入ってからとなる。

　このように，1980年代半ば以降は，「区分された」人たちが，施設から在宅，地域へと生活の場を移行する芽が見られるようになった。すなわち，私たちの身近なところに「福祉」の対象者が生活するようになった，とも言えるだろう。特に高齢化の進展により，高齢者への福祉サービスは誰にとっても自分事として捉えられるようになった。地域の中で高齢者の生活をどのように支えるかが地域課題となり，実際に，町内会での見守り，住民参加型在宅福祉サービスの登場など，多くの具体的な活動がなされていったのである。「福祉」の対象者が増加し，「見える化」されること，また「我が事」として捉える人が増加したことで，地域住民の価値や行動様式に変化が見られ，「福祉コミュニティ」

を生み出していったと言えるだろう。

（3）「施設から在宅へ」「地域移行」の進展―2000年代

　高齢者分野では，2000年に介護保険法が施行された。「措置から契約へ」と社会福祉の体制が大きく変更され，高齢者への福祉サービスの大半を占める介護サービスを受けるためには，自らでサービスを選択，契約しなくてはならなくなった。社会保険として介護サービスが提供されるという大転換により，介護サービスは「溶け込んだ」福祉として人びとの間に浸透していく。もちろん介護保険法においても在宅の重視は変わらず，多くの人が地域の中で介護サービスを受けて生活するのが当たり前になっていった。

　障害者分野では，2000年代に入り「脱施設化」が進展していく。具体的には，1995年の「障害者プラン―ノーマライゼーション7か年戦略」には計画されていた入所施設の増設が，「新障害者基本計画」（2003年度～2012年度）と「重点施策実施5か年計画（新障害者プラン）」では計画されなかったのである。2006年に施行された障害者自立支援法に基づく国の「基本指針」においては，初めて施設入所者数の削減目標が設定された。こうして，ようやく日本においても「脱施設化」が目指され，障害者の「地域移行」が本格的に進められている。具体的には，地域の中に開設されている10名以下のグループホームで生活する人や，ひとり暮らしに近い状態で生活する人も増加している。また，これまでのような大規模な施設においても，建て替え時の小規模化，個室化が進んでいる。

　障害者分野の中でも，身体障害者，知的障害者とは異なり，これまで精神障害者への支援は福祉サービスではなく医療として提供されていた（1987年精神衛生法が精神保健法に改正，1995年精神障害者福祉法に改正）。日本では，30万人を超える精神疾患を抱える人が精神病院に入院し，数十年にわたり長期入院している人もいるなど，人権侵害として国連から勧告されるような状況が続いていた。そのため2004年からの精神保健医療福祉改革ビジョンにおいて「入院医療から地域生活中心へ」というスローガンで，10年間で7万床の病床削減が目指された。実際には，2014年までの病床削減は18,000床にとどまっている

が，2010年からは「精神障害者地域移行・地域定着支援事業」が開始されるなどさまざまな事業が進められている。

以上のように，2000年代以降，高齢者福祉，障害者福祉それぞれの分野において，生活の場として地域が重要な役割を果たすようになっている。また，高齢者，障害者以外の分野でも，地域生活を重視しそれを支援する政策が打ち出されている。例えば東京都のホームレス支援において「テント生活からアパートへ」というスローガンで「ホームレス地域生活移行支援事業」が実施されている。また，司法福祉の分野では，刑務所から出所後，身寄りも福祉的な支援もなく生活に困窮して再犯を繰り返してしまう高齢者や障害者が多数存在することが社会問題化し，2009年から各都道府県に一か所ずつ地域生活定着支援センターを設置するという「地域生活定着支援事業」が実施されている。

こうした動きを地域社会側から見るとどのようなことが言えるだろうか。例えばそれは，自分の家の隣に，近くに，認知症のおばあさんが，ホームレスだった人が，精神病院から退院した人が生活している，ということである。また，自分の家の隣の空き地にグループホームが建設される，ということでもある。自分とは違うと思っていた「区分された」人たちが自分の隣人になる，地域で共に生活することになるのである。岡村が言うように，地域の中にはこうした人たちを支援するグループ＝「福祉コミュニティ」がいくつも生まれているかもしれない。奥田の視点から言うならば，こうした人たちをメンバーとして有する「コミュニティ」は，「福祉コミュニティ」となっていくことが自明である，とも言えるだろう。

（4）「地域包括ケアシステム」の構築—2010年代

2000年に名称変更された社会福祉法には，第四条に地域福祉の推進が明記されている。前述したように，「対象者別福祉」「分野別福祉」の対象者の多くは今，施設ではなく地域で生活している。もちろん施設は今も変わらずに重要な福祉サービスの一つである。施設もまた地域に開かれ（施設の社会化），小規模化して地域に溶け込んだものとなってきている，と言えるだろう。このような状況を，武川正吾は「地域福祉の主流化」（武川 2006），また，原田正樹は「福

祉の地域化」（原田 2014）と呼んでいる。まさに今、地域には奥田の言うところの「福祉コミュニティ」としての機能が求められているのである。

さらに今、従来は「福祉」の対象にはならなかったような人たちが、何らかの支援を必要とする人たちとして新たな「福祉」の対象として意識されるようになった。2000年以降に発表された以下の二つの報告書にもその指摘がある。はじめに挙げられるのが、2000年12月に厚生省（現・厚生労働省）社会・援護局長私的機関である「社会的な援護を要する人々に対する社会福祉のあり方に関する検討会」の報告書である。この報告書では、新たな社会福祉の対象として、① 心身の障害・不安、② 貧困、③ 社会的排除や摩擦、④ 社会的孤立や孤独を挙げている。具体的に示されているのは、社会的ストレス、ホームレス、外国人、虐待・暴力、孤独死・自殺等である。また、2008年3月に「これからの地域福祉のあり方に関する研究会」がまとめた『地域における「新たな支え合い」を求めて──住民と行政の協働による新しい福祉──』報告書では、「公的な福祉サービスは分野ごとに発展してきたが、制度の谷間（狭間）にあって対応できない問題がある」として、それらを地域で受け止めることが必要であると提起している。

このように地域の中には、新しい「福祉」の対象者も存在しているが、これからは医療の対象者も地域で生活するようになる。2013年8月の社会保障制度改革国民会議報告書では、「病院完結型（病気で治療する）」から「地域完結型（住み慣れた地域で生活を支える）」へ、というスローガンで在宅療養への転換を宣言した。すなわち、自分の家の隣に、これまでは病院に入院していたような人も生活しているかもしれない、ということである。報告書では、終末期の人の退院促進も明記し、現在は1割に過ぎない在宅死の割合を増やしていくことも明記している。看取りも地域の課題となっていくことが推測されるのである。

こうした動きこそが今、国の大号令のもと構築が目指されている「地域包括ケアシステム」である。「地域包括ケアシステム」は住み慣れた地域での生活を継続できるように、住まい、生活支援（・介護予防）、介護（・リハビリテー

ション），医療（・看護），保健（・福祉）が連携して包括的な支援・サービス
を提供するシステムのことである。2015年4月には地域医療・介護総合確保推
進法も全面的に施行され，いよいよ本格的に「地域包括ケアシステム」の構築
が目指されるようになった。「対象者別福祉」「分野別福祉」の狭い対象者のみ
ならず，新たな「福祉」の対象者，そして医療の対象者，さまざまな人が地域
で生活することになる。それを支えるのが「地域包括ケアシステム」であるが，
これまで見てきたように「福祉コミュニティ」抜きにはこのシステムは構築さ
れないことは明らかであろう。

4. 現代の「福祉コミュニティ」の役割―豊かな土壌をつくる ―●●●

　奥田の定義であれ，岡村の定義であれ，「福祉コミュニティ」には，地域住
民の活動，すなわち「地域の重荷を喜んでともに担い合う住民諸活動」が必要
不可欠である。今の地域の重荷―それはこれまで見てきたように，地域の中に
は何らかの支援を必要とする人，さまざまに複雑な課題を抱えている人が多く
生活しているという事実である。地域には高齢者，障害状態にある人，医療が
必要な人，看取り期にある人のみならず，育児不安にある人，孤独死予備軍の
人，ホームレスだった人などさまざまな人が生活している。「福祉」や医療な
どのフォーマルな（制度的な）サービスが提供されるだけでは，そうした人び
との生活は支えられない。「地域包括ケアシステム」では，生活支援（・介護
予防）の中に，地域住民のインフォーマルな活動を位置づけ，それに高い期待
を示している。生活支援（・介護予防）は，いわゆる植木鉢図で説明される「地
域包括ケアシステム」の中で，植木鉢の中の土＝土壌部分に位置づけられる。
豊かな土壌＝豊かな地域住民の活動があるところに，介護，医療，保健の葉が
いきいきと茂る。

　「地域包括ケアシステム」の鍵はこの土壌にある。豊かな地域住民の活動が
展開されている現代の「福祉コミュニティ」は，まさに豊かな土壌であると言
えるだろう。本章において，筆者は「福祉コミュニティ」のもつ「思想」や「文
化」が重要であると述べてきた。「文化」はその地域に潤いをもたせ，より豊

かな土壌へと変えていく推進力ともなる。そこに生活する人はその土壌にふれて変えられていくだろうし，さらに豊かな実を実らせていく。

　本著で収集した30の「福祉コミュニティ」の事例はどれも豊かな土壌であった。先に述べたように，そこにはいわゆる従来の「福祉」の対象を意識していないような活動も多かった。例えば，今回取り上げた新たな事例の中には，「まちづくり」を広く意識し，NPO法人や株式会社，また商店街や自治会などの多様な主体が，「食堂」や「カフェ」などの地域住民が集まる拠点を生かした活動を展開していた。これらの事例を見てもわかるように，現代においては「福祉」の対象がより私たちの生活に「溶け込んだ」ものとなっていき，地域の中には，これは「福祉」のテリトリーだ，それも○○福祉のテリトリーだ，いやこれは医療のテリトリーだ，まちづくりのテリトリーだというような縦割りは全く意味をもたなくなってきている。あの人が対象で，この人は対象でない，ということもあり得ない。「文化」のある，豊かな土壌をつくることこそが地域で生活するすべての人にとって必要なことであり，私たちが収集した30の事例はどれもそうであった。

　それでも，岡村が提起した日常生活上の困難をもつ人を中心とした「福祉コミュニティ」という考え方は，今日においても重要な示唆を含んでいる。なぜならば，今，社会的排除や社会的孤立といった問題が社会問題化しているが，それは日常生活上の困難をもつ人が周縁に追いやられてしまっているからである。地域共生社会が叫ばれている今だからこそ，周縁においやられてしまいがちな人を中心とした支え合う地域を，社会を創る必要があるのではないだろうか。

　例えば，筆者が本書で取り上げた自主訓練会さくらんぼ会，社会福祉法人はぐるまの会では，障害をもつ人を対象とした活動を行っているが，その人たちを中心に地域が育まれていることが印象的であった。さくらんぼ会のある地域では，障害をもつ子どもたちがいるのが地域の当たり前の姿になっている。また，はぐるまの会が「農業をやりたい」と地道に活動をしている姿に「一肌脱いであげよう」と力を貸してくれたのは，ほかでもない地元の農家，地域住民

であった。農家の指導で美味しそうな野菜であふれているはぐるまの会の農園には，毎週多くのボランティアが集う。また，この農園で毎年開催される「収穫祭」は，近所の子どもたちを始めとする多くの地域住民で溢れかえる。いまやはぐるまの会の野菜は，地域のイベントに引っ張りだこで，障害者を真ん中にした地域活性化，地域づくりが実践されていると言えよう。

　「気になる人を真ん中に」というキャッチフレーズで活動を続けているのは，ボランティアグループすずの会である。すずの会が対象とするのは困っている人，特に高齢者である。その人たちを中心に支え合いのネットワークが構築され，専門職をも巻き込んだ，岡村のいうところの「福祉コミュニティ」がまさに創り上げられている。若年認知症の方が地域の仕事に率先的に関わるNPO法人町田市つながりの開のDAYS BLG !の活動，すずの会と同様，高齢者や子育て世帯など，困った人に寄り添い続けたNPO法人グループたすけあいの活動からも，そうした人たちを中心とする支え合う地域が育まれていることを知ることができる。

　今，地域にはこれまで以上に多くの，さまざまに複雑な課題を抱えている人たちが生活している。その人たちを中心とした支え合う地域づくり，豊かな土壌を創ることこそが，現代の「福祉コミュニティ」の役割であると筆者は考える。「福祉コミュニティ」が内包している支え合う「文化」，「より良い生活の状態」を創り上げていく「文化」が，地域全体に大きな影響を与えるであろう。また，課題を抱えている人たちが主体的に自身の生活上の困難，問題を解決していく支えになっていくのではないだろうか。

【引用・参考文献】

・浅川達人・玉野和志編，2010『現代都市とコミュニティ』放送大学教育振興会
・阿部志郎編，1986『地域福祉の思想と実践』海声社
・岩田正美編，2016『社会福祉への招待』放送大学教育振興会
・大林宗嗣，1926『セッツルメントの研究』同人社
・岡村重夫，1968『全訂　社会福祉学（総論)』柴田書店

- 岡村重夫，1970『地域福祉研究』柴田書店
- 岡村重夫，1974『地域福祉論』光生館
- 奥田道大，1971「コミュニティ形成の論理と住民意識」磯村英一，鵜飼信義，川野重任編『都市形成の論理と住民』東京大学出版会
- 奥田道大，1983『都市コミュニティの理論』東京大学出版会
- 奥田道大，1998『現代コミュニティ論―都市型社会のコミュニティ』NHK学園
- 奥田道大編，1993『福祉コミュニティ論』学文社
- 奥田道大・和田清美編，2003『第二版　福祉コミュニティ論』学文社
- 武川正吾，2006『地域福祉の主流化』法律文化社
- 田中恵美子，2016「施設という生活形態と脱施設化」岩田正美編『社会福祉への招待』放送大学教育振興会
- 東京都社会福祉協議会「福祉コミュニティ構想」研究委員会編，1991『福祉コミュニティを拓く―大都市における福祉コミュニティの現実と構想』東京都社会福祉協議会
- 内藤辰美，2011『生命化社会の探求とコミュニティ―明日の福祉国家と地域福祉』恒星社厚生閣
- 原田正樹，2014「ケアリングコミュニティの構築に向けた地域福祉―地域福祉の計画の可能性と展開」大橋謙策編『ケアとコミュニティ』ミネルヴァ書房
- 平川毅彦，2004『「福祉コミュニティ」と地域社会』世界思想社
- 牧里毎治，2006「地域福祉の構成と範囲」　牧里毎治編『地域福祉論』放送大学教育振興会
- 三浦文夫，1988「福祉コミュニティ」　仲村優一ほか編『現代社会福祉事典』（改定新版）全国社会福祉協議会

注

[i] : 現代の社会福祉学者である牧里毎治も「福祉コミュニティとは，『地域住民が共に重荷を担い合う諸活動』である。その際の『重荷』を何にもとめるかが共同性創出の課題でもある（牧里 2006：63）と述べている

第Ⅳ部

福祉コミュニティを考える

―現地調査から読み解く

超高齢化社会と自己決定権を考える

工藤　聡

1. 成年後見制度を調査したきっかけ

　今回，筆者が担当したのは，成年後見制度において法人後見を行っている団体である。成年後見制度をテーマに調査したのは，高齢者となった親族の介護に係わった際，介護サービスの利用や金融機関の手続きなどにおいて，第三者である自分が代理できる範囲は少なく，相手方から成年後見人でなければ認められないと言われるケースが多かったことがきっかけである。

　実際に介護に係わってわかったことだが，本人の日常生活のサポートとして，金銭管理のほか介護サービス事業者や行政機関，保険会社等への書類提出などの手続き，郵便物の整理，病院への通院手配（まれに同行）など，自分自身が行っている時はあまり重大なことではないと考えていたが，他者の手伝いをしてみて大変な作業であることに気づかされた。こうした，介護労働以外のサポートは，成年後見制度では身上監護と呼ばれており，成年後見制度運用上においても課題とされていたことが今回の調査活動を通じてわかった。

2. 成年後見制度利用までのハードル

　そもそも「成年後見人」という単語自体，日常生活で見かける言葉ではない。行政機関で配布されている制度紹介のパンフレットをみても，登場人物は裁判所や公証役場など，普段の生活では関わらない組織が登場する。制度に興味をもったとしても，ややこしい制度だなぁというのが一般の人に与える印象ではないかと思う。

　裁判所と公証役場が関係してくるのは，成年後見制度には，裁判所が後見人を選定する法定後見と自らが選んだ人を後見人とする任意後見があるからである。法定後見では家庭裁判所への申立てが，任意後見では公正証書の作成がそ

れぞれ必要となるが，一般の人にとっては専門家の領域であり，利用には心理的ハードルがある。

また，法定後見では申し立てる本人が想定していない第三者が成年後見人に選任されることもある。高齢者夫婦の場合，配偶者が成年後見人になろうとしても裁判所から選任されず，夫婦の生活に新たな第三者が介入することとなった上，後見終了まで支払う報酬が年金生活では多大な負担となってしまったケースがあるという。また，法定後見でも任意後見であっても，裁判所が選任した成年後見監督人によるチェックを受けることとなるが，親族のように専門家以外が成年後見人となる場合，財産目録の作成や定期的な監督事務報告が必要となるなど，事務負担の多さは否めない。

日常生活費の管理のためだけにこれだけの事務負担をしなければいけないとすれば成年後見制度の利用が進まないのは当然だと筆者は考えるが，最高裁判所が集計した2016年度の成年後見等の申立ての動機では預貯金の解約等が最も多く，次いで介護保険契約（施設入所）のためとなっている。

預貯金の額や施設入所契約の中身までは公表されていないので推測になってしまうが，これらの目的を達成する手段として，後見という巨大な権限が果たして適切なのかという点からも検証が必要ではないかと考える。

3. 成年後見がカバーしない領域 ━━━━━━━━━ ●●●

そもそも，成年後見人が選任されたとしても，成年後見人にはできることとできないことが存在する。先述した日常生活のサポートの例でいえば，金銭管理や行政機関等への手続きは成年後見人が代理できるが，郵便物を成年後見人に転送しようとすれば，憲法で保証されている被後見人の通信の秘密を制約することとなるため，その手続きには厳格な運用がなされている。（成年後見制度における郵便物の転送に関する規定自体，2016年になってから設けられたものである。）

また，成年後見人による医療への同意については現状，法律に規定がない。このため，被後見人が介護施設に入所している場合において，例えばインフル

エンザ予防接種への同意や病気となった場合に訪問診療を受けるか否かの判断は，通常，家族に求められるのだが，同じことを成年後見人が仕事としてできないのである。

4. 日常生活自立支援事業の現状─────────●●●

ところで，福祉サービスの利用や日常の金銭管理の支援は成年後見制度以外にも，社会福祉協議会が実施している日常生活自立支援事業がある。利用には，社会福祉協議会との契約が必要となるため，契約内容を理解できる程度の判断能力があることが前提となるが，成年後見と比較すればハードルは低い。

日常生活自立支援事業の実施状況（全国社会福祉協議会/全国ボランティア・市民活動振興センター）をみると，2015年度末時点の全国の契約件数は49,791件となっている。一方，総務省統計局の発表によれば，65歳以上の高齢者人口は3,387万人に達している（2015年10月1日現在）ことを考えると，制度の利用者は非常に少ない。同時期の成年後見の利用者数152,681件（最高裁判所調べ。2015年12月末日現在）と比較しても非常に少ない数といえる。

自分自身が単身又は配偶者しか頼れる親族がいない場合，信頼できる第三者に金銭管理や介護サービス利用のサポートを受ける手段として日常生活自立支援事業があることはもっと周知され，また利用されても良いのでないかと考える（ちなみに，筆者の場合は介護サービスの利用や預貯金の引き出しをサポートするに当たって，この事業の紹介を行政機関からも金融機関からも受けることは無かった）。

制度周知の課題のほか，団体にもよるが利用には1回当たり1,500円程度の料金がかかるため，成年後見人報酬との比較で言えば費用は安いのであるが，数千円から2，3万円程度の生活費を引き出してもらうために，1,500円の料金を支払うことに負担感があることも利用が少ない背景にあるのではないかと思われる。

とはいえ，代行する立場からすれば，預貯金の引き出し・受け渡しを1回1,500円で業^{なりわい}として引き受けられるかといえば困難ではないかと考えられ，他の担い

第IV部　福祉コミュニティを考える　**211**

手は現れないのではないかと筆者は考える。

5. 超高齢化社会を迎えて

　判断能力の衰えた高齢者について，総合的な日常生活のケアをこれまでは家族が担ってきた部分が多かった。しかし，近い将来，単身又は夫婦のみの高齢者世帯が増大していくことは人口推計から明らかとなっている。例えば，東京都が2016年12月に発表した「都民ファーストでつくる『新しい東京』～2020年に向けた実行プラン～」における人口推計によれば，都内の65歳以上の高齢者単独又は夫婦のみの世帯は，2015年に136万世帯（都内全世帯の約20％）だったものが2060年には185万世帯（都内全世帯の約30％）になるという。これまで以上に多くの高齢者を社会で支えていかなければならない時代が迫っている。

　介護労働は，介護保険制度によってサービス化が進んだ。しかし，身上監護，さらには総合的な日常生活のサポートをどのように社会で支えていくかという問題は，成年後見制度だけでは解決が難しい。政府の成年後見制度利用促進基本計画では，これまでの弁護士，司法書士，社会福祉士という法律・福祉専門家のほか，親族や医療・地域の関係者を巻き込んだネットワークの構築が提言されているが，自分自身が元気なうちからネットワークに係わることができ，自分の終末期を信頼して任せることができる仕組みが構築・発展していくことを筆者は期待する。

　人が人を支える仕組みについてこれほど考えられることはなかった。そして，筆者自身がいわゆる「健康寿命」から逆算してどのように生きるのかという人生観についても考えさせられる，大変意義深い調査活動であった。

福祉コミュニティと地域活動

常盤　理紗子

バブル前夜から東京郊外の戸建建売団地に20数年住んできた筆者は，近年話題の高齢化や地域のつながりの希薄化に直面してきた。特にここ10年ほど，最寄駅から車で30分かかる交通の不便な団地を出ていく高齢住民，挨拶なく居住を始める新住民の入れ替わりを目撃し，社会変化の様子を体感してきた。「福祉」や「地域」について，大学の専攻や業務では直接接していないが，こういった環境下で育ったためか，福祉や地域の課題には漠然とした関心を抱いてきた。

今回，筆者はフィールドワーク（FW）で，ゆたか福祉会（リサイクルみなみ作業所），春日学区住民福祉協議会，大山自治会，社会福祉法人江東園，NPO法人からまつ，NPO法人町田ハンディキャブ友の会，NPO法人ワップフィルム（キネマフューチャーセンター），株式会社ナルド（桜美林ガーデンヒルズ），株式会社東郊住宅社（トーコーキッチン），株式会社コレクティブハウス（コレクティブハウスかんかん森）の10か所（訪問順）を訪ねた。そのため，前著の追跡調査にあたるものと，今日的課題に取り組む比較的新しい団体と，両方を見ることができた。

多くの団体にFWを行うことで，活動年数の長い団体では、組織の多様性やリーダーのあり方について，改めて考えることができた。組織の創成期には，リーダーシップの強いカリスマ的リーダーが組織を引っ張っているが,その後,組織内で活動内容や体制を整備しながらメンバー間で分業を進め，持続可能な活動を進めているという団体が多かったように思う。また，いずれの団体も成功体験がありながらも，従前からの，あるいは新しい課題を抱えつつ，課題に対して前向きに対処していた。加えて，組織内だけでなく，組織外から組織を支える人々の存在が大きいということが新たな発見だった。社会福祉法人やNPO法人では，特に地域住民の理解と協力が事業や取り組みの成否に大きな影響を与えていると感じた。

しかし翻って，自らが地域活動を行っているか，と問われると「していない」となる。自治会費は家賃と一緒に徴収されているが，自治会報は回覧板でも戸別配布でも見受けられない。自ら地域活動への参加機会を求めに行くべきなのかもしれないが，地域に踏み出す「きっかけ」が与えられていないと感じる。また，地域での活動はきっかけも大事だが，「継続性」も大事である。継続にあたって筆者個人が大切だと思っているのは「人」である。信念をもったリーダーや気心の知れた仲間といった，活動継続にあたって，魅力的な人材が組織にいることは重要な要素である。いくら活動理念・内容に共感していても，共に活動する「人」に違和感を覚えると，活動の継続は難しい。

今回，多くの団体の活動実績を調査した結果，「きっかけ」と「人」が地域に根付く活動には大事だという私見を強めた。加えて「デジタルデバイド」という言葉があるが，近年はインターネット環境が整っていないと，福祉活動や地域活動がやりにくくなっていることがよくわかった。昨今主流となっているSNS（ソーシャルネットワーキングサービス）を利用していないと，団体の最新情報がつかめないことも多くなってきている。アナログでのきっかけ，デジタルでのきっかけ，両方が地道に広く提供されることが，活動においてさまざまな人材を集めるために必要なのではないかと思う。

福祉も地域もどちらもすぐに取り組みの成果が出るものではなく，根気強く継続していくことで，よりよい環境を作り上げていくことができるものである。ライフステージによって各人が関わる福祉・地域活動は異なる上，関わり方も変化する。ひとりでも多くの人が少しずつでも福祉・地域活動に関わり続けていくことで，よりよい福祉コミュニティが形成されていくのではないだろうか。

新しい福祉コミュニティが抱える課題と展望

日置　紫乃

1. 「新しい福祉コミュニティ」が提供する「新しい公共」──●●●

　本来行政が担うべき公共の福祉を，地域コミュニティ，市民活動が代替する動きが広がっている。今回，私は主に2000年代以降に活動を開始した市民団体を担当した。調査を通じて判明したのは，活動における意識の変化だ。以前の市民活動は，行政の穴埋め，いわばセーフティネットの完備という側面が強いものであった。しかし，NPO法の成立前後から，市民活動は，行政のパートナーにまで昇格している。現在では，指定管理者制度という行政の監督のもと，行政に近い立場で「公共」の担い手となっているものや，行政を超えるレベルで公共福祉サービスを行う団体も出現している程である。

　これらの団体が提供する「新しい公共」は，以前のような「セーフティネット」に留まらない。自分たちで積極的に「新たな課題」を発見し，それを補充する。むしろ，行政以上のきめ細やかな対応を自分たちで考え，自分自身で行っているケースすら見受けられる。

　これらの活動は，社会的に意義深く必要なことではあっても，以前は「課題」として認識されていなかった。社会的課題ではあっても，高次なもの，もしくは少数派の利益にしかつながらないものとして，行政から主体的には取り扱われることがなかったものである。しかし，今や彼らは，行政に最低限度の生活の保障などを求めてはいない。それらは当然保障されるべきものとして捉えられ，改めて権利を主張する対象ではないのである。市民の求める水準はより高次元化，個別化してきている。そのため，行政側に求められる対応にも更新が求められている。

　これまでの市民団体活動と行政との関わりの歴史を紐解いてみると，先に市民団体による社会的弱者への救済活動があり，その後に，立法や行政側での社

会福祉法や介護保険法，障害者支援法等，法律制定による施策等での対応があった。市民活動なくして，課題が社会に表面化し，社会問題として認識されることがなかったためである。

　昨今市民活動からの要望は高度化し，法律や制度改正による最低限度の社会保障などに収まらない，より具体的で直接的なもの（補助金の増額や公園運用規則の緩和など）に発展した。彼らが今求めているのは，自分たちの地域をさらに住みやすく，より快適にしていくことなのである。

2. 「新しい公共」と行政───────────────●●●

　今回調査したようなコミュニティの活動が活発になればなるほど行政側の業務は，一見，アウトソーシングしたかのように見える，「新しい公共（本来行政が担うもの）」が市民活動によって実行され，人々の生活の質が高度化したように感じられるためである。しかし，そうした高次元の"公共"を享受することができるのは，コミュニティが存在する地域やそのコミュニティに属している人々だけである。身近にこうしたコミュニティがいっさいない，もしくは存在していても所属していない人々は，依然として行政側が行う最低限レベルの公共しか享受できない。例えば，国内にどれだけ多くの防災や防犯活動を行う団体があっても，それらが日本全体に漏れなく存在して活動を行い，また，地域住民全員がそうしたコミュニティに所属していない限り，社会全体には，レベルの低い「防災・防犯」が残ったままになる。取り残された人々の支援の担い手はやはり行政である。

　そこで行政はまず，こうした本来行政が担うべき業務は，市民団体へアウトソーシングされたわけではないという基本的認識とその責務を，常に持ち続ける必要がある。加えて，誰もがこうしたコミュニティに所属できるような制度づくりを行う必要がある。それは，より多くの市民団体が生まれるような制度的支援を行うこと，そして，それらの活動が継続できるようなインセンティブを与え続けることである。具体的には，助成金等の資金援助制度の新設や増設，団体の活動表彰などである。特に「○○賞」などという賞を設け，団体の活動

内容を行政が評価することは，団体のアイデンティティをより強固なものとし，彼らの活動を後押しする。さらにはロールモデルとして，新たな市民団体を生み出す契機にもなりうる。

3. 「新しい公共」と市民団体 ─────────────●●●

　一方で，市民団体の多くは，「資金不足」という問題を抱えている。団体が掲げている各種課題に対し，やるべきことは多いが，それらを賄えるだけの資金が十分ではない。今回の調査でも，町内会等の自主組織では町内会員及び会費の取得，NPO等の法人組織では自主財源の獲得等，どの団体も，限られた財源で活動を行うための工夫を行っていた。しかし，現状としては厳しさを増している一方だ。

　この問題を解決するには，どのコミュニティも，組織の構成員や参加者を増やす必要がある。これらの人数が，そのまま資金力に直結するためだ。そのためには，彼らが行う「新しい公共」の幅を広げ，継続していくことが重要であると考える。活動の幅を広げることで，団体の存在が認知され，構成員や参加者の増加につながるためだ。構成員が増えれば，会費収入等の増額も見込まれ，活動の継続にもつなげられる。

　現在，各市民団体が掲げる課題は，自分たちが関わる地域（住宅圏）に限られた限定的なものが多い。彼らが活動の幅を広げ，それによる恩恵をより多くの人が受けられるようになれば，その活動の公共性がより増す。武蔵野のワンパト隊が，単なる愛犬との防犯活動から災害避難時におけるペット同伴の規制問題について，みんなで対応策を話し合っているように，彼らの問題関心が活動の幅を広げていくのである。そのため，彼ら一人ひとりが，活動の意義を絶えず認識し，「より良い社会づくりのために」という意識を持ち続けて活動を行っていくことが重要である。その際，組織が固定化してしまうと，新規参入が行いづらい傾向になるため，柳橋町会の例に見られるように，若い人向けのイベントを企画するなど，多世代交流が行える組織とする工夫も重要である。

4. 新しい福祉コミュニティの展望

このように，近年の市民団体は，行政から与えられた役割（地域課題の解決）の枠を超え，自分たちで企画・運営を行い，よりよい地域づくりを行っている。特に染井銀座商店街の事例では，障害者＝支援されるべき弱者という，一般的な固定概念をも壊している。障害者が働くカフェ等の社会福祉施設は以前からも存在していたが，障害者が描く絵画を，「アート」という次元にまで高め，街づくりや商店街の活性化に活かした姿勢は，まさしく「地域共生社会」を実現している。現在は，パラリンピックならぬ「パラアート」という言葉も存在し，社会全体として障害者アートに注目し，活動を後押ししている。このように，障害者自身が自分らしく活躍する場を提供するとともに，それが商店街の活性化にも寄与している点は評価すべきである。

少子高齢化に伴う労働力人口の減少により，日本社会全体が疲弊する中，誰もが生き生きと生活するためには，日々の活動をより充実させることが大変重要となってきている。そのため，近年において，地域コミュニティに質的変化が見られたのではないだろうか。こうした住民の自発的・主体的な地域活動こそ，現代の新しい福祉コミュニティの根幹であると考える。こうした団体の活動の幅が広がり，新しい公共がさらなる公共性を増して，より良い社会を作るためにも，あらゆる地域でこうしたコミュニティ活動が盛んになることを願う。

福祉コミュニティの持続性と組織形態に関する課題

平松　優太

1. 持続性に関する政策的議論は十分か ━━━━━━━━━ ●●●

　今回，私の担当で調査に協力して下さった団体は，いずれも運営母体が長期の活動実績を有する一方，運営スタイルはさまざまである点が印象的であった。法人格という側面に着目すれば，社会福祉法人，指定管理者，NPO法人，任意団体，株式会社との協力など，さまざまなバリエーションがあった。

　どういった組織形態により，運営を持続化させるか。これは，我が国における諸制度を踏まえた各団体の戦略であり，その選択に言を挟む余地はない。一定のルールがあり，各プレイヤーが独自の戦略をもち，そのルールの範囲内で活動を展開していく結果，さまざまな組織形態となっているのである。

　しかし，これを公共政策の文脈で捉えた場合，社会全体をどのように設計していくべきか，一定の方向性や価値観が必要とされるだろう。多様な団体による自主的な活動の結果であったという見方もできるが，玉石混淆という見方もできる。

　世界に類を見ない急激な人口減少により，日本社会は高齢化と少子化が同時進行していく。こうした今日的課題に応えるためには，我が国の福祉コミュニティ活動を改めてデザインし直す「政策論」を基に，制度を構築していく必要がある。

2. 非営利と非政府の隔たり ━━━━━━━━━━━━━━━ ●●●

　わが国では1998年にNPO法が議員立法で制定されて以降，NPOが法律上の存在となり，NPO法人の設立が相次いだ。今回の事例調査でも，同法の黎明期から一貫してNPO法人として活動を続けてきた事例もあれば，あえて任意団体であり続けた事例，NPO法人として続けつつ他法人と協力する事例など，

第Ⅳ部　福祉コミュニティを考える　**219**

さまざまであった。

　いずれにせよ，福祉コミュニティ等の活動は，我が国ではどのように位置づけ，規律を設けているか。やや唐突ではあるが，ここで日本国憲法89条を確認する必要がある。

　「公金その他の公の財産は，宗教上の組織若しくは団体の使用，便益若しくは維持のため，又は公の支配に属しない慈善，教育若しくは博愛の事業に対し，これを支出し，又はその利用に供してはならない。」（日本国憲法89条）

　この規定は，一般に政教分離規定として知られているが，本条の後段は，コミュニティ活動に携わる者からすると違和感が大きい。憲法89条とNGOについて報告した下澤（2011）によれば，「社団法人，財団法人はこの『慈善団体』にならないのか？これまで政府は社団法人，財団法人に補助金を出してきたが，これは違憲なのか？…公益法人，民間のボランティア団体等に資金助成をしてきた」と指摘する。

　当該条文は，明治憲法では存在せず，現憲法で追加された。この背景としては，政教分離の実効性担保（慈善団体を隠れ蓑とすることの予防），国家総動員に町内会等の地縁組織を利用したことの反省など諸説あるが，市民社会の興隆・醸成といった現代において，やや過剰な表現ともみえる。「大砲で雀を穿つ」が如く，本来想定していない規制対象をもカバーしてしまっているとも受け止められかねない。

　事実，わが国では，「公の支配」に属することとした慈善事業に助成をしてきた。社会福祉法やNPO法，公益法人認定法等では，いずれも「法律の定めるところにより設立」や，政府による認証，認定，特定，指定などを行うことで，「公の支配」に属しない事業ではないことが求められてきた。我が国の法律上，特定「非営利活動法人」（NPO）はあるが，特定「非政府組織」（NGO）のようなものが存在しないことは，このような背景があるのかもしれない。

3. 「公の支配」を求める法制度と現場の実情────●●●

　特に，社会福祉法は近年，大きな法改正があり，社会福祉法人制度改革とし

て，「事業運営の透明性の向上」という大義の下，「管理」の側面が強まってきている。

　2016年改正では，社会福祉法人における貸借対照表や収支計算書を公表することが義務付けられた。これまでは，法人事務所で閲覧できるよう備置きするだけで足りた会計書類も，原則インターネット上で公表する等の対応が必要とされた。

　この動きはNPO法も同様である。2011年度は，東日本大震災を受けコミュニティ意識が高まり，NPO法人自体が45,138（うち認定法人は244）まで増えた。このことから。増えすぎたNPO法人の整理（悪質NPO法人対策）が急務となった。2011年改正では，NPO法人制度の「信頼性向上」を旗印に，法人が作成すべき会計書類が複雑化した。この現場での影響は大きく，複式簿記の専門家がいなければ，実務上，法が求める水準の決算書が作成できない事態となっている。2016年改正は，事務手続上の改正が行われ，① 認証申請書類の縦覧期間の短縮，② 貸借対照表の公告義務，③ 事業報告書等の備置期間の延長等が行われた。① は新設法人への要件緩和であり ② ③ は既存法人への管理強化である。

　これほど管理の側面が強くなると，法人新設の足かせにもなりかねない。NPOの活動水準を分析した胡笳ら（2017）によれば，活動開始の動機に影響を与える要因は，設立者自身の意思よりも，行政からの勧奨の方が大きい。これは，政府や法律が要求している理想像に追いつくには，行政の意図を確実に捉える能力が要求されることを意味している。これがNPO法の本来の趣旨であったかは甚だ疑問である。

　この間，2006年には公益法人制度改革関連法が成立し，旧社団法人は，一般社団法人及び公益社団法人に整理された。これにより，一般社団法人と（法的には社団である）NPO法人との優遇策の差が縮まった。むしろ，現状では，NPO法人の方が，所轄庁への書類提出の手続きが煩瑣であり，管理の側面が強い状況である。

第Ⅳ部 福祉コミュニティを考える **221**

4. 持続可能な組織形態に寄与する制度論────●●●

　福祉コミュニティの活動には，その地域におけるリーダーの強い思いや熱意が必要不可欠である。しかし，活動の「持続」は，「言うは易く行うは難し」であり，リーダーの思いや熱意を絶やすことなく，周囲を活動に巻き込み続けることは，さらに至難の業である。その一方で，地域が抱える課題は，絶え間なく変容を続けている。

　今回の調査に協力して下さった団体・活動は，こうした困難を抱えている上に，前述した法制度上の制約も乗り越えて，今日も活動を続けている。これらの活動が持続する社会制度を整備するため，国全体を俯瞰した「制度論」が求められていると筆者は考える。

【参考文献】

・下澤 嶽，2011「憲法89条とNGO：NGOへの資金助成 違憲性を越え，新たなビジョンを求めて」静岡文化芸術大学文化・芸術研究センター『静岡文化芸術大学研究紀要』11巻
・前田徹生，2006「憲法89条後段『公の支配』の意味」桃山学院大学総合研究所『桃山法学』No. 8
・厚生労働省「社会福祉法人制度改革について」
http://www.mhlw.go.jp/file/06-Seisakujouhou-12000000-Shakaiengokyoku-Shakai/0000155170.pdf（2017年11月13日閲覧）
・内閣府NPOホームページ「特定非営利活動法人の認定数の推移」
https://www.npo-homepage.go.jp/about/toukei-info/ninshou-seni（2017年11月13日閲覧）
・胡笳，田中勝也，松岡俊二，2017「日本のNPO 活動水準を規定する組織要因と地域要因の分析」日本NPO学会編集委員会『ノンプロフィットレビュー』Vol.17，No1

福祉コミュニティと空き家活用

舟橋　拓

1. 空き家活用の可能性─────────────●●●

　昨今，空き家の増加がもたらす問題がニュースなどで取り上げられることが多くなってきた。2017年1月，2015年に施行された空き家対策特別措置法に基づき板橋区は，倒壊の恐れがある空き家の解体と敷地に積まれているごみ撤去の行政代執行に着手した。同法に基づく代執行は都内では葛飾，品川区に次いで3例目である（『東京新聞』2017年1月18日）。また，2017年11月には足立区内の木造3階建ての空き家が全焼し，放火の可能性があるとして警察署の調査がのったという（「産経ニュース」2017年11月5日）。さらに，2016年12月には兵庫県三木市内の空き家を借りて大麻草を栽培した男が逮捕されている（「産経WEST」2016年12月23日）。このように空き家の増加は，地域の安全性の低下や公衆衛生の悪化，景観の阻害，犯罪の温床など多岐に渡る問題を引き起こしている。空き家増加の背景には急速な人口減少や地価の下落，新築中心の住宅市場，不動産登記制度の不備など多面的な要因がある。住宅・土地統計調査（総務省）によると2013年時点で全国の空き家数は約820万戸に上る。

　建物の状態や権利関係，立地などからすべての空き家が活用できるわけではない。しかし，空き家を活用したカフェや飲食店，シェアハウス，オフィス，書店，ギャラリー，アトリエ，教室，ゲストハウスなど多彩な取り組みが全国各地で誕生している。空き家が地域や街にとって無くてはならないコンテンツへと生まれ変わっていくプロセスはとてもダイナミックである。また，認定NPO法人フローレンスによる空き家を活用した小規模保育所「おうち保育園」や，株式会社コミュニティネットによる団地の空き室を活用した「分散型サービス付き高齢者向け住宅（以下，サ高住という）」などは社会的な課題の解決につなげており，福祉コミュニティ形成においても空き家活用の幅広い可能性を

感じさせてくれる。筆者はこれまでこうした問題意識から空き家活用の可能性を模索してきた。

　今回は空き家活用を発露とした「住まい」や「場所」への問題意識から福祉コミュニティの現場から学ぶべき5つの事例を調査した。NPO法人かながわ外国人すまいサポートセンター（以下，すまセン），株式会社まちづクリエイティブ（以下，まちづ社），ことといこども食堂，有限会社東郊住宅社（以下，東郊住宅社），桜美林ガーデンヒルズのフィールドワークで得られた知見や最新の動向をまとめ，最後に空き家活用への可能性を探る。

2. 増加する在留外国人の生活ニーズに応える ─────●●●

　すまセンは当初，外国人の住まいに関するサポートや言葉や生活習慣の違いから起こるトラブルの解消に特化したサービスを提供していると思っていた。しかし実際は，住宅以外にも外国人が日本で生活する上で生じうる教育や労働，離婚，DV，貧困など，より幅広い生活全般に関する相談が持ち込まれ，地域の不動産屋に限らず弁護士や司法書士など関連する専門機関と連携して問題解決に取り組んでいることがわかった。一方で，在留外国人数は2013年以降増え続けており，2016年末は過去最高となる238万2,822人（前年末比6.7%増）だ。日本の総人口に占める割合は1.8%ほどだが今後も増加していくことを見込むと，すまセンのような外国人に対する生活全般の相談に応えるコーディネーターの役割はますます重要になってくる。だからこそ，スタッフや運営資金などサービスの継続・発展に必要なリソースの調達が大きな課題であると感じた。

3. 地域活性化・エリアブランディングを水平展開────●●●

　まちづ社の最近の特筆すべき動向といえば，2016年7月から佐賀県武雄温泉周辺にて「TAKEO MABOROSHI TERMINAL」（以下，TAKEO）を，2017年2月からは埼玉県埼京線周辺にて「SAI-KYO DIALOGUE LINE」（以下，SAI-KYO）を開始するなど，「MAD City」で実践し蓄積した独自知見とプロセスをもとに，地域活性化・エリアブランディングを水平展開させていること

である。TAKEOは1300年もの歴史ある温泉街を有する北部から，自然あふれる武雄温泉保養村の位置する南部をメインエリアとしたまちづくりプロジェクトだ。SAI-KYOは都内主要駅とベッドタウンのアクセスを気軽なものにしてきた埼京線の沿線価値を高める取り組みである。それぞれウェブサイトやSNSで情報発信しており，今後の展開に注目している。

4. 子ども食堂の広がりと行政の理解・側面支援 ─────●●●

ことといこども食堂に関しては，スタートの経緯や運営面における課題など生の声を聴くことができた。特に運営する上で必要なスタッフ，資金，食材，PRのことなどは，実際に運営している方に聞かなければわからないことである。お邪魔した当日は，小学生らしき2人の男の子とお母さんと思われる女性が参加しており，とても元気におしゃべりをしながら食事をしていたのが印象的だった。子育て世帯にとって，地域の身近な場所に子ども食堂のような空間があると重宝される。一方で，食品衛生の管理，子ども食堂ができる場の確保など，行政による理解や側面支援が今後必要になってくる。

5. 食堂を媒介に多様な人々がゆるやかにつながる ─────●●●

神奈川県相模原市淵野辺周辺で賃貸住宅1,600室を管理している東郊住宅社が，自社管理物件で運営する食堂「トーコーキッチン」は，朝8時から夜8時まで毎日，格安価格で栄養バランスの良い食事を提供している。不動産屋といえば入居者とのコミュニケーションは極力取らない傾向にあるように思うが東郊住宅社は違う。入居者やその家族や友人などが利用できるトーコーキッチンでは，取締役（当時）の池田峰さんが頻繁に顔を出して，「味どう？」と気さくに利用者に話しかけて関係を築く。こうしたちょっとしたことの積み重ねが賃貸管理業務の質を高め，入居者の満足へとつながる。顔の見える関係を積極的に作る不動産屋の存在は，ある意味衝撃的な発見だった。入居者は学生だけではなく，シングルマザーや高齢者など多様だ。淵野辺というエリアでこうした人々が，トーコーキッチンを媒介にゆるやかにつながっている光景は，人口

減少や高齢化が進む現代において希望を感じさせてくれる。

6. 高齢者が自立性を保って生活できる環境の整備 ●●●

　桜美林ガーデンヒルズは全国初といわれる大学連携型CCRCである。一般客も利用可能なレストラン，学生住民交流棟で開かれる交流イベント，10分で270円の学生による御用聞きなど，多世代共生コミュニティを育むための仕掛けが随所に整っている。アメリカで生まれたCCRCを日本の生活文化にアレンジしていくことが重要だ。桜美林ガーデンヒルズが実践する「大学連携」や「多世代共生」といった仕組みは，CCRCしかりサ高住の発展に大きなヒントになると考える。一方で，サ高住に関しては2016年3月末時点で全国に約19万9千戸あるが，地価の安い地域に立地する傾向があること，低所得・低資産の高齢者の入居が可能な受け皿となり得ていないのではないかなど，幾つかの課題が指摘されている（国土交通省 平成28年5月）。今後の方向性としては，団地の空き室や戸建て住宅の空き家を活用した分散型サ高住が板橋区高島平や名古屋市大曽根の団地の空き室を活用して生まれており（『東京新聞』2017年4月13日），さらなる拡充が期待される。

7. おわりに ●●●

　2015年4月に施行された「サービス付き高齢者向け住宅の必須サービスの基準見直し（共同省令の改正）」により，サービス提供者の常駐場所の緩和がなされた。その結果，従来はサービス利用者である高齢者が住んでいる敷地又は隣地にサービス提供者は常駐していなければならなかったが，概ね半径500m以内の近接地への常駐にまで規制緩和されたのだ。これにより地価の高いエリアでも，新築に比べて費用をかけることなくサ高住を整備することが可能になった。こうした規制緩和は空き家活用を拡充する上で追い風になる。こういった規制緩和を含め，現在国土交通省では空き家対策の推進のための新制度を矢継ぎ早に準備している。住宅確保要配慮者の住まい確保を目的とした新たな住宅セーフティネット制度，全国版空き家・空き地バンクの構築，空き家所有者情

報の外部提供に関するガイドライン（試案）の策定など，網羅的に空き家対策の制度が整ってきている（国土交通省）。今後は各制度を実際に運用していくこと，そしてブラッシュアップしていくことが必要であると考える。引き続き，筆者が執筆しているブログ「空き家グッド」で動向を発信していく心づもりである。

【引用・参考文献】

・空き家解体 板橋区が初の代執行 都内で３例目（「東京新聞 TOKYO Web」2017年１月18日）
・東京・北千住でまた不審火 空き家全焼 連続放火の疑いも（「産経ニュース」2017年11月５日）
・「夜に空き家へ土を運ぶ変な男が…」大麻草163株を栽培した無職男を逮捕 兵庫・三木市（「産経WEST」2016年12月23日）
・サービス付き高齢者向け住宅の整備等のあり方に関する検討会 とりまとめ（国土交通省 平成28年５月24日公表）
・＜空き家を生かす！！＞団地利用の分散型サ高住（下）地域の拠点施設も整備（『東京新聞 TOKYO Web』2017年４月13日）
・空き家対策の推進のための新制度等に係る説明会について（国土交通省）
・空き家グッド（http://akiya123.hatenablog.com　2017年11月11日閲覧）

索　引

あ行

空き店舗　130
空き家　19, 117, 119, 126, 150, 156, 173, 180
空き家マップ　57
アジア系外国人　9
新しい『公共』　16, 17
域学連携　18
1.57ショック　12
移動支援　171
居場所　15, 140
居場所づくり　18, 87, 118
医療法人財団　177
インナーエリア　8，9
エスニシティ　13
NPO法　15
NPO法人　16, 19, 176
LGBT　88

か行

外国人　100
外国籍女性　74
介護者サポート　92
介護保険制度　93
介護保険法　12, 14, 171
外出支援　61
学童訓練会　50
学童保育所　78
株式会社　177
カリスマ的リーダー　178
虐待問題　13
協議会方式　6，7
共同作業所　66
共同作業所づくり運動　46
緊急一時保護施設（シェルター）　74
グループホーム　53, 65
権利擁護　136
公益財団　177
公園管理　108
高齢化率　8
高齢者介護　13
高齢者虐待　13

高齢者居住の安定確保に関する法律（高齢者すまい法）　15, 19, 171
高齢者とふれあい　79
高齢者・若者の引き込もり　13
コーディネーター型リーダー　177
ゴールドプラン　8
国民生活審議会答申　4
子育て支援新制度　18
孤独死　15, 171
孤独死ゼロ　172
子ども・子育て支援法　18
子ども食堂　18, 19, 154, 173
子どもの貧困　154, 173
子どもの貧困対策法　18
コミュニティ・オルガナイザー　177
コミュニティ・ソーシャル・ワーカー　183
コミュニティエリア　6
コミュニティカフェ　15, 18, 118, 138, 142
コミュニティ形成　6，170
コミュニティ形成・まちづくり　175
コミュニティセンター　6，42, 43
コミュニティデザイン　4
雇用不安　13
コレクティブハウス　112

さ行

サークル　6
サービス付き高齢者住宅　19, 163, 173
災害時要援護者　12
在宅福祉　8
在日コリアン　87
「作為阻止型」「作為要求型」住民運動　10
差別　88
サロン　15, 18
CCRC　162
シェルター　156, 171
支援費制度　15
施設福祉　8
自治会　96, 99, 104
自治会加入率100％　96
自治区づくり　125

指定管理者　78, 87, 108
児童虐待　13
社会的孤立　18
社会福祉基礎構造改革　14
社会福祉協議会　183
社会福祉士　133
社会福祉法　14, 20, 181, 182
社会福祉法人　177
住宅　102
住宅基本法　172
住民運動　6, 170
住民参加型在宅福祉　9, 69, 171
住民参加型在宅福祉サービス　69, 199
就労継続支援A型事業　47
就労継続支援B型事業　47
障害者アート　129, 130
障害者支援事業　79
障害者就労継続支援B型作業所　80
障害者自立支援法　15
障害者総合支援法　19, 173
少子化問題　13
象徴的リーダー　177
商店街　84, 129, 150
自立生活運動　199
新ゴールドプラン　12
住まい　100, 172
生活困窮者自立支援制度　18
生活保護　155
成年後見　19, 173
成年後見制度　133
成年後見制度利用促進法　136
セーフティネット　172
世代間交流　82, 87
セツルメント　24-26, 35, 169, 175, 177, 191
セツルメント活動　11, 34
善隣館ルネッサンス　30
ソーシャル・キャピタル（＝社会関係資本）　15

た行

大学と地域　142
大学連携　163
待機児童問題　18, 84, 173
台湾の「社区発展協会」　58
多元参加型コミュニティ　16
多元参加型福祉コミュニティ　175, 179
多世代型共同住宅　112
多世代共生コミュニティ　163

多世代交流　143, 171
多文化共生　9, 87
たまり場　190
地域移行　32, 39, 200
地域活動支援センター　140
地域共生社会　4, 20, 168, 181
地域協働体　17
地域交流拠点　150
地域支援システム　171
地域福祉計画　182, 186
地域福祉コーディネーター　184
地域包括ケアシステム　92, 182, 202
地域包括センター　37
地域力　15
地域若者サポートステーション　15
地縁型NPO　175, 176
地縁型組織　16, 179, 185
調整型リーダー　177
町会，町内会　78, 104, 121
つながり　19
ドメスティック・バイオレンス（＝DV）　13, 74, 102
テーマ型組織　16, 179, 185
特定非営利活動促進法（NPO法）　13
都市型社会　8
都市成熟化時代　2, 17, 20
ドメスティック・バイオレンス　13

な行

認知症　19, 94, 145-147, 173, 201
認知症高齢者　134
認知症の人を対象にした通所介護施設　145
農福連携　67

は行

パトロール　98
引き込もり問題　13
貧困　102
福祉のまちづくり　173
福祉防災地図　55
プロデューサー型リーダー　178
包括支援体制　20
包括的相談支援体制　181
防災活動　15
防災防火部　122
防災まちづくり大賞　97
防犯パトロール　15, 105

索　引　**229**

「訪問」活動　171
訪問看護事業　12
ホームレス　13, 18, 74
ホームレスの自立の支援等に関する特別措
　　置法　15
ボランタリー・アソシエーション　　9
ボランティア　175, 176
ボランティア元年　13

ま行

まち・ひと・しごと創生法　17
まちづくり　170
まちづくり・むらおこし運動　7
ミニデイ　93
見守り活動　15, 18, 171
民生・児童委員　29, 84, 143

無縁社会　18
モデル・コミュニティ　6 , 14, 39
問題解決型市民活動　9

や行

有限会社　177
養護学校(現在の特別支援学校)　65, 66,
　　198
幼児訓練会　50
両隣見守りネットワーク　96

わ行

我が事・丸ごと　19, 182
若者自立・挑戦プラン　15
ワンワンパトロール　104

【編者略歴】

和田　清美（わだ　きよみ）
1955年　神奈川生まれ
1982年　立教大学社会学部社会学科卒業。同大学院社会学研究科
　　　　博士課程後期課程退学。常磐大学人間科学部，東京都立
　　　　短期大学都市生活学科助教授を経て
現在　　首都大学東京大学院人文科学研究科教授・博士（社会学）
専攻　　都市社会学，コミュニティ論，地域組織論
主著　　『高齢社会化と地域看護・介護』（編著，中央法規，2000），
　　　　『都市社会学入門』（共編著，文化書房博文社，2004），『都
　　　　市のフィロソフィー——都市とは何か，その本質』（共編
　　　　著，こうち書房，2004），『大都市・東京の社会学—コミ
　　　　ュニティから全体構造へ』（有信堂，2006），『逆発想の
　　　　都市政策』（監修，ぎょうせい，2011），『地域・生活・
　　　　国家』（共編著，2012），他

現代福祉コミュニティ論

2018年3月10日　第1版第1刷発行　　　　　　　　　　〈検印省略〉

編著者　和田　清美

発行者　田　中　千津子　　　〒153-0064 東京都目黒区下目黒 3-6-1
　　　　　　　　　　　　　　　電話　03（3715）1501 ㈹
発行所　株式
　　　　会社　学 文 社　　　FAX　03（3715）2012
　　　　　　　　　　　　　　　振替口座　00130-9-988423

© 2018 WADA Kiyomi　　　　Printed in Japan　　　印刷／シナノ印刷
乱丁・落丁の場合は本社でお取替します。
定価は売上カード，カバーに表示。

ISBN 978-4-7620-2788-8